オカルト

現れるモノ、隠れるモノ、見たいモノ

森 達也

角川文庫
19812

目次

開演

「でもオレは結局曲げちゃうよ」〝超能力者〟はふてくされたように言った

　待ち合わせたのは上野《うえの》の居酒屋だった。清田《きよた》益章《ますあき》は一〇分ほど遅れて現れた。腰を下ろすその表情が少しばかり硬いのは、しばらくぶりに会ったことに加え、初めて見る顔が三人もいるからだろう。

　三人の編集者は腰を上げて名刺を渡す。その順番（つまり偉い順）は、角川書店編集部の伊達《だて》百合《ゆり》、江澤《えざわ》伸子《のぶこ》、そして僕の担当編集者である岸山《きしやま》征寛《ゆきひろ》だ。

「前に会ったのはいつだっけ？」

　僕のこの質問に、手にした三枚の名刺から顔を上げた清田は、少し考えてから首をかしげた。

「いつかなあ、少なくとも捕まる前だと思うよ」

　知人から大麻を譲り受けたとして、清田が大麻取締法違反容疑で警視庁に逮捕されたのは二〇〇六年一〇月二六日。この年の一二月には懲役一年執行猶予三年の判決が東京地裁で言い渡されて確定した。最後に会ったのはこの年の夏くらいだ。ならば一年半ぶりの再会ということになる。

テーブルに運ばれたジョッキの半分ほどを一息に飲み干してから、「……で、オレは今日、森《もり》さんのためにスプーンを曲げればいいのかな」と、清田が不機嫌そうに言った。僕の両隣で三人の編集者が、微《かす》かに緊張する気配があった。ときおり真顔でこういうことを（しかも不機嫌そうな口調で）言うから、付き合いの浅い人は、もしかして気分を害しているのでは、と緊張する。でも実のところは、店の扉を開けたら初めて会う人が三人もいたので、彼なりに照れているだけなのだ。僕は言った。

「曲げたくなければ曲げなくていいよ。本音は曲げてほしいけれど」

無言でうなずきながら清田は、ジョッキの残りを飲み干した。ふと思う。初めて出会ってからもう十数年が過ぎるけれど、この男は不思議なくらいに変わらない。

一九九八年二月二四日、フジテレビの深夜ドキュメンタリー枠で、『職業欄はエスパー』は放送された。

この作品の被写体は三人いる。振り子を使って人の潜在意識を呼び起こして森羅万象の疑問に答えるという「ダウジング」の第一人者である堤裕司《つつみゆうじ》。UFO呼びや霊視などを得意分野とするオールマイティな超能力者である秋山眞人《あきやままこと》。そしてスプーン曲げの代名詞的存在である清田益章だ。

企画のそもそもの発想は、この時点からさらに一〇年前に遡《さかのぼ》る。つまり僕がテレビ業界で仕事を始めたころだ。

子供のころからテレビの心霊現象ものや未知の生物ものが好きだった。特に心霊ものは、番組で紹介される心霊写真などの映像が網膜に焼きついて、布団に入ってから眠れなくて見なければよかったと後悔するくらいに怖かったけれど、でもどうしても見逃すことができなかった。

そんなジャンルのひとつに超能力ものがあった。


一九七四年三月、テレビ局の依頼で初めて来日したユリ・ゲラーはスペシャル番組に出演して、スプーン曲げや透視など、数々の超能力のデモンストレーションを披露した。

このときの僕は一七歳の高校生。テレビは夢中で見た。翌日の学校では、スプーン曲げの話題で大騒ぎだった。実際に自分で試したらスプーンが曲がったと主張するクラスメートがいた。他のクラスにもいたようだ。たぶんこの時期、日本中の学校で同じような光景があったはずだ。当時は小学生だった清田益章も、自分で試してみたら実際に曲がったと主張する少年の一人だった。

多くの少年や少女たちのもとに取材が殺到した。いわゆる第一次超能力ブームだ。その渦中にいた清田はこの時期、平均すれば週に三回ほどは、テレビも含めてメディアからの取材に応じる日々が続いていたという。

しかしこのブームは、すぐに転換期に直面する。それもとても唐突に。

この時期にメディアから大きく注目されていた超能力少年は、清田ともう一人、背中越しにスプーンを投げ上げて空中で曲げるというスタイルを得意とする関口《せきぐち》淳だった。何分間もスプーンを指の腹でこすり続ける清田と比べれば、関口のパフォーマンスは派手でテレビ的だ。だからどちらかといえば関口のほうが、超能力少年の代名詞的存在となっていた。

その関口の超能力が実はトリックだったとの記事を掲載したのは、一九七四年五月二四日号の『週刊朝日』だ。ユリ・ゲラー初来日からたった二カ月しか経過していない。

その誌面には、空中に投げ上げる直前に関口は指に力を入れてスプーンを曲げていたとの解説とともに、証拠である分解写真も大きく掲載されていた。トリックは明白だった。弁解の余地はない。こうして関口はインチキ少年としてメディアから姿を消した。それから一八年後の一九九二年、父親である関口甫はそのときの経緯を、『週刊新潮』の取材に答えて以下のように述懐している。


「あの取材のときは、四時間半にわたるテストのような格好で淳の能力が試されたんです。全部パスしていたんですが、最後の最後にくたびれ果てた淳が手を使ってしまい、その部分が拡大されて報じられ、そのため、淳の能力はインチキだという捉《とら》え方をされたのは残念だったと思います」

メディアから姿を消した関口は、二一歳になったときに大麻取締法違反で逮捕され、さらに執行猶予期間中に窃盗と無免許運転で再逮捕され、一年六ヵ月の実刑を言い渡されて服役した。だから今回の清田の逮捕劇についても、「トリックで世間を騙《だま》しながら生きるタイプだからこそ、大麻や薬物などに安易に依存するのだ」式のコメントをする識者が何人かいた。

関口自身が自分の過去のトリックについて初めて語ったのは、父親の述懐から三年後の一九九五年。月刊誌『Ｖｉｅｗｓ』８月号のインタビューで、週刊朝日の取材の際は四時間も撮影が続いたために疲れきり、やむなくすでに折れ曲がっていたスプーンを拾って投げたのだと、トリックを使ったことをとてもあっさりと認めている。ならばなぜ疲れきった時点で取材を拒否しなかったのかと訊《たず》ねられて、関口はこう答えている。

「もともと、ヤラセはすごく多かったんですよ。（中略）マスコミの人って、けっこうヤラセをさせるんですよね。打ち合わせのときなどに、簡単にスプーンを曲げてみせるでしょう。そうすると、『これは本物だ』となり、本番の写真撮影やテレビのビデオ撮りのときに、何時間かけてもうまくいかなかったりすると、『もういいよ。君が本物だということは知っているから』と言って、ヤラセですませてしまおう、ということになるんです。子供ですから、僕は漠然と『そういうものなのかな』と思ってました。『週刊朝日』のときも、他のおじさんたちと同様に、それで許してくれるんじゃないか、いい写真が撮れたって喜んでくれるんじゃないかって、思ってたんです」

関口のこの説明を、稚拙で見苦しい弁明だとあなたは感じるかもしれない。あるいは盗人猛々《ぬすつとたけだけ》しいという慣用句を思い出すかもしれない。

でもテレビと活字と映画という三つのメディアでとりあえずの生計を立ててきた僕の実感としては、関口の語るメディアのありかたには、とてもリアリティがある。僕だって同じ立場にいたとしたら、「もういいよ。君が本物だということは知っているから」と言うかもしれない。ただし相手が子供であることを考えれば、ヤラセに巻き込むかどうかは微妙だけど。

日本近代史における超能力は、その発端からメディアと結びついていた。一九一〇(明治四三)年九月一四日、東京帝国大学の福来友吉《ふくらいともきち》博士による千里眼(透視)実験が行われた。被験者となったのは、そのころ千里眼の持ち主として巷《ちまた》で大きな評判になっていた御船千鶴子《みふねちづこ》だ。東京帝国大学元総長の山川健次郎《やまかわけんじろう》が紙片に文字を書いて鉛管に入れ、千鶴子は鉛管の中の文字の透視に成功した。ところがその後に、鉛管の中に入っていたのは山川が文字を書いた紙片ではなく、福来が練習用に千鶴子に与えた紙片であったことが発覚した。鉛管そのものが入れ替わってしまった可能性もある。明らかに実験する側の不備なのだが、新聞各紙は千鶴子の透視能力について、きわめて否定的な論調を強く打ち出した。結果として千鶴子は自殺する。新聞や世間からのバッシングに耐えられずに自殺したとの解釈が多いが、この時期に家庭内の問題もあったし遺書は残していないので、その断定は難しい。

御船千鶴子が自殺してからも、千里眼を持つ他の候補として長尾《ながお》郁子《いくこ》や高橋《たかはし》貞子《さだこ》らを発掘した福来博士は、念写や透視の実験をくりかえし行った。しかし彼女たちもまた、実験後に実験の不備を指摘されるというパターンで、メディアによる激しいバッシングの標的となった。

千里眼騒動で始まったメディアと超能力との関係は、斥力と引力とを常に滲《にじ》ませながら、その後の歴史を綴《つづ》ってゆく。特にテレビ時代が始まって以降、超能力にとってメディアは、生存のためのきわめて重要な環境因子のひとつとなった。だから相互に依存し合いながらも、結局のところ優位にあるのはメディアのほうだ。

関口淳のトリックを暴いた『週刊朝日』発売前日である一九七四年五月二三日、朝日新聞朝刊社会面に、「トリックに動揺　テレビ局」という見出しで、乱発する超能力番組の現状と、教育上好ましくないと自粛をするテレビ各局の混乱ぶりを伝える記事が掲載された。自粛を決めたのは毎日放送とTBS。特にTBSは「宇田テレビ本部長」という人物が、朝日紙上で以下のようにコメントしている。

「もともと民間放送連盟がつくった《放送基準》一〇三条で心霊など、科学を否定するものは扱わないことになっている。手元が映ると念力が出ないなど、超能力者を自称する人たちの撮影条件を受け入れた形で番組を構成すると、どう解説してみても、テレビ局が超能力演出の片棒をかついだとみられるからだ」

「宇田テレビ本部長」が指摘するように、この時期の超能力少年や少女たちも含めて「超能力者を自称する人たち」は、直視や接写されることを確かに嫌う。

透視実験に臨んだときの御船千鶴子も、東大の教員たちを中心にした実験立会者たちの視線に晒《さら》されることを拒絶して、まずは彼らに背中を向け、ついには別室にこもって一人にならないと透視はできないなどと主張しはじめたとされている。そして関口淳も、カメラに背を向けてスプーンを空中に放り投げる。誰がどう考えても、背中を向けたり空中に放り投げたりすることの必然性がわからない。トリックを隠すためではないかと思いたくなるのは当然だ。実際に多くのメディアは、超能力少年や少女たちを紹介しながらも、直視や接写を徹底して回避するその態度に、何がしかの違和感を一様に表明していた。

関口淳くんは、フライパンを曲げる実験をした。他人の視線があるとやりにくい、というので、右手にフライパンを持って、下半身が隠れる講堂の演台の向こう側に立つ。そして、左手は机の上にのせたまま、フライパンを上にあげてみんなに見せたり、また下に隠したりする動作をくりかえす。(中略) あちこちにみごとに曲がったスプーンがころがっている。それをみたとき、じつは、記者にはあまりにも簡単すぎると思った。それにほとんどの子どもが記者たちに背をむけて、手もとを隠すようにしてスプーンを投げている。(『女性セブン』七四年六月五日号)

一般に〝超能力〟を持つといわれる子供たちに共通した傾向がある。①人目を気にし、念力を信じない人がいるとできない。②明るいところより薄暗いところを好む。③カメラや視線に対して後ろ向きでないとだめ——ということだ。(『週刊平凡』七四年五月三〇日号)

「布団の中でスプーンと一緒に寝ていないとやりにくい」と、応接室に布団を持ち込み、中にくるまってやってみせてくれた。だが、布団の中に入っちゃったのでは、いかにも「見えないところ」が多すぎて、「あ、消えた」「あ、戻った」と叫んでも、にわかにそうとは信じがたい。(『週刊読売』七四年六月一五日号)

トリックと考えることが最も現実的な大人の判断であるだろうとは思うけれど、でも第一次スプーン曲げブームの時に現れたおおぜいの少年少女がみな、世間をだましてほくそ笑んでいたとは考えづらい。御船千鶴子や関口淳などの事例も含めて、明らかに隠れよう(もしくは隠そう)とする傾向があるとの前提も、一応の仮説としては成り立つはずだ。

オカルトの語源はラテン語「occulere」の過去分詞「occultus」で、意味は隠されたもの。ならば隠した主体は誰なのか。あるいは何なのか。

テレビ・ドキュメンタリー『職業欄はエスパー』を発表してから現在までのあいだに、超能力者を被写体にしたテレビ・ドキュメンタリーをもう一本演出し、同タイトルの本も一冊書いた(角川文庫所収)。多くの怪しい場所に足を運び、多くの怪しい人に話を聞いた。そのうえで書くけれど、彼らが意識的に隠そうとしているというよりも、現象そのものが人の視線を嫌うという印象を僕は持っている。

ただしこの認識自体が、そもそもオカルティックであることは自覚している、安易な擬人化に没するべきではない。それは科学的アプローチと相反する。その自覚はある。自覚はあるけれど、そう思いたくなるような体験を何度もしてきたことも確かだ。さらにオカルトは、ときおり観察者たちに媚《こ》びるかのように振る舞うこともある。言葉にすれば「見え隠れ」だ。まるで性悪女のように、オカルトは観察者を翻弄《ほんろう》する。隠れたかと思うと小《こ》袖《そで》の先をちらりと見せ、思わず目を凝らせば、また姿を消す。特に検証とか実験とかで意気込むときに、この現象は顕著になる。そんなことの繰り返しだ。だから前に進めない。とはいえ後ろにも下がれない。結局はぐるぐる回るばかり。常にどっちつかずで曖昧《あいまい》なままなのだ。

「ドキュメンタリーはもう撮らないのかな」

空にした二杯めのジョッキをテーブルの上に置きながら、ふと思い出したように清田が僕に言った。

「うん。今のところは考えていない」

「何で?」

「何でかなあ。清田がもうスプーンを曲げたくないのと一緒かな」

「でもオレは結局曲げちゃうよ。本音は曲げたくないけどさ。曲げたくないけれど、みんなの期待がわかるからな」

半ばふてくされたように言ってから清田は、三杯めのジョッキをお代わりする。大酒飲みでやんちゃ坊主。かつて、ドキュメンタリーのもう一人の被写体である秋山眞人は清田をそんなふうに形容してから、「あの性格で、しかもあの生活を結果的には維持するから、いまだに能力が大きくは衰えないんでしょうね」と解説した。彼に言わせれば、超能力の発現は多くの場合、子供時代に最も強く現れる。しかしほとんどのケースにおいて、成長すると同時に能力は減衰する。身につけた分別や規範、世俗性や功利性が、この力をゆっくりと減少させるからだ。

つまり超能力は人の年齢的成熟と相性が悪い。

だからこそ清田は変わらない。もう四〇も半ばを過ぎたのに、いまだに清田少年と呼ばれるし、私生活はさっぱり落ち着かない。一〇年前に僕がドキュメンタリーを撮ったあとも、清田は二度めの結婚と離婚を体験し、バリ島への移住を企て、数年後に帰国してからは大麻所持で逮捕と、まさしく波瀾《はらん》万丈で転がる石のような人生を送っている。

「そういえば森さん、このあいだ超能力をテーマにした番組に、秋山さんと出演したんですよね」

ビールを日本酒に代えた岸山が言った。何となく場が弾まないので、彼なりに話題を提供しようとしたのだろう。でもたぶん、これは裏目に出る。そう思った瞬間に、清田が言った。

「俺は出ないけれど、最近のテレビは森さんのほうに声をかけるのかな」

半分は冗談のつもりなのに表情は真顔だから、場が一瞬だけ緊張する。僕は岸山に言った。

「大阪の深夜番組だよ。東京では放送しないんじゃないかな」

説明しながら清田に視線を送るけれど、鶏の唐揚げを頰張りながら、まったくの無反応だ。実際に興味がないのかもしれない。

一般的に超能力をテーマにしたテレビ番組は、大きく二つに分けられる。ひとつは大掛かりなスタジオに超能力者を呼んでパフォーマンスをやらせる旧来型のスペシャル番組だ。

そしてもうひとつは、最近ではテレビ朝日の『TVタックル』などが好例だが、肯定派と否定派の双方をスタジオに呼んで、ディベート形式で論争させるという番組だ。

三日前にゲストとして呼ばれた関西テレビの『未確認思考物隊』は、そのどちらでもない。超能力者のパフォーマンスをメインにはしないし、肯定派と否定派がディベートするという要素もほとんどない。どちらかといえば肯定的なニュアンスが強いけれど、否定派をゲストに呼んだ回もあったようだ。

この日のゲストは、森達也《たつや》以外には秋山眞人と大槻《おおつき》ケンヂだった。さらに収録途中で、もうひとりのゲストが紹介された。ニコニコと満面の笑みを浮かべながらスタジオに現れたのは、ピエロの衣装に身を包んだ青年だ。鼻の頭にも赤いペイントが塗られている。つまりは完璧《かんぺき》な道化の意匠だ。司会が訊く。

「お名前お聞きしていいですか」

「アキットです」

「アキットさん、ご職業は？」

「魔法使いです」

この自己紹介のあとにアキットは、スプーン曲げを実演した。このとき僕が座る椅子と彼との距離はほぼ一メートル。至近距離といえるだろう。

番組が用意した数本のスプーンを手にしたアキットは、司会者に促されてスプーンを曲げた。一瞬だ、左手で頭の先をつまみ、右手の指先で柄をそっと撫《な》でる。手順としてはそれだけ。次の瞬間にスプーンの柄は、ぐにゃりと大きく湾曲していた。

かつて同じようなスプーン曲げの妙技を見たことがある。やはりテレビ番組収録のスタジオだった。綾小路鶴太郎《あやこうじつるたろう》なる芸名を名乗る彼は、テレビカメラの前で、スタッフが用意した硬いスプーンを、いともたやすく一瞬で、湾曲させたり捩《ねじ》ったりした。その綾小路は二〇〇二年一月に急死した。僕が彼の妙技を見てから、ほぼ一年半が過ぎたころだ。

アキットの手法は、間違いなくその綾小路の系譜だろう。基本的には超能力者を自称しないことも、綾小路と共通している（ただし綾小路は、収録が終わってから楽屋を訪ねた僕の質問に対し、最後には「超能力です」と答えている）。

とにかく動作は一瞬だ。そして両手を使う。だからもし、ありえないほどの筋力を想定するならば、この曲げたり捩ったりも可能かもしれない。ところが綾小路やアキットは、曲げたり捩ったりするだけでなく、一度曲げたスプーンを再び元に戻すこともできる。これは不思議だ。怪力だけでは説明しづらい。とはいえ超能力としても微妙だ。

収録が終わってからの帰りの新幹線、アキットの能力について秋山は「推測ですが」と前置きしながら、「きわめて効果的な腕力の使い方と超能力の融合と考えるべきでしょうね」と説明した。何だかよくわからない。その意味では、このジャンルにおけるいつもながらのパターンであると言えなくもない。

乾杯をしてから、そろそろ二時間近くが過ぎる。ちらりと腕の時計に視線を送った僕に気づいたのか、「じゃあ、そろそろやってみようか」とつぶやいてから、店員に三本のスプーンを持ってきてくれるように清田は声をかけた。初めて目の前でスプーン曲げを見るという三人の編集者の表情が、明らかにさっきまでとは変わっている。期待が瞼《まぶた》の縁にまで溢《あふ》れている。

……数分後、一本は折れ、そして江澤が端を握らされた一本は、全員に見つめられながら、およそ五〇秒ほどで自力での捩れを終えた。全員が吐息をつく。

「……初めて見ました」

呆然《ぼうぜん》とした表情の岸山が言う。

「本当に捩れました。それも自力で」

江澤が少しだけかすれた声でつぶやく。その後ろでは、数人の店員たちも目を丸くして大喜びしている。

「まあ、俺はテレビに出る人みたいに派手なことはできないけどさ、本のネタとしては何とかなるかな」

言いながら清田が視線を向ける。ちょっとだけ得意そうだ。この大人気なさが、五〇が目前になってきた今でも、現役でいられる所以《ゆえん》なのだろう。ジョッキの残りを飲みほしてから、僕はうなずいた。

「何とかなりそうだよ」

第一幕「よく来てくれた。そしてよく呼んでくれた」恐山のイタコは語り始めた

上野から東北新幹線に乗って三時間。八戸《はちのへ》駅で降りて東北本線特急（二〇〇八年時）に乗り換えれば、ほぼ五〇分で野辺地《のへじ》駅に着く。さらに野辺地駅から大湊《おおみなと》線に乗り換えて、下北《しもきた》駅まではほぼ一時間だ。自宅からはトータルで六時間以上。ここまで来ると最果てという感じがするけれど、日本における実際の北の果ては、本州最北端の下北ではなくて北海道の宗谷《そうや》岬だ。

でも北海道なら飛行機を利用するから、時間的には逆に早かったりする。乗りものを使ったとき人は距離を、キロメートルではなく移動の時間で実感する。だから気分としては北の果て。下北の駅の周辺の光景が、その日の曇り空の印象とも相まって何となく荒涼と見えたことも、北の果てに来たという感覚を強めたのかもしれない。

改札を出る。風が冷たい。明らかに東京とは温度が違う。ジャケットの内ポケットの中

で、携帯がくぐもった着信音をあげている。手にすればディスプレイには、杉本信昭《すぎもとのぶあき》の名前が表示されていた。

僕にとっては高校時代の同級生である杉本は、『蜃気楼《しんきろう》劇場』（一九九三）や『自転車でいこう』（二〇〇三）などで知られるドキュメンタリー映画監督でもある。『自転車でいこう』を発表する少し前、CSの依頼で恐山《おそれざん》のイタコのドキュメンタリーを撮っていた杉本は、西新宿《にししんじゅく》の小さな雑居ビルの一室で、映像の編集作業を進めていた。そしてほぼ同じ時期、雑居ビルの同じ部屋に置かれていたもう一つの編集機で、僕は自作のドキュメンタリー映画『A2』の編集作業をやっていた。

編集作業の合間に煙草を吸いながら、「イタコってどうだった」と訊《き》いたことがある。

「どうって何が」

真顔で杉本は訊き返す。確かに「どうだった」は曖昧《あいまい》すぎる。少し考えてから僕は訊き直した。

「ホンモノはいた？」

ああそういうことかというように二、三度うなずいてから、杉本は言った。

「ほとんどは相当に怪しい。観光客向けだ。でもすごいイタコは何人かいるらしい。俺もロケのときに一人だけ会った。死んだ祖父《じい》さんを口寄せしてもらったのだけど、どう考えても祖父さん本人としか思えないようなことを、そのイタコは確かに口にした」

「そのイタコが、事前にいろいろ調べていたという可能性は？」

「それはない。イタコに伝えたのは祖父さんの命日だけだ。名前も性別も言っていない。それに予約制とかじゃないから、事前の調査はありえない」

杉本のこの断言に対して、自分が何と言ったかは覚えていない。でも新幹線の中でふと、杉本とのこの会話を思いだした。その「すごいイタコ」がもしもまだ現役ならば是非会って、口寄せしてもらおうと考えた。だから携帯から電話をかけた。でも杉本は出なかった。毎日のように新宿や四谷《よつや》を飲み歩いている男だから、そのときはまだ眠っていたのだろう。

「電話くれたか？」

下北駅に着くと同時に電話をかけてきた杉本は、眠そうな声で言った。

「今恐山にいるんだ。これからイタコを取材するのだけど」

僕は言った。

「オソレザン？」

「うん。オソレザン」

「……ああ。そういえば今は大祭《たいさい》か」

そう言ってから、「相変わらず脈絡のない取材をしているなあ」と吐息をつく杉本に、僕は八年前に聞いた「すごいイタコ」の名前を訊いた。

「だいぶ高齢だし、身体を悪くしたって噂を聞いたけどな」

そう言いながら杉本は、そのイタコの名前を教えてくれた。

「もう一度訊くけれど、彼女はホンモノだよね」

「ホンモノという言葉が適当かどうかわからないけれど、死んだ祖父さんしか知らないはずのことを、いろいろ言われたことは確かだ」

電話を切って顔を上げればすぐ目の前に、行き先を「恐山」と表示したバスが一台だけ停まっている。駅からはバスで四〇分ほどのはずだけど、時刻表を確かめれば、出発までまだ相当に時間がある。ここで時間を意味なく浪費したくないし、それに道中で気になる箇所があれば降りてみたい。だからタクシーで行くことにする。駅舎のすぐ横にタクシーの会社があって、数台の車が停まっている。

「大祭のあいだは特別料金だよ」

目が合った初老の運転手が言う。イタコは恐山にいつもいるわけではない。基本的には夏の大祭（七月二〇〜二四日）と、一〇月上旬に行われる秋詣《まい》りの三日間だけだ。僕は訊いた。

「特別料金って高いんですか？」

「いや安い」

大祭期間中はタクシーを利用する人が増えるから、恐山までは一律三五〇〇円。普段よりは一割くらい安くなっていると運転手は説明した。ホテルや旅館が値上げする現象とは逆だ。

「お山は初めてかい？」

走り出してすぐに、ハンドルを握りながら運転手が訊いた（たぶんこんな言い方だったと思うけれど、下北弁はよくわからないから正確ではない）。

「昨日までは休みだからかなり人が来ていたけれど、今日は平日だから人は少ないよ」

「初めてです」

「でもまだ大祭期間中だから、イタコはいますよね」

「カモシカだよ」

意味がよくわからない。膝《ひざ》の上の資料から顔を上げれば、運転手は左前方に視線を送っている。僕も顔を左に向けた。確かにカモシカだ。群れからはぐれたのか、道路沿いを一匹で悠然と歩いている。少し驚いた。交通量は少ないとはいえ、ここはまだ市街地なのに。

「よくいるんですか」

「最近は多いな。珍しいかい？」

「野生のカモシカは初めて見ました」

「今はあまりいないな。ずいぶん減った」

少し間が空いた。どうも会話がちぐはぐだ。僕は訊いた。

「……最近は多くなったんじゃなかったんですか」

「いやいや。減ってるよ」

「カモシカですよね」

「イタコだよ。子供のころはたくさんいた。今はだいぶ減ったな」

「……運転手さんは恐山に行ったことありますか」

少し間をおいてから僕は言った。もしかしたらからかわれているのだろうか。でも運転手の口調はとても生真面目だ。

「子供のころはよく、『お山』に連れて行かれた。大人になってからは行ってないな」

「大人になってからは、一度も行っていない？」

「一度だけ行ったよ。二〇年ほど前だ」

おそらく曖昧な言いかたが嫌いで断定の述語が好きな人なのだろうなと思いながら、

「二〇年前は何で？」と僕は訊く。

「母親が死んだんだよ。（その霊を）降ろしてもらった」

「当たりましたか」

「何が？」

訊《たず》ね返されて思わず口ごもる。宝くじや馬券じゃあるまいし、確かに「当たりましたか」は品がなさすぎる。どうもイタコ界隈は述語が難しい。

「つまり、……本当に死んだ人を呼べるんでしょうか」

「呼んだよ」

「どうしてそう思えるんですか」

「口寄せの前にイタコに教えるのは、降ろしてほしい人が死んだ年と命日だけだよ。でもそれだけで、俺の母親だってわかったねえ」

「……わかったというか、その母親本人が、出てくるわけですよね」

「出てくる?」

僕の質問を訊き直してから、運転手は首をひねる。

「出てくるわけじゃないなあ」

その後の彼の説明を要約すれば、霊が降りてきてイタコに憑依《ひょうい》するのではなく、降りてきた霊はイタコとまずは会話をして、それからイタコは霊の言葉を依頼者に伝えるという手順のようだ。つまりイタコは通訳のような役割なのだ。それが一般的な解釈なのかどうかはわからないけれど、少なくともこのタクシーの運転手は、そう断言した。

東北弁のマリリン・モンローが降りてきたなどとよく笑い話のように語られるけれど、その現象はこれで説明がつく。イタコは霊に自らの身体を提供して喋《しゃべ》らせるのではなく、霊をまずは自らの内側に降ろして会話し、その会話の内容を依頼者に伝えるという手順なのだ。どうやってマリリン・モンローとコミュニケーションしたのかという謎は残るが、交わした会話の内容を人に伝えるときに、自分の母語（東北弁）に翻訳することは当然だ。

「イタコが降ろした霊は、お母さんだって確信できましたか」

「だとしか思えないよ。こっちからは何も言わないのに、肝臓ガンで死んだことまで知っていたからなあ」

しみじみとした口調で運転手は言った。思いつきやでたらめを言っている気配はない。

車はいつのまにか鬱蒼《うっそう》たる山の中を走っている。この道路を車で往復できるようになったのは、実は最近らしい。運転手がつぶやいた。

「一昔前までの参拝は歩きだったから大変だったよ。今はずいぶん楽になった」

下北駅を発《た》ってから三〇分ほどで、寺の山門が見えてきた。到着したばかりらしい三台の大型観光バスが、隣接した大きな駐車場に停まっている。硫黄《いおう》の臭いが鼻をつく。予想以上に強烈だ。山門で五〇〇円の入山料を払って中に入れば、すぐ左側の塀の内側に貼りつくように、イタコの口寄せ場（イタコマチ）が並んでいる。外見はほとんど簡易テントだ。その数は全部で五個。予想よりはかなり少ない。それぞれの前に並ぶ人の数は、おおむね一〇～二〇人くらい。いちばん手前のイタコマチの横には「イタコの口寄せ」と記された看板が据えられていて、何となく祭りの縁日でたこ焼きでも売っている露店のようだ。でもイタコマチの前を行き交う人たちの表情は、みな何となく深刻だ。ハンカチを口に当てて、目を赤く泣き腫《は》らしている女性もいる。少なくとも縁日の雰囲気ではない。

恐山の縁起は、今から約一二〇〇年前にさかのぼる。最澄《さいちょう》の直系の弟子に当たる慈覚大《じかくだい》師《し》円仁《えんにん》が唐《とう》で修行していたとき、「国に帰り、東へ三〇余日の所に行けば、霊山がある」と夢の中で告げられて、すぐに帰国してお告げのとおりに三〇余日の旅で辿《たど》り着いたのが恐山だ。この地で円仁は六尺三寸の地蔵尊を彫り、これを本尊として開山したとされている。

現在の恐山菩提寺《ぼだいじ》は曹洞宗《そうとう》だ。山号は釜臥山《かまぶせやま》。つまり恐山は霊山であると同時に、寺の敷地（境内）を示すエリア名でもある。

しばらくイタコマチの様子を眺めてから、荷物を置いて身軽になるために、電話で予約を済ませていた宿坊を訪ねる。山門から歩いて数分だ。

宿坊とは寺に所用があって訪ねてきた僧や参詣人《さんけい》が泊まる宿舎であり、旅館ではない。食事がつく場合にも精進料理が当たり前で、宿泊料金の相場は数千円が一般的だ。でも恐山の宿坊「吉祥閣《きっしょうかく》」は、一泊二食で一万二〇〇〇円。この料金にまずは驚いた。そして次に、豪華な建物に圧倒された。玄関は広く、吹き抜けは高い。仲居さんが「いらっしゃいませ」と声をかけてくる。宿坊というよりも、ほとんど観光旅館だ。

フロントには二人の男。一人は作務衣《さむえ》姿。おそらく僧侶《そうりょ》なのだろう。二人とも対応が少しだけぎこちない。何人かの泊まり客が僕の前に並んでいたけれど、傍《はた》から見ているといかにも手際が悪い。でもその手際の悪さに、逆にほっとする。

通された二階の部屋は、小奇麗な和室が二間もある。しかも広い。掃除も行き届いていて清潔だ。観光旅館でこの部屋なら一万二〇〇〇円は妥当かもしれない。いやむしろ低価格だ。でも宿坊なんだけどな。

とにかく部屋に荷物を置いて、再び山門へ向かう。そろそろ陽が傾き始めているけれど、イタコマチの前に並ぶ人の数は、まだほとんど減っていない。

五つの簡易テントには表札のように、それぞれのイタコの名前が掲示されている。一つひとつをチェックしたが、杉本に聞いた「すごいイタコ」の名前はない。いちばん多くの人が並んでいるイタコの名は日向《ひむかい》けい子さん。テレビか雑誌で見るか読むかした記憶がある。イタコとしては例外的に若い。実年齢はわからないけれど、見た目は三〇代後半。そして晴眼だ。

いちばん手前のイタコマチの行列の脇に立って、しばらく口寄せの様子を観察した。一人ひとりの所要時間は一五分から三〇分ほど。自分の番が来れば二畳ほどの簡易テントの中に靴を脱いで入り、イタコと差し向かいに座る。簡易テントから出てくるときに、涙ぐんでいる人は少なくない。

カメラを手にしながら、もう少し近づいてみる。ちょうど中年の女性の口寄せが始まったばかりだった。降ろしたい人の死んだ年と命日を訊《き》いたイタコは、首にかけた数珠《じゅず》のようなものをこすりながら、しきりに何かをつぶやき続けている。霊を自らの中に降ろし、さらに会話している時間ということになるのだろう。数分間のこの儀式が終わったあとに、イタコは中年女性に語りかけ始めるが、言葉までは聞き取れない。やがて中年女性は泣き始めた。

行列から少し離れて、僕は周囲を見渡した。駐車場ではまた一台、観光バスが到着したようだ。数羽のカラスが編隊を組みながら、ゆっくりと上空を横切ってゆく。

視線を戻せば、口寄せを聞き終えたばかりの中年女性が、簡易テントの前で靴を履きながら、ハンカチで目もとを押さえている。僕は女性に近づいた。

「……どうでしたか」

またこの述語を使ってしまった。でも中年女性はちらりと視線を上げてから、無言でこっくりとうなずいた。

「いろいろ当てられました。死亡年月日しか言わなかったのに」

「たとえばどんなことを？」

「……これは私のことですけれど、子供が二人いることとか、過去に水子が一人いることとか、とにかくいろいろ当てられました」

「こちらから伝えることは、故人が死んだ年月日だけですか」

「そうです。それを間違えると違う人が来てしまうそうです」

宿坊に戻る彼女の後ろ姿を眺めながら、あまりに説得力がないと考える。だって日本だけでも、一日に何万人も死んでいる。得る情報が死んだ年月日だけでは、故人を特定するための正確な所番地にはならないはずだ。ただしこのやりかたは、イタコによって違う。故人の名前や依頼人との関係まで言わせるイタコもいるし、死んだ年月日だけではなく生まれた年月日を訊くイタコもいるという（それにしたって所番地までは特定できないから誤配は避けられないと思うけれど）。

行列に並ぶ人の数は、さすがに少しずつ減ってきた。今から並べば、長時間待つことはないかもしれない。でもそろそろ日が暮れる。夕食の時間が近づいている。宿坊にチェックインするとき、夕食や門限の時間は絶対に厳守であると言い渡されている。今日は無理だ。口寄せは明日にしよう。

夕食は一階の大食堂だった。泊まり客は総勢で五〇名ほど。料理は精進料理。もちろんアルコール類は一切ない。食前に「食事五観」を唱える。料理の味はまあまあ。使った箸《はし》はお茶で洗って自室に持ち帰り、明日の朝食で再び使わねばならない。作法や時間厳守も含めてこのあたりは、確かに宿坊だ。

食べ終えて部屋に戻って気がついた。テレビがない。まあそれも当たり前か。宿坊なのだから。食後には一階の大きなホールで、僧侶による法話があった。半分近くの客は参加したようだ。僕は湯小屋に行く。

湯小屋とは境内にある四つの温泉だ。男性専用の「冷抜の湯」、女性専用の「古滝の湯」、男女入れ替え制の「薬師の湯」と、混浴の「花染の湯」だ。外見は四つとも小さな古い山小屋のようだ。まずは「冷抜の湯」の引き戸を開ける。中には誰もいない。湯は白濁していてかなり熱い。照明は裸電球。浴槽の底には湯花が沈澱《ちんでん》している。

三〇分ほど湯に浸《つ》かったり出たりを繰り返したが、そのあいだずっと一人だった。誰も来ない。どうやらほとんどの客は、宿坊施設内の大浴場に入っているらしい。

宿坊に戻ってから、頭や身体を洗うために大浴場に向かう。中には数人の男たち。こちらのお湯の白濁の度合いは少しだけ薄い。出てから自動販売機のビールを買う。本当は食事の前に飲みたかった。

　部屋に向かうためにフロント前を横切るとき、やはり缶ビールを数本抱えた作務衣姿の僧侶と擦れ違った。おそらくこの宿坊の運営スタッフなのだろう。

「あの、イタコとこのお寺との関係について、ちょっとだけお訊きしたいのですが」

　僧侶にそう質問したのには理由がある。寺の境内はとても広い。でもイタコたちのエリアは、まさに隅のほうに追いやられているとの印象を受ける。また何人かのイタコは夕食の時間が近づいたとき、「宿坊に泊まっているのか？」と行列に並ぶ人たちに、心配そうに何度も声をかけていた。「そろそろ時間だから、宿坊に戻って夕食を食べてください。私たちは明日もここにいますから」

　そう言われても三時間近く待ってやっと自分の順番が近づいてきた依頼者たちは、なかなか行列を離れようとはしない。何度も「戻ったほうがいいですよ」と行列に声をかけるイタコたちの様子は、寺にとても気を遣っているように見えた。

　実のところ寺とイタコとの関係は、決して良好というわけではない。例えば数年前には、山門の外で口寄せをするようにと、寺の敷地からイタコたちを排除したことがあったという。ただしこのときは、そこまでするかとの地元の声が高まったため、寺はまた境内に呼び戻したと聞いている。

「うーん。関係と言われてもねえ」

　片頰に微《かす》かな笑みを浮かべながら、僧侶は少しだけ考え込む。

「あまり円満ではないような印象を受けたのですが」

「いやいや、そんなことはないですよ。共存しているわけですから。ただ、死んだ人の魂を呼んで話をすると言われてもねえ。私たちからすると、ちょっと困ることは事実ですね」

それはそうでしょうねと僕はうなずいた。宗派によって若干の違いはあるが、仏教の教義としては、死んだ人の魂は六道輪廻《りんね》する。あるいは浄土に行く。宗祖である仏陀《ぶっだ》（釈《しゃ》迦《か》）に至っては、死んだ人の魂や来世のことなど、一切口にしていない。基本の理念は無常と縁起なのだ。あらゆるものが移ろいゆく。魂だけが不変であるはずがない。宗教よりもむしろ哲学に近いとされる所以《ゆえん》はここにある。ただし死後の世界を担保することは、最大の現世利益だ。死んで消えますでは布教ができない。だから仏教は伝播《でんぱ》する過程で世俗化した。成仏や供養などの概念を、釈迦入滅後に加算した。

加算はしたけれども教義的には（お盆の時期は別にして）、死んだ人たちに気軽に帰って来られたら困るのだ。だから寺としては、イタコの存在を肯定しづらい。しづらいというかできない。それは想像がつく。でも同時にイタコたちがいなければ、これほどに立派な宿坊を維持するほどの観光客が集まらないことも確かだ。片頰に曖昧《あいまい》な微笑の余韻を貼りつけながら、僧侶は困ったように首をかしげ続ける。

翌朝は七時に起きた。顔を洗ってから朝風呂《ぶろ》に入る。当然ながら大浴場ではなく湯小屋だ。やっぱり他には誰も来ない。一人だけの入浴だ。朝は朝で風情がある。お湯の量は多い。硫黄《いおう》の臭いが立ち込めている。

昨夜は薄暗くなっていたので気づかなかったが、湯小屋の周囲のあちこちの地面から、水蒸気がもくもくと湧いている。近づけば強烈な硫黄臭。猛毒の硫化水素ガスも含まれているはずだ。ロープを周囲に張って「危険」の立て札を立てている場所もある。

朝食を食べてから、寺の裏に設《しつら》えられたコースを回る。恐山ツアーの定番である「地獄めぐり」だ。かなり広い。二〇人ほどのツアーの一行がいたので、その後ろをついていくことにした。ガイドの説明を聞きたかったからだ。

とにかく岩だらけの空間だ。無数の無縁塔が細い通路の脇に建てられている。硫化水素ガスは至るところから噴出し、その周囲の石は硫黄で変色して黒くなっている。「発火する恐れがあるので、火を使わないでください」という注意書きが記された看板もあった。

三〇分ほど歩けば、ふいに景色が一変する。広大な砂地だ。遠くに山肌がかすんでいる。砂地には小さな風車がびっしりと並んでいて、「賽《さい》の河原」の表示がある。ガイドが「ここは極楽浜とも呼ばれています」と説明している。「賽の河原」なら川だけれど「極楽浜」なら海だ。どちらかにしろよと言いたくなるけれど、ここはそのどちらでもない。砂浜の向こうには、広大な青い湖が広がっている。宇曾利《うそり》湖だ。だから正確に書けば「地獄の湖畔」。何だかおどろおどろしさに欠ける。

宇曾利湖は湖底から硫化水素が噴出する強酸性の湖だ。棲息《せいそく》する魚はウグイの亜種(宇曾利湖ウグイ）が一種だけ。世界で最も酸性度の強い湖に棲《す》む魚類とのこと。

いったん部屋に戻ってから、撮影機材を手にイタコマチに行く。もうかなりの人が並んでいる。でも今日は、時間ならたっぷりある。

誰を呼ぶかは決めていた。二〇〇七年に死んだドキュメンタリー監督の佐藤真《さとうまこと》だ。長くうつ病で苦しんでいた佐藤は、何度目かの入院のために乗せられた車からすきを見て逃げ出し、病院近くの団地に駆け上って、屋上から地上へと飛び降りた。

僕とはほぼ同世代だ。だからショックだった。とても家族思いの男だった。妻と二人の娘を残していた。抗うつ剤の副作用ではないかと推測する人もいた。もしもそれが事実なら（そしてもしも霊魂が実在するのなら）、自分が死んだことにいちばん吃驚《びっくり》したのは、佐藤自身だったかもしれない。

昨日ほどには混雑していなかったけれど、それでも二時間ほど行列で待って、やっと順番がきた。このイタコは高齢だけど、盲目ではないようだ。僕は佐藤が団地から飛び降りたその年と日付を言った。名前とか性別、そして関係については訊《き》かれなかった。首に巻いていた数珠《じゅず》を両手で揉《も》み合わせながら、イタコはぶつぶつと何事かをつぶやき続ける。その儀式は数分間。やがてイタコは、（標準語に訳せば）「よく来てくれた。そしてよく呼んでくれた」とつぶやいた。

ただし佐藤がどんな人でどんな仕事をしていたなど、故人を特定できるような情報はいっさい口にしない。身体に気をつけてくれとか時おりは寂しい思いをしているとか、あくまでも当たり障りのない内容だ。

三枚の千円札を彼女に渡してから、僕は別の行列に並んだ。それが終わってから、またもう一人。全部で三人のイタコに、佐藤を降ろしてもらった。そして三人とも最初のフレーズは、「よく来てくれた。そしてよく呼んでくれた」から始まった。

かつてイタコは盲目であることが当たり前だった。生まれながら目に障害を抱える女の子は、仕事の選択肢がとても限られる。だから幼いころから師匠のイタコへ弟子入りし、苦しい修行を経てから独立する。

いわゆる霊媒体質や超能力者などと呼称される人には、視覚に何らかの障害がある場合が少なくない。欠損した視覚を補うために、何らかの感覚が鋭敏になる。そう考えれば論理的には怪しくない。ただしその「何らかの感覚」が問題であり怪しいのだけど。

恐山がある下北地方には、イタコは実はもういない。恐山へやってくるイタコの多くは、津軽や南部《なんぶ》地方などから車に乗って通ってくる。

イタコに口寄せを頼む人の多くは、もしも故人に現生への未練があるならば、それを聞いておきたいと考えることが常だ。ある意味で当然だ。でもこれは言い換えれば、故人に対してその依頼者が、未練を持つことでもある。つまり未練があるのは、故人ではなく残された側なのだ。だからイタコは言う。こっちは大丈夫だ。今のところ不自由はない。そっちこそいろいろ気をつけてくれ、そして安心して精いっぱい生きてくれ。つまりこれは、残された側にとってのカウンセリングでもある。そう考えれば、やがて訪れる死への恐怖を緩和して今の生をまっとうさせる宗教のレゾンデートルと、かなりの領域で重複する。結局は死者ではなく生者のため。そうつぶやきながら僕は恐山を後にした。あわただしい日常に戻るために。

第二幕　「現状は、誠実な能力者には不幸でしょう」
オカルト・ハンターの返信はすぐに来た

月刊誌『STUDIO VOICE』編集長（当時）である品川亮《しながわりょう》からのメールが届いたのは九月上旬。その書き出しの一部を引用する。

大変ご無沙汰《ぶさた》しておりますが、いかがお過ごしでしょうか。私の方はあいかわらず映画を作りながら編集者生活を送っているうちに、いつのまにか任期交替、この雑誌から離れる日が近づいてきております。来年の二月売りを最後に、編集長職を交替することになりましたが、その前にやり残したことをやっておこうと、やりたい放題の特集を準備しております。

その一つが、「オカルト、ホラー&ミステリー」というようなタイトルで、小説、映画などのフィクションから、心霊写真や都市伝説、陰謀論などなどを含む特集です。

（中略）

特に九五年のオウム以降の冷え切った状況から、近年の奇妙に捻《ねじ》れたようにも見えるオカルト／スピリチュアル・ブームを、現在の視点から概観することは必要かと感じています。企画としては現在のところ、新進気鋭のオカルト・ハンター／ジャーナリストである佐藤健寿《けんじ》氏と、森さまにご対談いただくのが面白いかもしれないと、漠然と考えております。

品川との付き合いはけっこう長い。でも彼が書く「やり残したこと」のひとつが「オカルト、ホラー&ミステリー」だとは意外だった。どちらかといえば冷静で合理的な思考の持ち主だとばかり思っていたからだ。オカルト趣味の人がみな、非合理的な思考をするというわけではもちろんないけれど。

品川が提案した対談は、このメールを受信してからほぼ一カ月後に実現した。対談相手である佐藤健寿は、オカルティックな現象や噂の検証をテーマとするサイト「X51.ORG」の主宰者であると同時に、二〇〇七年には単行本『X51.ORG THE ODYSSEY』（夏目書房）を上梓《じょうし》している。

この日が初対面である佐藤は、長い髪を後ろで束ねていて、ハンターやジャーナリストというよりも、自然志向のミュージシャンという雰囲気を漂わせていた。もう少し年齢を重ねれば、諸星大二郎《もろほしだいじろう》が描く妖怪《ようかい》ハンター、稗田礼二郎《ひえだれいじろう》に似ていると言えなくもない。

UFO（未確認飛行物体）やUMA（未確認動物）、超常現象や超能力など、あらゆるオカルティックな話題をアップデートにとりあげる「X51.ORG」における「X51」の意味は、アメリカのネバダ州にある広大な秘密軍事施設「エリア51」（正式名称はグレーム・レイク空軍基地）を表している。この施設で働いていた物理学者（と本人は主張する）のロバート・ラザーは、「米政府は異星人と契約を交わしてUFOに関する技術提供を受けており、エリア51はその研究と開発を行っている」とテレビで発言し、かなりのセンセーションを世界に提供した。

この「エリア51」だけではなく、UFOが落下した（このときに回収したとされる宇宙人の遺体の解剖映像は、日本の複数のテレビ番組などでも大きく取り上げられた）としてよく話題になるアメリカ・ニューメキシコ州のロズウェルにも、佐藤は足を運んでいる。さらにはチベットやヒマラヤを訪ね、イエティや地下王国シャンバラなどの取材を続けてきた佐藤は、自らが主宰するサイト「X51.ORG」のトップページに、次の声明文を載せている。

だから私はマウスを置いて、リュックを背負うことを選んだ。奇妙な事件が起きたとき、その現場で一体何が起こっているのか、こればかりは、結局のところ、行ってみないと分からない。いや、経験則から言えば、行ってみたところで、結局何も分からない場合だって多々ある。しかしそれならばそれで良い。この足でその事件の現場まで赴いてみる。そして得た答えがたとえ「分からない」であろうと、「分からない」ことが自分で「分かれ」ばそれは大きな発見なのだから（どんな優秀な検索エンジンも「それについては分からない」なんて気の利いた答えは決して言わないだろう）。

しかしまた最近では、UFOや超常現象を題材とした番組までやらせて頂いたり、あげくこんな本まで書かせて頂くにあたり、人から「UFO研究家」や「ミステリー・ハンター」のように思われて、困惑することもある。それはそのとりとめもないハッピーな肩書きゆえではなく、例えば人に、いきなりこんなことを聞かれるからだ。「宇宙人って本当にいるんですか？」「UFOって本当にあるんですか？」「雪男っているんですか？」「ヒトラーって生きてるんですか？」。

きっと矢追《やおい》さんならば、ニコリと笑って「空を見上げてごらん」とでも言うのだろう。韮沢《にらさわ》さんなら、質問を聞き終わらないうちにかぶせ気味でうなずいてくれるだろう。大槻《おおつき》教授ならば、「だからプラズ……」とでも言うのだろう。OK、それが確かにその道のプロフェッショナルというものだ。それが世間に期待される専門家の役回りというものだ。だけど私は、そんなとき、いつも答えをはぐらかしてきた。なぜなら、私もいまだにさっぱり分からないからだ。

分からないから、探しているのである。

品川が感知した僕と佐藤との共通項は、この声明文からもわかるように、超常現象やオカルトがあるかないかの二元論に埋没することがどうしてもできず、結局はその狭間《はざま》（わからない）を定位置にしていることだろう。もちろんできることなら、肯定であれ否定であれ、断定したい。曖昧《あいまい》さを持続することは、実のところけっこうつらい。楽になりたいと時おりは本気で思う。でも断定できない。どうしても片端に行けない。専門家になれない。

とにかく対談は行われた。以下は『STUDIO VOICE』二〇〇八年一二月号に掲載された対談の一部だ。

佐藤　取材を通していろいろ目にしても、それでも信じ切れないという感覚も面白いですよね。僕もUFOは見ているんです。アメリカのセドナという、パワースポットとして最近有名になっている場所で。否定しようのないUFOを、僕を含めてそこにいる全員が見たんです。

森　ヴィジュアル的にはどんなUFOですか。

佐藤　三角形の平らな形で、とにかくサイズが大きいんですよ。僕が見たやつもだいぶ遠くに見えていたのに、かなりの大きさだった。番組の取材で行ってたんですけど、訊《き》かれて「全長1キロぐらいだった」と答えながら、後で自分でも変だなと思ったんですけど。でもそうとしか答えようのない大きさでした。

森　そのときテレビのカメラは回っていましたか。

佐藤　カメラは回ってたんですけど、その時に僕の側を向いていたんです。それではっと振り向いて、ピントと明るさを調整しているうちにスーと行っちゃって、結局は撮れなかったんです。ただ、あれを見てもあまり自分の認識が変わらないことが不思議だなと。

ビジュアル的には否定しようがないUFOが、いきなり目の前に現れた。しかも一人ではなくおおぜいのスタッフたちも、同じように目撃している。ところがよりによってその瞬間、カメラは違う角度を向いていた。

……もしもそんな説明を受けたのなら、否定論者はここぞとばかり、「結局はトリックやイカサマだからこそ、そんな言い訳をするのだ」と言うだろう。

その見方がまったくの見当はずれだとは思えない。でも、超能力を持つことを自称する男たちを被写体にしたドキュメンタリーを実際に撮り、その後は否定と肯定とが入り交じった感情でずっとオカルト的な現象に興味を持ってきた僕としては、「結局はトリックやイカサマだから」式のわかりやすい理路を当然のように主張されると、何となく不安になる。指の隙間から何かがこぼれ落ちているような感覚だ。とても微少だけど、でもとても大切な何かが欠落している。

ただし、「よりによってそのときに」や「たまたまカメラが別の方向を」式の話法が、このジャンルにとても多いことは確かだ。スプーン曲げなど超能力のデモンストレーションだけではない。「霊を見た」とか「雪男に遭遇した」などの体験談にしても、シャッターを切ったのにカメラには映っていなかったとか、足跡だけが確認できたとか、手の先端だけが肩の上に乗っていたなどのパターンは、ほとんどの場合に当てはまる。

ジャンルそのものが意思を持つのか、大きな意思が人から隠そうとするのか、あるいは人が無意識に目を逸《そ》らそうとしてしまうのか、それとも所詮《しょせん》はトリックやイカサマばかりだからなのか、それは今のところわからない。

わからないけれど、そんな力が常に働いているともし仮定するならば、映像と音声メディアが誕生した二〇世紀以降、オカルトはその「隠れたい」（あるいは「隠したい」）との衝動をさらに激しく揺さぶられ、そして引き裂かれてきたはずだ。なぜなら発達したメディアは、隠されてきた何かにかつてとは比べものにならないほどの量の光を当てながら、やはりかつてとは比べものにならないほどの数の衆人の視線に晒《さら》そうとするのだから。

オカルトは人目を避ける。でも同時に媚《こ》びる。その差異には選別があるとの仮説もある。ニューヨーク市立大学で心理学を教えていたガートルード・シュマイドラー教授は、ＥＳＰカードによる透視実験を行った際に、超能力を肯定する被験者グループによる正解率が存在を否定する被験者グループの正解率を少しだけ上回ることを発見し、これを「羊・山羊《やぎ》効果（sheep-goat effect）」と命名した。

この場合における「羊」は超能力肯定派を、そして「山羊」は否定派を示している。つまり超能力を信じる者たち（羊）が被験者となる実験では、超能力の存在が証明されるかのような結果が出るのに対し、超能力に否定や懐疑の眼差《まなざ》しを向ける者たち（山羊）が被験者となる実験では、超能力を否定するかのような結果が出る現象が羊・山羊効果だ。

つまりどちらにせよ、現象が観察者に迎合する。媚びようとする。あるいは拒絶する。一九四二年に行われた最初の実験以降、シュマイドラー教授は一〇年以上にわたって実験を繰り返し、最終的には約二五万回に及ぶ透視実験を行った。その結果として羊群の的中率は適正期待値のプラス約〇・四％、山羊群はマイナス約〇・三％であったと発表している。

ただし被験者ではなく、肯定的な実験者が肯定的な結果を心情的に得やすい（同様に否定的な実験者が否定的な結果を得やすい）という現象は、特にオカルティックな研究や実験の分野に限らなくても、実験者効果として、ごく普遍的にある現象だ。

肯定する側がよく陥りやすい論法としては、いわゆる「三た論法」がある。つまり三つの「た」だ。雨乞《あまご》いを例にとれば、「祈った」「降った」「儀式が効いた」との三段論法を、無意識に行ってしまっている心理だ。どれほどに日照りが続こうが、遅かれ早かれいつかは雨が降る。そして降った瞬間に、すべての因果が短絡しながら連結してしまう。民間療法の多くや怪しげな祈禱《きとう》なども、「祈った」「治った」「祈りが聞き届けられた」と三つの「た」で整合性を得ることができる（治らない場合は、祈りが足りない式の論理に回収してしまう）。カルト宗教などもこの論法をよく使う。物事の因果と時系列への冷静な測定と洞察が抜け落ちてしまい、結果からストレートに逆算することで前提を正当化してしまう心理構造だ。

できるかぎりは熱狂や短絡を排除する。一九九九年に超能力者たちのドキュメンタリーを撮って以降、ずっと自分なりには距離を置きながら接しているつもりではあるけれど、でもそのうえで思う。オカルトは確かに、人を選別し、そして媚びる傾向がある。まるで現象そのものに意識があるかのように。

人は対象を擬人化する。その自覚もある。もしも女王アリが働きアリを慈愛あふれる仕草で舐《な》めていたとしても、そこに「感謝」や「ねぎらい」などの感情が働いていると短絡することは、少なくとも科学的な思考ではない。よくよく観察すれば、働きアリの身体から甘い蜜《みつ》が出ていたという場合が多いのだ。でも同時に、絶対に女王アリには愛情などないとの断言もできない。あるかもしれないのだ。最終的にはアリにならないかぎりはわからない。

対談が掲載されてから、僕は佐藤にあらためてメールで、「見え隠れ」や「羊・山羊効果」についての見解を質問した。佐藤からはすぐに返信が来た。以下はその要約だ。

個人的には、羊・山羊効果というか、被験者のコンディションが実験の成否に影響することは、超能力が物理現象である以前に人間の行為である以上、当たり前に起こりえることだと思います。例えば多くの心理学実験でも、被験者に事前に特定の傾向を持たせないために、あえて実験の目的を伏せたり嘘をついて行うことがあります。なぜなら被験者と観察者の関係性が結果に影響するからです。

その当たり前の現象が、超能力の実験においてはさも「言い訳」のように扱われてしまう理由については、実験自体がそもそもあまりにも物理現象という側面（スプーンが曲がった、曲がらない、といった）にのみフォーカスされてしまうからであり、この能力だって結局は生身の人間が行う「行為」であるという認識が、いつのまにか抜け落ちてしまっているからではないかと考えています。

例えばスポーツ選手の成績や歌手の音程、料理人の味付けなどには常に揺らぎがあるように、人間の意識や行為に揺れが生じることは当然のことなのに、こと超能力に関してだけその曖昧さがまったく許容されないこの現状は、誠実な能力者にとっては大きな不幸であるといえるでしょう。


佐藤との対談からおよそ二ヵ月後、今度は三人の男たちとオカルトをテーマに語り合うという企画への参加を依頼された。何だかオカルトづいている。あまり嬉《うれ》しくない。

ビデオ収録されたこの座談会は、山下敦弘《やましたのぶひろ》が監督するドキュメンタリー仕立てのホラービデオの素材として使われる予定になっている。僕以外の出演者は、監督である山下敦弘と怪談史研究家の小池壮彦《こいけたけひこ》、そして『不思議ナックルズ』のライターでカメラマンである住倉《すみくら》カオス。

それぞれが体験した怪奇現象を披露しながら、心霊をも含めての超常現象についての見解を語り合う企画なのだろうと思っていたけれど（というか実際にそうだったのだけど）、実際に集まってみると、四人ともスタンスとしては肯定派とは言いがたい。「世に喧伝《けんでん》されるオカルト現象のほとんどは感覚細胞のバグによって錯誤された現象であると思っていいけれど、どうしても説明がつかない現象が時おりある」というスタンスは、ほぼ共通していたような気がする。

住倉は巨大UFOを間近に目撃したという体験談と併せて、かつて動物の写真を撮るために富士《ふじ》の樹海に入ったときの話を披露した。樹海の真ん中にテントを張り、その横に生えている樹木の枝に腐った生肉を吊《つる》し、レンズの前を何かが動けばシャッターが下りるカメラを設置して一晩を明かした。夜中に何度かシャッターが切れる音がしたので、おそらく野犬が来ているのだろうと考えたという。

しかし翌朝、生肉には何の変化もなく吊したままの状態だった。撮影としては空振りだったかと思いながら家に帰って写真を現像したら、一枚だけ、肉を鷲掴《わしづか》みにするかのような手が写っていたという。ところが背後には何もない。腕もなければ、顔も胴体もない。手だけなのだ。

「まあ正確には、指の形なども含めて手のように見える何かが写っていたということです」

住倉はそう言った。でもさすがに気味が悪い。その写真は厳重に保管していたはずなのに、いつのまにかなくなっていたという。

小池が披露したのは、自身が学生時代に新島《にいじま》に友人たちと遊びに行って民宿に一泊したときの話だった。夜が更けたころに、階上の部屋からがやがやと人の声がする。子供の声も聞こえるので家族連れでも泊まっているのかと思っていたが、深夜に階上に上がってみると誰もいない。この夜の宿泊客は彼らだけだったのだ。またこの夜には、確かに施錠したはずの部屋の扉が、夜中にいきなり大きな音とともに開いてまた閉じるという現象も起きた。

このとき小池は、音楽を聴くためにカセットテープを持参していた。島から戻ってきてからそのテープを聴いていたら、途中で音楽が途切れて、雑音とともに人の声が入っていた。

「よくよく聞くと、民宿で施錠したはずのドアがいきなり開いた直前に、自分たちが交わしていた会話でした」

これもまた不思議な現象だ。なぜならこのカセットテープは、新島ではバッグの中に入れたまま一度も使っていなかったからだ。

とにかく小池はこのカセットテープを自室の棚の中に保管した。しかし六年くらいが過ぎてから棚を確認したら、なぜかカセットケースの中のテープだけが忽然《こつぜん》と消えていた。

聞きながら吐息をつきたくなる。事実かどうかの解明はともかくとして、この二つのエピソードに共通することは、やっぱり見え隠れだ。これ見よがしに現れる。でも視線を向ければ消えている。そして痕跡《こんせき》を残す。残しながら消える。その繰り返しだ。樹海では腕のない手として、わざわざカメラのシャッターが落ちる瞬間に。そして新島の民宿では小池が持参したカセットテープの磁気帯に、わざわざ音を記録する。しかも客観的な証拠は残さない。消したいのなら最初から現れなければいいのに、なぜか存在を誇張してから、写真やテープなどの証拠を抹消しようとする。思いきり誤解を恐れずに書けば、超常現象に対してメディアになりうる住倉と小池に、現象が媚《こ》びたという見方もできる。

収録が終わってから、僕は小池と住倉に、「見え隠れ現象や羊・山羊《やぎ》効果についてどう思うか?」とのメールを送信した。以下にそれぞれの返信を、一部要約しながら引用する。

まずは小池から。

超常現象・霊現象については、私は理論ではなく体験や聞いたことでしか話せませんが、少しお話ししましたカセットテープを紛失した件が気になっていたとき、いろいろな人が話す超常現象体験においても、似たようなケースがあることに気づきました。

いざ証拠を見せろという段になると、必ずそれが見つからない、何らかの形で紛失している、その人と連絡がとれなくなる、などの形で、どうしても証拠を拝むことができないケースが多すぎるのです。

もちろんその体験談がウソだった可能性はあるわけですが、たとえば連絡がとれなくなったという場合に、その人が引っ越しなどの都合で急にバタバタしはじめたり、奥さんが病気になったから不吉なのでこの話はやめるということになるなど、不可避な方向に事態が動くことが明らかに多いのです。

虚偽や思い込みが多いことは確かだと思いますが、そういったノイズ的なものが多いということ自体にも、もしかしたら何らかの意味があるのではないかと思うことがあります。そういう虚偽や思い込みで攪乱《こうらん》して曖昧《あいまい》にすることで、絶対的な証拠をとらえにくくさせているような気さえするのです。

羊・山羊効果のような現象は、何かしら人間が歴史的にこうむってきた事態の反映というか、古い性質の名残ではないかと考えることもあります。

魔女狩りもそうだったかもしれませんが、相当な昔から特殊能力者は、祭り上げられるか弾圧されるかのどちらかだったから、長い年月の間に、ある意味での防衛本能が形作られたかもしれないというようなことを考えます。


次は住倉カオスからの返信。


羊・山羊効果については、自分も不勉強でしたので、その範囲内でお答えさせていただきます。

まず超常現象・霊現象というものに関して、私自身はかなり懐疑的に捉《とら》えており、これらの現象は脳の中の出来事だと考えています（前提として捏造《ねつぞう》は除外します）。

人間が死んだときに魂はどこへ行くのか？　自分の人生すべて無に帰してしまうのか？　結局はそういった不安が、超常現象を呼びよせると思っています。

例えば心霊写真に関してですが、よく私は「プロが持つカメラに心霊写真は写らない」という言葉を使います。フィルム時代、撮影ともなると三六枚撮りのフィルムを五〇本～一〇〇本くらいは当たり前に撮影しました。それを毎日のように繰り返します。アマチュアなら一日三六枚を使い切ることなど滅多にないでしょう。

単純に枚数だけで言うと、プロはアマチュア数千人分の写真を一人で撮っているわけなのに、心霊写真を撮ったというカメラマンの話は、自分も含めほとんど聞いたことがありません。なぜならプロは、その場に合ったレンズを選び、機材にトラブルがないようにメンテし、ガラスなどの写り込みをチェックし、ハレーションが入らないようにフードをつけ、ミスがないようにあらゆる対策を行うからです。

知り合いの女性ライターが、心霊写真を撮ったとよく写真を見せに来るのですが、その多くはいわゆるオーブ写真です。

オーブ写真に関しては、私は「コンパクトカメラ・内蔵フラッシュ・埃《ほこり》や虫」といった条件が揃えば、必ず撮れるものと思っています。ですが彼女は、「また撮れちゃった」と困ったような嬉しいような表情をしています。

ただしオーブ以外でも、彼女は多くの心霊写真を撮影しています。自宅のリビングで撮ったものに犬の霊が写ったものがあります。テレビでも放映された有名なインパクトのあるものなのですが、ガラスに大きく犬の顔に見える白い影が映っています。彼女曰《いわ》く、昨年死んだ愛犬とのことです。「ストロボがガラスの汚れに反射して」などと一応の説明はできるのですが、ならば再現しようと思っても、あのように（犬のような霊のような）絶妙な画像として撮影することは、相当難しいだろうとは思います。

私個人は、基本的に心霊現象・超常現象とは人間の脳内で起こるもので、そのタイミングにいろんな偶然が重なったものと考えています。ただし昨日の撮影時にもお話ししましたが、いわゆる心霊をテーマにした撮影や編集の際には、機材トラブルやスタッフの災難などが多いことは確かです。でも一つ一つの事象自体は、絶対にありえない話ではありません。脳内でバラバラの事象を結びつけて怪奇現象として認識しているのだろうと普段は考えています。オカルト肯定派は「心霊DVD」を撮影・編集していたからこそ起こったことと言うでしょうが、いわゆる心霊スポットはそもそも埃・カビ・湿気の多い場所で、機材トラブルが起こる確率は高いのです。

UFO目撃の話を対談時にさせてもらいましたが、私はその話を一〇年以上、人に話しませんでした。五階建ての団地の上すれすれ十数メートルほどの高さに現れたUFOは、今窓から見える首都高速を走るトラックのように、実体感を伴ったものでした。同時に自分自身の感覚を疑い、脳の中で起こったものと思ってもいます。見間違い、記憶の刷り込み、幻視の類《たぐい》です。ところが目の前のトラックを幻視と思えないように、この巨大UFOを目撃したときの記憶はあまりにも鮮明ではっきりとしているため、自分でもこの記憶の処理に困っています。意識下ではあのUFOは本物なのです。

普段は日常生活と矛盾が生じないように忘れています。でもあれがもし物理的に存在するものなら……そういった不安は少なからずあり、そのため一〇年も人に話さなかったのかもしれません。

もしかすると、脳の中でだけUFOを見たと自分で分析することは、心の防御機構なのかもしれません。説明のつかない未知な体験を拒否する心の防御反応。その心の矛盾が、羊・山羊効果や見え隠れ効果を生んでいるのではないでしょうか？　私自身があのUFOをどう解釈していいかわからないように。

それにしても、実際には脳の中だけで説明出来ない不可解なことが多いですよね。だからこういったことに興味が尽きないのだと思います。

人目を避ける。でも時には人に媚びる。このメールのやりとりの際、小池は「物理学の一〇〇年の進歩に比べて、心霊研究の一〇〇年が不毛だったことは一目瞭然《りょうぜん》である」と書きながら、最後に「……らちがあかないのです」と吐息のように記している。

読み終えて僕も吐息をつく。まったくだ。人類の歴史が始まってから今まで、このテーマはずっと「らちがあかない」ままだ。

第三幕「僕たちはイロモノですから」〝エスパー〟は即答した

初めて秋山眞人《あきやままこと》に会った一九九三年の夏、僕はフリーランスのテレビ・ディレクターだった。超能力者たちの日常を撮ることをコンセプトにしたドキュメンタリーを思いつき、テレビ局にプレゼンテーションするための企画書を書くために、最初に連絡したのが彼だった。

当時の秋山は、心霊やUFOなどをテーマにしたテレビのスペシャル番組などには、時には霊視能力者として、あるいは宇宙人を呼ぶコンタクティーとして、必ずといっていいほど出演していた。大槻《おおつき》教授に代表される否定派たちとの論争の際には、いつも相当に激昂《げっこう》していたとの印象がある。だから実際に会う前には、かなりエキセントリックな男を想像していた。ところが実際に会った秋山は、いつもにこにこと微笑を絶やすことがなく、とても温和そうな雰囲気を漂わせる男だった。受け答えもとても常識的で、名刺を交換しながらの挨拶《あいさつ》も低姿勢だ。この段階で番組はまだ正式に決まっていないのだから、この取材を受けることは彼にとってボランティアに等しいというのに、面倒そうな気配はまったくない。だから僕は思わず口にした。

「率直に言いますけれど、イメージのギャップに驚いています」

初対面であることを考えれば、率直というよりも無礼というべきだろう。でも秋山はにこにこと微笑みながらうなずいた。

「ええ、よく言われますよ。テレビの雰囲気とだいぶ違うって。演技しているとまでは言いませんが、テレビって例えば半日かけてスタジオの収録をして、それを三〇分に編集しちゃうわけですから。どういうわけか僕が使われるシーンは、怒鳴ったり逆上したりしている場面ばかりなんです。まあそういう役割を期待されているってことなんでしょうけれど」

「それは不本意ではないのですか」

「こちらも利用させてもらってますから。番組がきっかけになって、一般の方に超能力に対して興味を持ってもらえるのなら意味はあります」

「でも、ネガティブな持ちかたをされてしまうというリスクはあると思いますけど」

「リスクはあります。でも少なくとも、まったく関心がないよりはポジティブですよ」

秋山のこの姿勢は、その後もずっと変わらない。このときに秋山からいろいろアドバイスを受けて書きあげたドキュメンタリー企画は、いったんはフジテレビで企画が通って撮影を始めたが、ロケ開始早々に内容をめぐって意見が衝突した局の担当が撮影中止を宣言して白紙に戻り、また同じフジテレビで違う担当のもとで再開するまでには六年の時間が必要だった。そのあいだも秋山は、連絡をすれば必ず時間を作り、企画が通らないことで鬱屈《うっくつ》する僕の愚痴の聞き役になってくれた。

他の二人の被写体である清田《きよた》と堤《つつみ》のパフォーマンスに比べれば、霊視を中心とする秋山の能力はかなり地味だ。「あそこにいます」と言われれば、「ああそうですか」と言うしかない。つまり映像的には、三人の中で最も映えない。でも彼についても、どうにも説明できないような現象を、僕は何度も見聞きしている。

テレビ・ドキュメンタリー『職業欄はエスパー』は、映画祭のスクリーンで上映されたことがある。二〇〇三年の高崎《たかさき》映画祭だ。毎年二万人を超える観客動員を記録する高崎映画祭は、地方の映画祭としては（湯布院《ゆふいん》映画祭などと並び）かなり破格のスケールで、監督や俳優などのゲストも数多く参加する。

この高崎映画祭の事務局代表でNPO法人たかさきコミュニティシネマ代表理事でもある茂木《もぎ》正男《まさお》から、『職業欄はエスパー』上映の際に、被写体になった超能力者を一人ゲストに呼んでトークショーをやれないかと相談された僕は、秋山を誘って二人でこの年の映画祭に参加した。上映後のトークショーが終わり、市内の和風旅館でスタッフたちと打ち上げを行った。このときの顚末《てんまつ》を、『メメント』（実業之日本社）に僕はこう記した。

最後の作品上映が終わり、映画祭スタッフたちが旅館の大広間にやってきたときには、もう八時を過ぎていた。総勢は二十名くらいだったと思う。茂木さんの乾杯の音頭で宴会は始まり、二時間ほどが過ぎた頃、僕はかなり酩酊《めいてい》していた。いい歳をしてピッチが早いのだ。しかも酒にはそれほど強くない。だからこういう場ではいつも真っ先にできあがってしまう。

秋山眞人が得意としているジャンルのひとつに霊視がある。ドキュメンタリー撮影時にも、スタッフたちの霊視の要求に快く応じていた（書きながら今思いだしたけれど、このときは父親が死んだばかりのカメラマンが、それを当てられましたと蒼褪《あおざ》めていた）。高崎でのこの夜も酔っ払った一人が秋山におずおずと霊視を頼み、それを皮切りに、全員が秋山の前に集まってきた。

一人ずつ前に座らせ、旅館に用意してもらったA4サイズの紙に、秋山はそれぞれのオーラや（彼には見えるらしい）霊の顔を、何色かのサインペンで描き続けた。みんなはきゃあきゃあと大騒ぎだ。僕は座敷の隅で寝そべりながら、そんな様子を腕枕で眺めていた。

三十分ほどで、茂木さんを除く全員の霊視が終わった。最後に何人かから腕を引かれるようにして、茂木さんは秋山の前に座った。どうやらあまり気乗りはしていないという雰囲気だった。秋山は無言で、テーブルの上の一点に視線を集中している。霊視のとき秋山は、めったに相手を直視しない。必ずあらぬ方向を見つめる。

「右肩の上におばあさんがいますね」

そうつぶやいてから秋山は、馴《な》れた仕草でおばあさんの顔を描きだした。ただし絵は上手《うま》くない。ほとんどが同じような顔になる。まあデッサンについては素人なのだから仕方がない。そのとき、ふと秋山が筆を止めた。

「何か言ってます」

座は少しだけざわついた。今夜のこれまでの霊視では、老若男女いろいろな霊が出てきたが、「何かを言っている」との指摘は初めてだった。

視線をテーブルの上に固定したまま、秋山は数秒沈黙した。

「……名前ですね。人の名前を言っています。自分の名前かな」

「茂木ですか」

茂木さんが照れたように笑いながら言う。秋山はゆっくりと首を横に振る。

「違います。よく聞こえないんです。でも茂木じゃないです。ミズ何とかですね。……ミズ、ミズタ、……ミズタニかな。……うん。ミズタニと言ってますね。このおばあさんの名前なのかな」

茂木さんはしばらく無言だった。やがてその表情がみるみる険しくなったと思ったら、次の瞬間、急にテーブルに突っ伏して、まさしく号泣を始めた。驚いたのは周囲の僕たちだ。

しばらくしてから茂木さんは顔を上げた。どうしたんですか？　おずおずと誰かが訊《き》いた。

「……昔、俺の家に、おばあさんが住んでいたことがあるんだよ」

呻《うめ》くように言ってから、茂木さんはまた嗚咽《おえつ》を洩《も》らした。

「……本当に子供の頃だよ。もう五十年以上も前だ。だから記憶は確かじゃない。でもなぜだかわからないけれど、血縁ではないおばあさんが同居していたことは確かだ。俺のことを、実の孫のようにとても可愛がってくれた」

数秒の間が空いた。誰もが無言だった。僕はゆっくりと腕枕を解いて、その場に座りなおした。

「どこの誰だったかはわからない。でもそのおばあさんの名前だけは覚えている。……水谷さんだ」

そう言ってから茂木さんは、目の前に座っている秋山を正面から見つめて、振り絞るような声を出した。

「だけどね、だけど俺は今まで、この話、誰にもしたことがないんだよ。それなのに、秋山さん、俺にはわからないよ。どうしてあなたに、そのおばあさんの名前がわかるんだ？」

秋山が顔を上げる。僕もそうした。視線は天井の一点に向けられている。何人かが怖々と視線の先を辿《たど》る。僕もそうした。もちろん何も見えない。天井板だけだ。

「答えてくれよ。秋山さん」

振り絞るように言う茂木さんに、秋山は少しだけ困ったようにこう答えた。

「……だって、そう言ってますから」

「だって、そう言ってますから」との秋山の言葉は、今もはっきりと耳に残っている。刷りあがった『メメント』を僕は茂木に送った。送る前は少しだけ躊躇《ためら》った。僕にとっては確かな記憶だけど、これが茂木の記憶とぴったりと符合するとは思えない。大きな展開としては間違いないはずだけど、細部の記憶は茂木と食い違っているかもしれない。なぜなら人は記憶を都合のいいように編纂《へんさん》する生きものだ。

本を送ってから数日後、高崎映画祭のホームページに茂木は、読み終えた感想を以下のように記述した。

森達也監督から新刊が送られて来た。『メメント』実業之日本社8／29発売予定。なんで送られて来たのか解らないまま、パラパラとめくってみたら高崎映画祭の項目があり、急ぎ読みはじめて止まらなくなった。四年前に森監督の特集を高崎映画祭で企画して監督と秋山眞人氏をお招きした。上映が終わってからの豊田屋旅館の打ち上げで、二人とスタッフとの交流の場での驚くべき出来事が鮮やかに書かれていた。

いわゆる霊視の話である。もう少し詳しくいえば守護霊。どちらかと言えば霊の話には否定的な茂木が体験した事実が、スタッフ同席のなか繰り広げられた。

内容は、本読んで見て下さい。すみません、ここまで言ってるのに……。

それからは守護霊だけは、信じない訳にはいかない。


この記述を読むかぎり、僕の記憶は茂木の記憶とほとんど違わなかったことになる。ならばどう解釈すべきだろう。秋山が事前に茂木の身辺調査をしたとは思えない。宴会の席での霊視は、場の流れで始まった。最初から決まっていたわけではない。百歩譲って身辺調査をしていたとしても、このおばあさんの話は誰にもしていないとの茂木の言葉を信じれば、秋山がこれを知っていたとする可能性はほぼゼロに近い。

ならば秋山がでまかせで言った「水谷」という名前が符合したと解釈するしかない。否定論者ならそう言うだろう。でも冷静に考えれば、それが的中する確率は相当に低いし、でまかせで言うメリットもない。あまりにもハイリスク・ローリターンだ。

ならば信じるしかないのだろうか。あの夜、水谷と名乗るおばあさんが、秋山には見えたのだと。その姿や声が実在するものかどうか、僕にはわからない。僕にわかることは、秋山が見て聞いたその何らかの存在が、秋山が知るはずのないことを的中させたということだ。

これ以上は解釈しようがない。霊視以外の可能性としては、秋山が茂木の記憶を読んだとする考え方もある。つまりテレパシー。どちらにせよオカルトだ。だから惑う。悩む。

困惑する。初めて秋山に会った一六年前のあの日から、そんな状態がずっと続いている。

二〇〇八年八月、この本のための取材を始めたばかりの僕は、新宿にある秋山眞人の事務所を久しぶりに訪れた。取材についてのアドバイスをもらうためだった。我ながら都合がいいとは思うけれど、この業界内での人脈はとても広く、さらにオカルトとその周辺についての知識はまさしく博覧強記のレベルである秋山の助言は、どうしても聞いておきたかった。

僕を迎える秋山は、いつもどおりにとてもにこやかだった。本の趣旨を伝えながらテーブルの上に置いたテープレコーダーのスイッチを入れると同時に、何から話せばいいかなあというような表情で考え込んでいた秋山は、ゆっくりとしゃべりだした。

「……最近ではこの精神世界はすっかりライトでポップになってしまって、すまし汁みたいになっちゃいました。かつてはもっと濃かったですけどね」

「もしもすまし汁だとしても、お椀《わん》の底のほうには何かが沈澱《ちんでん》しているわけですよね」

僕は言った。秋山は小さくうなずいた。

「確かにそうですね。底のほうには興味深いひとたちがいます。でも彼らはなかなか動かない。特に最近は動かなくなってきちゃいました」

「動かないとは具体的にどういうことですか」

「自分であまり宣伝しないんです。そんな欲求が小さくなった。だから本気で探さないと出会えなくなってきたという感じですね」

そう言ってから秋山は、いわゆる精神世界的な業界が、ネットの占いサイトに代表されるお手軽なジャンルと、学術的な研究機関の二つに分化しつつあるという現状を説明した。

「研究者の集まりで言えば三つあります。一つは日本サイ（PSI）科学会。総勢で七〇〇人ぐらいの名簿を持っている団体です。創設者は紫綬褒章《しじゅほうしょう》や勲三等瑞宝章《ずいほうしょう》などを受章した工学博士の関英男《せきひでお》さん（二〇〇一年に死去）。もう一つの団体の名称はIARP（国際宗教・超心理学会）で、会長は本山博《もとやまひろし》さん。そしていちばんの老舗《しにせ》は財団法人日本心霊科学協会。ここは今、医療関係者たちが多く集まって、霊能者と医療関係者が組んだ本格的なカウンセリングなどを模索し始めています」

「秋山さんはそのどこかに関係しているんですか」

そう訊いた僕に、秋山はゆっくりと首を横に振った。

「サイ科学会では初期の頃の理事でした。でもいまはもう手を引いちゃいました。日本心霊科学協会にはほとんど関わっていませんが、現在の会長である防衛大学名誉教授の大谷《おおたに》宗司《そうじ》先生とは個人的に何十年もおつきあいがあります。いろいろとお声はかかるんですけれど、つかず離れずにしています。それぞれ派閥がありますから。例えばIARPは、人間サイエンスの会と繫《つな》がっています」

その会については以前聞いたことがある。

「超党派の国会議員たちの会ですね」

確認する僕に、秋山はゆっくりとうなずいた。

「月に一回、公聴会をやっています。主催者のトップは、前の金融・再チャレンジ大臣だった山本有二《やまもとゆうじ》衆院議員です。僕も講師で呼ばれたことがありますよ。要するに、いろいろな議員さんたちがそこで、超能力者の品定めをしているわけですね」

「品定めしてどうするんですか。自分のお抱えにしたいということですか」

一九八八年、レーガン大統領政権下で財務長官や大統領首席補佐官という要職を務めていたドナルド・T・リーガンが、ホワイトハウスの内幕を描く『FOR THE RECORD』を発表した。この本には、重要な政策決定の際にレーガンは、ナンシー夫人が傾倒していた星占いに頼る場合が多かったとのエピソードが記述されていて、ちょっとした話題になった。たしかに国会議員とオカルトは相性がいいとの話はよく聞く。一九九四年にハワイで銃撃されて死亡した占い師、藤田小女姫《ふじたことめ》は、岸信介《きしのぶすけ》や福田赳夫《ふくだたけお》、松下幸之助《まつしたこうのすけ》に小佐野賢治《おさのけんじ》など、政財界の大物たちを顧客にすることで財を成したと言われている。

「お抱えかどうかはわからないけれど、こいつはおもしろいと思う超能力者を個人的に呼んだりはしているようですね。でもまあとにかく僕や清田、堤くんたちの世代からすれば、心霊科学協会以外はどれも若い団体で新興勢力なんです。派閥闘争も活発です」

そこまで言ってから秋山は息を継ぐ。

「自分たちのレトリックだけで現象を説明しようとする傾向がとても強い。実験データを共有もしないし、継承もされていない。だから実験に協力しても、なかなか結果を出してくれない」

「団体に期待できないのなら企業はどうですか。かつてはソニーやホンダ、京セラとか、いろいろな大手がこの現象の研究に参画していましたよね」

「ニッサンから指名されて未来予測のレポートを出したことがありますよ。でもソニーのエスパー研が反面教師になってしまったらしく、今は難しいようですね」

一九九一年から一九九八年まで、ソニーには「ESP研究室」(エスパー研)と呼ばれる部署があった。ソニー創始者の一人である井深大《いぶかまさる》の肝煎《きもい》りで設置されたこの研究室の室長だった佐古曜一郎《さこよういちろう》とは、テレビ・ドキュメンタリー撮影時に何度か会った。透視や予知、念力などを研究していたこの研究室は、オウムによる地下鉄サリン事件以降に周囲からの風当たりが強くなり、撮影終了とほぼ同じ時期に消滅してしまった。株主からそんなくだらない研究をするなとのクレームがついたとの噂もある。

「本音を言えば、ここまでいろいろやって証明できないならば、学者や研究機関と組むことにはもう意味がないのかなという気もしています。その意味ではメディアも同様です。おだてて持ち上げては消費して使い捨てる。そのパターンはずっと繰り返されています」

「つまりアカデミズムによるこうした現象への解明については、もう絶望しているということですか」

僕は訊《き》いた。秋山はゆっくりとうなずいた。

「これは研究者だけではなく、肯定派全般の問題なんですけど、こうした現象を解釈するとき、例えばその人の宗教観などが微妙に絡むことが多いんです。科学的な検証やアプローチの手前で、思いこみとか宗教的な感覚がどうしても混在してしまうジャンルなんですね」

言いながら秋山は深い吐息をつく。清田や堤も含めてスプーン曲げ第一世代と呼ばれる彼らは、いろいろな研究所や学術機関によって、最も多く実験の被験者になった世代ともいえる。

一九八五年、そんな実験の様子がテレビで放送されたことがある。番組は日本テレビの『知られざる世界』。このドキュメンタリー番組は二週にわたり、被験者である清田益章《ますあき》のメタル・ベンディングや遠隔透視、念写などの能力を実験室で検証した。僕はこれをリアルタイムには観ていない。でもこの番組が録画されたVHSテープを入手した。そして観ながら圧倒された。

番組の中で二二歳の清田は、研究者や撮影スタッフたちに囲まれながら、手を触れないスプーン曲げなど、すべての実験で圧倒的な数値や結果を導きだした。特筆すべきは、これらの実験のほぼすべてが、ワンカットで撮影されていたということだ。

樹脂アクリル板の水槽の中にぶら下げられた紅白二つの振り子を念力で動かすという実験の際には、水槽の向こう側に座らされた清田は、まず二つの振り子を同時に動かし、次にスタッフの指示で白の振り子の動きを止めて赤の振り子だけを動かした。

ところがこのとき、カメラがズームアップすると止まっていた白い振り子が赤に同調するように動きだし、カメラが引けば白は止まり赤だけが動くという現象が繰り返された。すべてがワンカットだ。水槽の向こう側で拳《こぶし》を握り締めて念を送っている清田は最初から最後まで顔を伏せており、カメラのズームを察知できるような体勢ではない。この現象についてスタジオに出演したディレクターは、「理由はわかりませんが、まるで振り子がカメラを避けているとしか思えませんね」と当惑したようにコメントした。

顔を伏せている清田は、カメラの動きを避ける主体になりえない。そこから演繹《えんえき》されることは、振り子、すなわち現象そのものが、観測されることに対して何らかの意思を発動している(かのように見える)ということだ。

いずれにしてもこれほどに圧倒的な映像が、かつて全国ネットのテレビでゴールデンタイムに放送されていた。それは事実だ。番組の最後には、「新しい時代の幕がこれから開くでしょう」とナレーションが謳《うた》いあげたが、結局は幕など開かなかった。この時代、さまざまな研究機関で彼らを被験者にした実験は繰り返されたはずなのに、結局は何も変わらなかった。

つまりやっぱり、らちはあかなかった。

秋山が言うように、宗教的な偏見や思いこみによって構築された研究者たちの予断や仮説がもたらす弊害はあるだろう。でもそれだけではない。仮に実験の結果によって疑いようがない結果が現れたとしても、きっと多くの人は関心を示さない。一時は示したとしてもすぐに忘れる。あるいは見て見ぬ振りをする。

「いわゆる羊・山羊効果や見え隠れ現象について、秋山さんはどう考えますか」

僕のこの質問に対して、秋山はしばらく考えこんだ。

「……観察者によって現象が変化する。これは言い換えれば、とても量子力学的ですね。だから肯定派の一部の人たちは、超能力やオカルトなどの現象は量子力学で証明できる、みたいな言い方をすることが多いんです。たしかに量子力学の世界には、統計学的にはありえないような現象がたくさん観測されています。始めと終わりが一緒になっちゃうとか、生きている状態と死んでいる状態の中間の領域が存在するとか、あるいは聖書など宗教的な教典に書かれている多くの奇跡や、それこそ超能力者たちがやるようなことの多くは、ほとんど量子力学で説明できる。それは確かだけど、超能力やオカルトの説明に、徹底したミクロの世界の現象である量子力学を引用することには無理があると僕は思います。ところがオカルト肯定派の研究者なり学者なりが、量子力学を援用しながら超常現象や超能力を整合化しようとするから、大槻教授たちの恰好《かっこう》のエサになってしまうわけです」

僕はうなずいた。確かに量子論をそのままオカルトや超能力の説明に使うことには無理がある。可能性を示すメタファーとしては有効ではあるけれど、それは理系ではなく文系の世界だ。

「それともうひとつ、科学にはゲーム的な要素があります。そのルールは二つ。いつ実験をしても、そして誰が実験をしても、同じ結果が出なければならないということ」

「つまり追試ですね」

「はい。でも超能力や超常現象は、この二つのルールに従うことが難しい。だって心の働きですから。思うようにはならない。つまり科学というゲームの外側に最初から位置しています。だから実証するためには、科学の側が枠を広げるしかないんです。でも大多数の研究者は、この科学のパラダイムに固執します。とくに最近では、大脳生理学の研究者たちにこの傾向がありますね。すべての心理現象は大脳生理学で解き明かせると彼らは思っている。そうなると霊視やUFOの目撃に至るまですべて、ありがちな錯覚現象なんだと断定できるわけです」

そこまで言ってから、秋山は数秒沈黙する。僕はテーブルの上のテープレコーダーの残量を確かめる。あと二〇分くらいは大丈夫だ。

「……でも最近は、もっと根本的なところで、この現象を本当に証明する必要があるのだろうかと考えることがあるんです。歴史をさかのぼって調べれば調べるほど、羊・山羊効果や見え隠れ的な側面を実感します。だからオカルトなんですね。つまり隠されたもの。カルタの語源との説もあります。伏せて隠すもの。もしかしたら解明してはいけないジャンルなのかもしれない。調べれば調べるほど、それを実感します。例えば現象の解明について画期的な証拠をつかんだ研究者が急に早死にしたりとか、認められそうになると不慮の事故が起きたりとか、そんな事例はとても多い。福来友吉《ふくらいともきち》博士の透視実験もそうです」

「典型ですね」

「明治期の日本だけじゃないです。世界中で延々と同じパターンが繰り返されている」

現象自体が逃げ回る。隠れる。そして時おり物陰から様子をうかがい、特定の観察者に対しては媚《こ》びるかのようにふるまう。一般の感覚からすれば（あるいは正統なアカデミズムの見地からすれば）、まさしくこれこそオカルトだ。

「画期的な証拠をつかんだ研究者が急に早死にしたり不慮の事故が起きることが普通なら、なぜ秋山さんや清田さんは、今も健在なのですか」

そう訊《たず》ねた僕に秋山は、「僕たちはメディアに消費されるイロモノですから」と即答した。何と切り返せばよいのかわからず、話題を変えるつもりで、「最近は宇宙人に会っていますか」と僕は訊いた。「最近はあまりないですね」と答えてから秋山は、「今年は世界的に、ＵＦＯの当たり年なんですよ」と言った。

「いまイギリスで大騒ぎになっていますね。そういう行動にUFOが打って出るということは、事前に聞いていたんです」

「……誰から聞いたんですか」

僕は訊く。そして自らをイロモノと断定した秋山は、僕の期待どおりの答えを口にする。

「宇宙人から。テレパシーです」

そう言ってから秋山はにっこりと笑う。

「非常にバカバカしいお話ですね」

言ってからしばらく余韻があった。僕は黙っていた。秋山も黙っていた。宇宙人からテレパシーで連絡があったと言いながら、秋山はこれが一般の感覚からは荒唐無稽《むけい》で噴飯ものであることを知っている。知っていても言う。その姿勢はずっと変わらない。なぜなら宇宙人からの通信は、秋山にとっては確かな実感なのだ。

ならば秋山は正気を失っているのだろうか。おそらくはその設定がいちばん合理的だ。でも秋山は的中させる。前述の水谷なるおばあさんのエピソードも含めて、そんなエピソードはいくらでもある。

だから惑う。悩む。同じ回路をぐるぐる回る。出口はどこにあるのだろう。

第四幕「いつも半信半疑です」心霊研究者は微笑みながらつぶやいた

昼下がりの新宿京王《けいおう》プラザホテルのラウンジ。「いつごろから超常現象の番組を手がけるようになったのですか」と訊ねた僕に、元フジテレビのプロデューサーだった小林信正は、「始めた時期は遅いですよ。それまでは『小川宏《おがわひろし》ショー』とか『3時のあなた』など、ワイドショーのディレクターをやっていました。報道にいた時期もありますよ」と答えた。

「そんなときに上から指示があって、テレビ業界では期首特といいますけれど、それをやれと。期首特というのは、年に二回の番組編成の変わり目に放送される特別番組です」

「知っています。僕も少し前まではテレビ業界にいましたから」

「そうでしたね。その期首特で超常現象ものをやれみたいなことを言われまして、確か一九六七年ごろだったと思います。それが最初です。それからはこういった番組ばかりを担当するようになったんです」

「最初のそのスペシャル番組は、どんな内容だったのですか」

「スタジオにいわゆる霊能力者を五人呼んで、いろいろ当てさせるという形式です。当てさせる情報は、僕と司会者と構成作家しか知りません。たとえば戦時下の硫黄《いおう》島で負傷した元看護婦さんをスタジオに呼んで、その過去を当てさせるとかね。当たらない人が多かったけれど、一人、日蓮宗《にちれんしゅう》のお坊さんで霊能力を持つという方が、いろいろ的中させたんです。その看護婦さんの過去や現在についてもほとんど言い当てました。それで驚いてしまって」

どちらかといえば超能力や超常現象に対しては懐疑的なスタンスだった小林は、こうしてこのジャンルに対して強い興味と関心を抱く。ただし的中させたというその霊能力者が、司会者や構成作家からこっそりと話を聞いていたという可能性を否定することはできない。あるいは司会者や構成作家が番組のスタッフにうっかり洩《も》らした情報の断片が、収録前の霊能力者の耳に届いたという可能性だってある。つまり疑う気になればきりがない。

このスペシャル番組収録とほぼ同じ時期に、小林はディレクターからプロデューサーに昇格した。要するに自分の企画をやりやすくなった。その後に彼が手がけた番組やビデオ作品などのタイトルを、以下に列挙する。

『超常現象を観た』

『超常現象に挑む』

『怪奇！心霊映像　ついに撮らえた！これが霊魂か』
『リサーチX　恐怖の霊能力』
『怨念《おんねん》　東京魔界地図』
『リサーチX　恐怖！心霊スポット2〜トンネルに潜む幽霊たち』

まだいくらでもある。タイトルから受ける印象は、良くも悪くもテレビ的だ。まあ商品なのだから仕方がない。とにかく七〇年代以降のフジテレビのオカルト番組は、ほとんど小林が手がけてきた。僕もテレビの仕事をしていた頃、オカルトに特化した名物プロデューサーとして、小林の名前は何度も聞いている。

「テレビ時代、いわゆる霊能力者には何人くらい会いましたか」

「三〇〇人くらいでしょうか」

「これはすごいという人は他にもいましたか」

「すごいという人もいれば、そうでない人もいます。僕自身の興味は、当たるとか当たらないとかじゃなくて、自分の霊性を上げることなんです」

言いながらこの時点で七一歳になる小林は、ゆっくりと手もとのコーヒーカップを口に運ぶ。きれいに櫛《くし》を当てられた白髪に、仕立ての良い背広がとてもマッチしている。物腰も柔らかい。テレビ・プロデューサーやOBの多くが漂わせる独断専行的でややエキセントリックな雰囲気を、小林はまったく持ち合わせていない。

「僕も体験があるのですが、怪奇現象などのロケの際には、機材にトラブルが発生する確率が多くないですか」

「多いですね。それは実感します」

僕の質問に即答してから小林は、何かを思い出すかのように、「確かに多い」ともう一度つぶやいた。

三人の超能力者を被写体にした深夜のドキュメンタリーはそれなりに反響があったらしく、放送後にフジテレビの編成担当から、土曜夕方の枠で放送枠を確保するから続編を撮ってほしいと依頼された。ただし土曜夕方の放送ならば、深夜とは全く違う手法や意匠が必要だ。バラエティ要素は大前提となる。何度かの企画会議を経て、三人の超能力者にダチョウ倶楽部《クラブ》の三人と女性タレントを加えた一行が、東京近郊の心霊スポットを訪ね歩くという概要に決定した。

出演者が七人ともなれば、ロケクルーの数も多くなる。業務用のビデオカメラを肩に担ぐカメラマンだけでも三人だ。当然ながら移動はロケバスになった。そしてこのとき、機材のトラブルは確かに頻発した。ロケ二日目か三日目、撮影機材が深刻なトラブルに襲われたとき、同行していたビデオエンジニア（所属は共同テレビジョン）は落ち着いた仕草で、持参していた予備の機材をジュラルミンケースから取り出した。用意周到だなあと驚く僕にそのビデオエンジニアは、「オカルト系のロケのときは機材トラブルが多いので、予備をできるだけ持ってくるようにしているんです」と説明した。

「それは撮影スタッフのあいだでは常識ですか」

「常識というわけじゃないです。こだわる人もいればこだわらない人もいる。今回はこだわって結果的に良かったということしか言えないです」

こだわる人もいればこだわらない人もいる。霊視が的中する人もいれば的中しない人もいる。いつもこうだ。どちらかひとつに決められない。強引に決めれば、それを見透かすかのように違うひとつが現れる。その意味では秋山《あきやま》が言ったように、確かに量子力学的であるかもしれない。

小林が静かに言った。

「超常現象や超能力番組に対して、最初のころは局内でも、とても反発が強かったです。こんな番組は局の名折れだって言った人がいますよ。でも数字（視聴率）を取るんです。僕の手がけた番組の視聴率を平均すると一九・八％です。あのころは巨人の開幕戦にぶつけたりしていましたよ」

「小林さん自身は、不思議な体験に遭遇したことはないですか」

「いろいろありますが……」

言いながら小林は視線を宙に漂わせる。

「鎌倉《かまくら》の小坪《こつぼ》トンネルはご存知ですか」

「聞いたことはあります」

前述したバラエティ・ドキュメンタリーの撮影時に、東京近郊の心霊スポットはいろいろリサーチした。小坪トンネルの名前はそのときに知った。写真を撮れば壁から無数の手が出ていたとか、トンネル内の天井に張りついている女性を目撃したとか、とにかく噂には事欠かないスポットだ。

「このトンネルのすぐ上の山の中に曼荼羅《まんだら》堂跡という史跡があります。昔の墓所です。火葬場だったとの説もあります。ここがすごい。今は立ち入り禁止になっています。ここでカメラを回したことがあります。歩きながら前に転んでしまった。別に怪我はしなかったのですが、それから片方の肩がとにかく痛い。医者に見せても異常はない。そこで知り合いの霊能者に見てもらおうと思って彼の家に行きました。事前には何も話していません。でもその霊能者は訪ねてきた僕を見るなり、肩の上に鎧兜《よろいかぶと》姿の昔の侍のような人が乗っていると言ったんです」

「それからどうしましたか」

「祓《はら》ってもらいました。痛みは消えました」

そう言ってから小林は、脇に置いた鞄《かばん》の中からファイルを取り出した。何枚ものオーブの写真を僕に見せるためだ。

「ここのところオーブの写真がとても増えているんです。何らかの予兆かもしれないと思っているのですが……」

最近のオカルト系の番組や雑誌などでよく取り上げられるこのオーブとは、撮った写真に写りこんだ半透明の小さな光球だ。宙を浮遊している場合が多い。肉眼では見えない。写真で初めて現れる。

「森さんはオーブについてはご存知でしたか」

「写真はよく目にします」

「よく勘違いされますが、球体自体は霊魂ではないのです。オーブの表層はセルという薄い膜に覆われていて、その内部に意識体が入っているんです」

僕は無言でうなずいた。写真に撮られたほとんどのオーブは、住倉《すみくら》カオスが言及したように、空気中の水分や埃《ほこり》などの微粒子に乱反射したストロボ光が撮影された現象であると考えたほうがいい。だから夜間に霜が降りてきたとき、あるいはトンネルのように湿り気のある場所や、滝や急流の渓谷などで、オーブはよく写り込む。最近オーブの写真が増えてきた理由も、デジタルカメラやカメラ付き携帯電話の普及で、多くの人が気軽に思いついたときに写真を撮れるようになったことで説明できる。

でもこれらの理由は、必要条件ではあっても十分条件ではない。すべてのオーブの写真が、水や埃などの微粒子であるとの断定はできない。

もちろん小林だって、水や埃にストロボ光が乱反射した場合にオーブ的な光球が撮影されることや、デジタルカメラが普及したことでオーブ的な写真が多くなっていることは承知しているはずだ。承知したうえで彼は、「その内部に意識体が入っているんです」と口にする。

フジテレビを退職した小林は、現在は財団法人日本心霊科学協会の常任理事とサイ科学会の理事を兼任している。つまり日本における超常現象や超能力を研究する三つの組織のうち、二つの組織の要職に就いていることになる。

「こういった現象への科学的なアプローチは難しいと考えますか？」

「難しいとは思います。でも科学的な探求が、決して不可能とも思っていません」

そう即答する小林の表情を眺めながら、ふと気がついた。「心霊科学協会」と「サイ科学会」に共通する単語は、「心霊」でも「サイ」でもなく「科学」であることを。何だか倒錯している。願望が滲《にじ》んでいるとの見方もできるかもしれない。

高田馬場《たかだのばば》から西武《せいぶ》新宿線に乗って、一つ目の駅である「下落合《しもおちあい》」で電車を降りる。そこからさらに四分ほど歩けば、三階建ての小さなビルが見えてくる。「日本心霊科学協会」と大きな表札が掲げられた玄関の扉を開ければ小さな受付があり、カウンターには何冊かの小冊子やパンフレット、会報などが置かれている。リーフレットに書かれた会の概要を、以下に引用する。

本協会は昭和二一年（一九四六）に「心霊現象の科学的研究を行い、その成果を人類の福祉に貢献すること」を、目的に創立されました。その後、昭和二四年に「財団

法人」の認可を受けております。（略）
日本心霊科学協会は、心霊の働きといわれる現象を誤りにおちいることなく、科学的に注意深く研究していこうとしております。心・精神について正しい理解が出来るようになれば、現在、私達がもっている物質中心的な考えを修正し、より適正な人生観を持つことが可能となり、私達の生活をより豊かな楽しいものにすることができると思います。

リーフレットの横には、「心霊研究」というタイトルの小冊子のバックナンバーが置かれている。発行所は財団法人日本心霊科学協会で、発行人は協会の代表で理事長でもある大谷宗司《おおたにそうじ》。この時点で最も新しい二〇〇九年一月号の目次の一部を読むだけでも、協会の活動や方向性が何となく見えてくる。

協会の社会貢献のあり方
吉田綾先生霊談集の分析
神道の現代的解義〜行動哲理の立場から
瞑想《めいそう》と儀式〜その由来・発展・未来像を探る
ＩＴＣ〜電子機器が開く他界への扉
心霊現象の科学的研究

「心霊研究」のバックナンバーが置かれたその横には、「心霊科学研究発表会」のタイトルの小冊子も置かれている。昨年六月二九日に行われた論文発表会の抄録だ。

この抄録によれば、午前一〇時に大谷宗司理事長の開会の挨拶《あいさつ》から始まった発表会は、その後に「生活密着スピリチュアリズム、その論理と実践」、「吉田理論における霊的世界の構造」、「二〇世紀最大のヒーラー『ダスカロス』について」とほぼ三〇分単位で会員による論文発表が続き、午前最後の発表は、元フジテレビ・プロデューサーの小林信正による「霊姿現象についての考察」だ。小林の発表は以下のように始まっている。

霊姿現象とは、生霊や死霊、近似死状態及び臨死体験において霊の姿を目撃する、いわゆる幽霊譚《たん》に見られる広義のゴースト現象をいう。霊姿目撃は古くから洋の東西を問わず世界各地でさまざまなかたちで報告されてきた。

霊姿を目撃した体験が虚偽でなければ、見たということは事実であろう。しかし、見たモノが必ずしも霊姿であるとは限らない。なぜなら見間違いや錯誤の場合もあり得るからである。そもそも現代科学の時代に非科学的なゴーストなど存在する根拠などあり得ないという。

しかし霊姿現象は、国籍、人種、宗教、教育、性別、年齢を問わず目撃事例は多々ある。調べもせずに蔑視《べっし》することも、徒《いたず》らに妄信することも、ともに思考停止といわざるを得ない。

人は何人といえど必ず死ぬ運命にある。然《しか》るに霊姿現象は「死後の存続」に関する研究の証《あかし》になるならば、探求するに値するものと考えている。

このあとに続く本論で小林は、霊姿現象が起こる理由についての仮説をいくつか提示して、それらを実証的に、そしてできるかぎりは科学的に検証しようと試みる。

1　目の錯覚説

「幽霊の正体見たり枯れ尾花」的現象。つまり恐怖が先行する場合に、何でもないものをあたかも幽霊であるかのように認知してしまう現象（パレイドリア）を、実際に二〇代の男女一組を使って小林は実証する。

2　催眠暗示幻覚説

たとえば高速道路を深夜に一人で運転するような状態が長く続くと、意識水準低下や視野狭窄《きょうさく》、被暗示性亢進《こうしん》などの症状が現れる（ハイウェイ・ヒプノシス）。これもまた、後催眠などの手法を使いながら、十分に起こりうる現象であることを小林は論述する。

3　磁場による幻覚説

磁鉄鉱などから生じる磁力が、脳の神経回路を流れる微弱な電流に影響を与えて幻覚を誘引するという説。小坪トンネルに磁場測定器を持ち込んだ小林は、霊を見たとの証言が多い場所と磁場の乱れとにほぼ相関関係があるとの結論を導き出した。

検証はこのあとも、電圧効果幻覚説、ＥＳＰ幻覚説、イメージ記憶残存説、オーブ霊視説、などと続く。

特にオーブについては、電磁波測定機や低周波測定機などを使いながら撮影に取り組んでおり、「ガス状の電離したプラズマの気体で、内部には核の構造をもつものもある」と記述している。ただしこの具体的な規定に至る根拠や数値は記載されていない。オーブについての結論として小林は、「その正体はいまだ不明である」としながらも、「電磁気的エネルギーをもった意識体の可能性があると推測している」と記述している。

その後も検証は続き、「視覚メカニズムについての考察」の章では、東京警察病院脳神経外科との共同研究の形で、「光トポグラフィ」（近赤外光脳計測装置）を使って脳機能をマッピングし、霊能力者と一般人の視覚や認知の差異を検証している。その際の写真や計測データなども記載されており、確かに霊能力者と一般人における視覚野の反応が、同じ刺激に対しても大きく異なることを実証している。でも視覚野が反応している何かが、いわゆる霊姿であることの証明はできない。結局のところは何が見えているかと霊能力者に訊《たず》ねるしかない。つまりは最初に戻る。

やっぱりぐるぐる回っている。新宿で会った小林は別れ際に、「実のところはいつも半信半疑です」と言ってからにっこりと微笑んだ。他の会員たちもそれなりに懸命に、実証的に、そして科学的に、超常現象や超能力を検証しようと試みていることは、論文を読めば推測できる。

でもどうしても核心に近づけない。「ある」という断定もできないし、「ない」と切り捨てることもできない。重なり合う同心円の周囲を回るばかりだ。

そのとき応接室の扉が開いて、小柄な背広姿の老人が現れた。心霊科学協会理事長で防衛大学校名誉教授、このジャンルにおけるアカデミズムの第一人者で、メディアからの取材をめったに受けないと言われる大谷宗司だ。

「申し訳ないです。すっかりお待たせしてしまった」

テーブルを挟んだ椅子に座った大谷は、小さく会釈をしながらつぶやいた。

第五幕　超心理学の権威はそう繰り返した

「わからない」

テーブルの上にICレコーダーを置いてスイッチを入れてから、「まずは心霊科学協会について、説明していただけますか」と僕は言った。

「この協会については、私に会う前に、いろいろ見たり聞いたりはされていますよね」

抑揚が薄い口調で大谷《おおたに》は言った。

「はい。でも改めて、大谷様のお口からお聞きしたいと思って」

「いろいろお知りなら、それ以上私の口から付け加えることはないと思うんですけどね」

確かに心霊科学協会の沿革や理念などは、パンフレットに書いてある。あらためて訊《き》くことではない。それは大谷の言うとおりだ。僕は質問を変えた。

「この分野に興味をお持ちになったきっかけを教えてください」

「きっかけって、個人的な？」

「はい」

「子供の頃ですね。中学生ぐらいから興味を持つようになって」

「何か体験があったのですか」

「体験はないです。よく聞かれるけれど、特に不思議な体験はない」

「ならば今はどうですか。心霊科学協会の理事長ですから、不思議な体験をしたり説明できない現象を聞いたりする機会は多いですよね」

「それはもうたくさんありますよ。だけど別に大げさに考えることじゃないし、それを理由にどうこうしようみたいな気もない。合理的に説明することができればいいなとは思っていますけれど」

言ってから大谷はテーブルの上に置かれていたお茶をすする。僕はその様子をぼんやりと眺めている。どうも会話がちぐはぐだ。何となく嚙《か》み合わない。やっと実現した日本の超心理学の権威へのインタビューなのに、ギアがどうしても入らないような感覚だ。

知識人とオカルトの相性は、歴史的には決して悪くない。哲学者のベルクソンやコナン・ドイル、アーサー・ケストラーなどは、オカルトに親和性を示した知識人の筆頭だ。トーマス・エジソンは死者と交信する機器のアイディアを科学誌に発表した。一九世紀のアメリカの哲学者でプラグマティストの第一人者であるウィリアム・ジェイムズ、精神分析の祖であるフロイトやユング、心理学者であるハンス・アイゼンク、さらには、タリウム元素を発見してイギリスの科学振興会やロイヤル・ソサエティの会長を務めたサー・ウィリアム・クルックスや、電磁波研究の先駆者でエーテルの存在を実験によって初めて否定したサー・オリバー・ロッジなども、超常現象を強く肯定する科学者として知られている。

二〇世紀前半、アメリカのデューク大学の超心理学研究室のジョセフ・バンクス・ラインは、超常現象の解明に実験心理学のノウハウを導入する「超心理学」を提唱した。管理された研究室における一定の条件下で行われる実験にこだわりながら、霊媒師や超能力者ではなくて一般の人々を被験者に設定して研究することを実践した。

この研究スタイルを「超心理学」と命名したラインは、何年にもわたる実験（一説には数百万回といわれる）を重ね、テレパシーやサイコキネシス（念力）などの現象が実在することを合理的に実証したと主張した。

その後、ラインの実験に対する追試は何度も行われたが、超常現象に対して肯定的な科学者は追試に成功したと発表し、懐疑的な科学者は否定的な結果しか得られなかったと主張することが多かった。この現象をラインは、観測や実験する側のスタンスが被験者に影響をおよぼしていると考えた。つまり実験者効果だ。

ライン以降、超心理学を研究する機関や研究所は急激に増えた。一九七三年に超伝導体同士のトンネル効果（ジョセフソン効果）の計算式を導き出してノーベル物理学賞を受賞したブライアン・D・ジョセフソンは、「超心理学は普通の研究分野の一つになるべきだった」と主張しながら意識の解明を研究テーマとし、東洋の神秘主義にも強い関心を持っていることを公言している。あるいはホーキングと共にブラックホールの特異点定理（重力崩壊を起こしている物体は最後にはすべて特異点を形成する）を証明して「事象の地平線」の存在を唱えたロジャー・ペンローズは、脳内の情報処理には量子力学が深く関わっており、素粒子に付随する未知の属性の波動関数的収縮が意識生起のメカニズムであり、原子の振る舞いや時空の中に人の意識は重なり合いながら存在しているとの仮説を提示している。

それぞれの分野で大きな実績を残しながら超心理学的な領域に対して強い関心を示す現役科学者を、二人だけ例に挙げた。他にも多数いる。しかし批判は多い。そして常に超心理学の側の旗色は悪い。

有名なエピソードとしては、超心理学や疑似科学を徹底して批判するスタンスに立つジェームス・ランディが、マクドネル超能力研究所（アメリカ財界の重鎮だったジェームス・マクドネルが出資して一九七九年に設立された研究所）に仕掛けたプロジェクト・アルファ騒動がある。超能力や超常現象のすべてはトリックであると主張するランディは、この研究所に二人のマジシャンを送り込んだ。しかし研究員たちは二人のトリックに気づくことができず、およそ三年にわたって、二人のスプーン曲げや念写、テレパシーなどのパフォーマンスを大真面目に研究し続けた。最終的にこの事実を暴露された研究所は、二年後に閉鎖した。他にもランディは、オカルトとはまったく無縁の友人を霊媒師カルロスとしてオーストラリアのテレビ局に売り込み、トリックを駆使しながら視聴者や他のメディアすべてを騙《だま》し、ブームが最高潮になったところで真相を明かして大騒ぎになったカルロス事件なども引き起こしている。

いずれにせよアカデミズムの領域におけるオカルトへの引力と斥力は、日本も欧米もほとんど変わらない。ここに普遍性があることは確かだし、特に量子力学や宇宙物理学など最先端のジャンルが、過剰な親和性を示すことも事実だ。

とはいえ短絡すべきではない。最先端の科学者ほど見え隠れに翻弄《ほんろう》されやすいとの見方だってできなくはない。自著『超心理の世界』（図書出版社）でラインの実験を援用した大谷宗司は、現在の超心理学研究について、以下のように記述している。


超心理学は百年の歴史をもちながら、依然として出発点において負うた問題をかかえ続けているということができる。このことは、扱う現象の超常性という性質が、非常に重大で解決困難な問題をふくんでいることを示しているからである。


「スプーン曲げの清田さんの実演、僕はもう何十回も見ていますが、彼のやりかたは二本の指でスプーンの柄を押さえますよね。つまり折れる場所をしばらくは視界から隠してしまう」

「そうですね」

「もちろん隠すとはいっても目の前ですから、そこで何か細工ができるとは思えないけれど、でもとにかくなぜか隠す。彼と同世代で昔は大きな話題となったスプーン曲げ少年の一人である関口淳さんは、曲げたり折ったりする瞬間に、スプーンやフォークを空中に放り投げる。やっぱりその瞬間を隠しています。他にも事例はたくさんありますが、研究者でも専門家でもない僕の体験だけでも、なぜかこういう現象って人の目やカメラを避けるという実感があるんです」

僕のこの問題提起に対して、大谷はまず、正攻法で回答した。

「避けるって非常に擬人的な言葉ですね。我々というか僕としては、あまり擬人的な表現はしたくはない」

「それは承知しています。でもそう思いたくなる。そもそもの羊・山羊効果の意味は、予測や願望が実験の結果に影響を与えるということでしたけれど、僕の感覚からすると、願望は被験者の心理レベルだけではなく、まるで現象そのものの内側にも潜んでいるかのような気がします。確かに擬人化そのものだけど、そんな実感を大谷さんはお持ちになったことはないですか」

「わからない」

一言だった。数秒の間が空いた。この場では迂闊《うかつ》にしゃべりたくないということなのだろうか。ならば仕方がない。羊・山羊効果や見え隠れについて、大谷が自著で明確に言及している箇所を以下に引用する。

サイ（超能力・引用者註《ちゅう》）のはたらきはわれわれの心的態度と関係し、しかもそのはたらきの方向決定に影響する、ということがいえるのではないだろうか。（『超心理学』ごま書房）

ＥＳＰとＰＫの存在が証明されたあと、研究者の関心はこれらの性質の探究に向けられた。そして「二次効果」として知られる現象が注目された。目標としたカードではなく、その前あるいは後にズレて当たる「ズレの効果」、テスト系列の中での位置によって当たりの程度が相違する「位置効果」、当たるのでなく、統計的に有意な程度に外れる効果、「サイ・ミッシング」などの存在が気付かれるようになった。（同上書）

このように、サイは、われわれが意識的に設定した目的にしたがって、プラスの方向、あるいはマイナスの方向へと忠実な現れ方をすることもあるが、いつもこのようにつごうよく現れてくれるとはかぎらない。（中略）このサイの逃げかくれすることをサイ・ミッシング（psi-missing）と呼んでいる。（『超心理の世界』図書出版社）

などと記述している。これはインタビュー前に予習として読んだ。だからこそ大谷は、僕のこの見解に同意するだろうと予測していた。でも答えは「わからない」の一言だった。相変わらず会話は嚙《か》み合わない。そんな思いが表情に表れたのかもしれない。大谷は静かに語り出した。

「実感はありますよ。何度も実験をしていますから。今度こそ結果を出せると思うと透かされる。それは何度も体験しています。僕の場合は、カードの実験が主ですから『ズレ』の効果は非常に強く出ます。どれくらいずれているかっていうことは測定できるけれども、その理由はまったくわからない。はぐらかされちゃう」

「具体的にはどのようにはぐらかされるのでしょう？　たとえば練習のときは結果が出るのに、測定し始めると結果が出ないとか？」

「必ずそうなるなら、それはそれでまた対処できます。でもそれさえもはっきりしない。こんなに結果が出ないのなら、もう止めちゃおうかなと思うけれど、……結局はまたやるんですけどね」

「また続けてしまう理由って何でしょうか」

「それもまたわからない」

「否定論者の多くは、『もし超能力や心霊が本当であれば、それを実験して発表すればいいじゃないか。ところがそんな決定的なデータはどこからも出てこない。インチキだから出せないんだ』という論理展開をよく口にします。否定論者に限らず、一般の人もそう思っています」

「そう思っているならそれでいいですよ。そういう人はそういう体験をしていないのだから、僕からは何とも言えないし」

「今、大谷さんは、『そういう人はそういう体験をしていないのだから』っていう言い方をされましたけど、大谷さんはそういう体験をされているということですか」

「だから、今言ったように、そういうことはあるわけですからね」

「過去の実験では、秋山さんや清田さんも、何度か被験者になっていますよね」

「けっこう一緒にやりましたね」

「この二人の能力については、どう判定されていますか」

「本物だと思いますよ」

「どんな実験ですか」

「ありきたりな実験ですよ。テレビなんかよりは厳密にやりますけどね」

「というと？」

「始めから終わりまで全部管理するわけですよ。たとえば清田さんなんかの場合は、部屋の中に入れて出られないようにして、要するに隔離です。なるべく完全な条件でやるっていうのは原則ですからね」

「その場合のスプーンはこちらで用意したものですか」

「もちろん」

「それで？」

「最終的には、彼がそういう状態に入ると、もうそれは曲がってくる。我々が見た感じとしては、柔らかくなるんですよね。折れたり捩《ねじ》れたり。フォークがバラバラになってしまうというようなこともありました。でも確かに、曲がっていく過程っていうのがなかなか捉《とら》えられない。折るときに清田君の場合には、柄の部分に切れ目ができるんです」

「知っています」

「切れ目ができればあとは折れる。ところがその切れ目ができる瞬間っていうのが、なかなか捉えられない」

「捉えられない理由は?」

「わからない」

「たとえば折れたスプーンと折れる前のスプーンの組成の変化とか、そういったことは調べられましたか」

「ある程度は調べました。でも、本当に専門的な立場で調べたとは言いきれない」

「切断面はどうですか」

訊《たず》ねながら思い出していた。清田がスプーンを折ったあとに、その場で同じ材質のスプーンを、力で何度も曲げてから折ってみようと思いついたことがある。カメラのレンズの前で、両腕に力を込めて曲げてはまた伸ばしをくりかえし、五回目くらいでやっとスプーンは折れた。テーブルの上に清田が折ったスプーンと力で折ったスプーンを並べ、二つの断面を撮影しながら比較した。違いは明らかだった。僕が力任せに折ったスプーンの柄は、何度も力を加えられたために全体が湾曲しており、何よりも折れた断面がでこぼこになっていた。でも清田が折ったスプーンの柄には、少なくとも目視できるような歪《ゆが》みはまったくなく、断面はまるで鋭利な刃物で切断したかのように滑らかだった。

違いはもうひとつあった。清田が折ったスプーンは、なぜか磁気を帯びていた。丸い先端部分をテーブルに置いて柄の切り口をその周囲で回してみると、先端部分がくるくると回転した。このときは「これは別に超能力とかじゃなくて普通の現象みたいだよ」と清田はつまらなそうに言っていたが、僕が力任せに折ったスプーンでは、この現象は起きなかった。さらに清田が折ったスプーンの磁力は、その場で急激に減衰した。まるで静かに息を引き取るかのように。……この表現は使うべきではないかもしれないが。

それ以降、この断面の比較と切断面が磁力を持つことについて、いつかはちゃんと実験や観察をしてみたいと思っていた。でもこの撮影からもう一〇年近くが過ぎるけれど、結局は何もやっていない。そのうちにやろうと思いながら、時間ばかりが経過している。

自分を敷衍《ふえん》するわけじゃないけれど、たぶんこれが多くの人の普通の反応なのだろう。少しだけ気にはなるけれど、仕事は残業続きだし子供は受験だし洗濯機は壊れたばかりで買い換えるかどうかを決めねばならないし、とにかく毎日忙しい。超能力で折れたスプーンが磁気を一瞬だけ持つことが科学的に説明できるかどうか、そんなことを思い悩んだり検証したりする時間など、なかなか作れない。

だから大谷に訊《き》きたかった。科学的な見地からの分析を教えてほしかった。でも少しだけ間を置いてから大谷は、「単なる金属疲労の場合と力で切断された場合の断面ですが、そんなに違いはないんです」とあっさりと言った。

「両方が混ざっているような状態の断面だというようなことを聞いたことはありますけどね。それをもう少し突き詰めていったらおもしろいとは思うけれど」

言ってから大谷はゆっくりとお茶をすする。答えの意味がよくわからないけれど、まともに答えたくないとの意味だけはわかる。要するに太刀を受けるつもりなどない。老成した剣の達人が、意気込んで訪ねてきた半端な武芸者を軽くたしなめるというところだろう。

「……超能力者にはたくさん会われていますか」

「けっこう会いましたね。子供が多いです。年とともに減衰するという傾向は確かにあるように思いますね」

「つまり、傾向はわかるんですね。九月は雨の日が多いとか寒冷地の動物は同じ種の場合は大型化するとか。傾向はわかるけれど、肝心の本体がさっぱり見えてこない」

「そういう研究がなされてないからですよ」

「なぜですか」

「みんな避けるからです。やりたがらない」

「アカデミズムの人たちが？」

「アカデミズムだけじゃなくて、要するに、そういう研究の資料や測定の機器、あるいは知識や経験を持っているはずの人たちが、なぜか積極的にアプローチしてこない」

「どうしてでしょう」

「実験や調査をしても成功する見通しがないからでしょう」

「例えば福来友吉《ふくらいともきち》さんのエピソード、つまり異端としてアカデミズムから追放されたみたいな。あれは明治時代ですけれど、内実は今もほとんど変わっていないような気がします」

「変わってないね」

「なぜですか」

「不思議ですよね」

「レポートの形とかにならないんですか」

「レポートは出してはいるんですよ。ある程度は。でも学会が関心を示さない」

「学会ってこの場合は心理学とか?」

「心理学会もそうです。あるいはさっきの話で言えば金属学会とか。いろんなジャンルに跨《また》がります。でもなかなか関心を示さない」

「再現性がないからですか? 近代物理学の実証においては前提のような条件ですよね」

「再現性はまったくないわけじゃない」

「でも被験者の体調によって変わりますよね」

「体調がどう結びついているかがわからない」

「条件さえ合えば……」

「条件を満たしても結果は出てこない」

「なぜですか」

「そこがわからない」

「やっぱり心の動きだからですか」

「そうかもしれません。いずれにしても、科学っていうのはある約束の上で成立しているわけですから、その現在の約束や基準に乗らないものを、どういうふうに扱うかっていうことについては、もっと考える必要があるでしょうね」

「考えたら何とかなりますか」

「わからない」

「そうするとこの分野はこの先どうなりますか」

「それもわからない」

僕は腕の時計を見た。そろそろ約束の時間は終了する。いや問題は時間じゃない。このままでは何時間続けても、間違いなく会話は平行線だ。

「初めてユリ・ゲラーが来日したとき、大谷さんは立会人として一緒にテレビに出演されましたよね。あれから超能力ブームが始まったのだけど、そのときはどんな印象を持ちましたか」

「不思議だなと思いましたよ」

「そのときはどんな実験を?」

「透視実験ですね。誰かが図を描いて彼が当てるというパフォーマンスです。ただし実はこの場合には、透視だけではなくテレパシー的な要素も入っている可能性がある」

「的中しましたか」

「当たったことは当たったっていうか。でもテレビですから、甘い条件であることは事実ですよね」

「もっと条件を突き詰めれば、違う結果が出るでしょうか」

「わからない」

僕はもう一度、腕の時計を見た。そろそろタイムアップだ。そして僕はギブアップだ。

「……僕は今日、このインタビューで大谷さんから、『超能力や超常現象はこういうものです』みたいな話が聞けるかと思っていたのですが……」

僕のこの言葉に、大谷はにっこりと微笑んだ。

「そうでしょうね。でもそこまでは言えない」

「……人は死んだらどこに行くとお考えですか」

引き下がる振りをしながら僕は、もう一太刀を浴びせようとする。我ながら往生際が悪い。でも大谷は動じない。あっさりとこの太刀を受け流す。

「わからない」

「やっぱりわかりませんか」

「ここは心霊科学協会ですから、『死ぬと霊魂になりますよ』って言う人は多いかもしれないけれど、証明されてないのだから他に言いようがない」

無言でうなずく僕を気の毒に思ったのか、少し間を置いてから大谷は、「まあ確かに」とつぶやいた。

「霊魂が実在するとの考えは、矛盾に満ちたこの世界を説明したり納得したりするときに、非常に都合の良い概念であるわけです。生きている人の中に存在していることは確かだし、この存在を肯定することによって気持ちの平安が保たれるならば、それは大きな効用だとは思います。だけど、科学的に霊魂の存在が証明されたかといえば、それはもちろんされていないわけですから。これ以上は何も言えません」

天下無双を夢見た武芸者は、結局は達人を本気にすらさせられなかった。しかたがない。まだそのレベルではないのだ。もう少し修行を積んだらまた来てみよう。ふと思い出す。オカルトに親和性を示した哲学者のひとりであるウィリアム・ジェイムズが残したとされるフレーズだ。

「それを信じたい人には信じるに足る材料を与えてくれるけれど、疑う人にまで信じるに足る証拠はない。超常現象の解明というのは本質的にそういう限界を持っている」

立ち上がりかけた僕に大谷は、「申し訳ないですね」と言いながら、もう一度にっこりと微笑んだ。

第六幕 「批判されて仕方がないなあ」ジャーナリストは口から漏らした

二〇〇八年一二月、自宅に一冊の本が送られてきた。タイトルは『第2の江原《えはら》を探せ!』(扶桑社)。著者は渡邉正裕《わたなべまさひろ》と山中登志子《やまなかとしこ》だ。

二〇〇万部を売り上げた一九九九年のベストセラー『買ってはいけない』の企画・編集・執筆を担当した山中とは、彼女が『週刊金曜日』の副編集長時代のころからの付き合いだ。元日本経済新聞社の記者だった渡邉正裕は、ネットのニュースサイトであるMy News Japanの代表取締役兼編集長だ。つまり二人とも、バリバリのジャーナリストだ。

本のクレジットには、協力して執筆に関わった「My News Japan スピリチュアル検証チーム」のメンバーのプロフィールも記されている。

まずはNPO法人「ユニークフェイス」の代表でジャーナリスト、『顔面漂流記』(かもがわ出版)や『肉体不平等』(平凡社新書)などの著者でもある石井政之《いしいまさゆき》。

次に、チェチェン問題については日本のジャーナリストの第一人者で、数々の戦場取材を重ねながら、一九九六年に『カフカスの小さな国 チェチェン独立運動始末』（小学館）で第三回小学館ノンフィクション大賞優秀賞を受賞した林克明《まさあき》。受賞後には『チェチェンで何が起こっているのか』（高文研）、『チェチェン 屈せざる人びと』（岩波書店）などを刊行している。

そして三人目は、サラ金や自衛隊内部での虐待事件などを追いながら、大手消費者金融会社「武富士《たけふじ》」から一億円以上の名誉毀損《きそん》訴訟を起こされたジャーナリストの三宅勝久《みやけかつひさ》だ。『自衛隊員が死んでいく』（花伝社）や『武富士追及』（リム出版新社）、『サラ金・ヤミ金大爆発』（花伝社）などを発表している。

山中も『買ってはいけない』以外に、『天然ブスと人工美人 どちらを選びますか？』（光文社）、『外見オンチ闘病記―顔が変わる病「アクロメガリー」』（かもがわ出版）などの著作があるし、渡邉はウェブ上のニュースサイト・My News Japan の代表を務めながら、『これが働きたい会社だ』（幻冬舎）、『トヨタの闇』（ビジネス社）などを発表している。

山中だけではなく、石井と林とも僕は以前から面識がある。どちらもいわゆる硬派ジャーナリストの典型だ。三宅と武富士との訴訟をめぐる争いは、新聞などでも大きく報道された。

そんな彼らが、なぜ硬派ジャーナリズムとは水と油のような関係であるスピリチュアルな領域を取材したのだろう。その理由を渡邉は、『第2の江原を探せ！』の前書きで、以下のように説明する。

空前のスピリチュアルブームの中、肯定派は権威に頼って頭から信じ込み、否定派は事実にもとづかない全否定を行うため、議論が嚙《か》み合わない。不毛な議論をする暇があったら、現場を取材し、江原氏の唱える仮説を実際に検証するほうが、はるかに有益ではないか。もはや、その時期にきていると思う。

確かにこのジャンルに対してのジャーナリスティックな取材や検証は、ほとんど為《な》されていない。「もはや、その時期にきていると思う」と宣言する渡邉ほど雄々しくはなれないが、その思いは僕にもある。でも実は、今から一世紀近く前にも、同じようなことを言った人がいる。

東京帝国大学の福来友吉博士が千里眼能力を持つとして実験の成果を発表した霊能者は、御船千鶴子と長尾郁子、そして高橋貞子の三人であることは前述した。御船の場合は、山川健次郎東大元総長も含めた教授たちが立会人を務めた公開実験の結果、ほぼ全員がその能力の発現をいったんは認めたが、その後に透視の材料である鉛管をすり替えた（あるいはすり替えられた）可能性があることが発覚し、他の実験結果もきわめて曖昧《あいまい》だったこともあって、実は御船はインチキだとの報道が始まった。

長尾の場合は、やはり東大の教授たちがそろった公開実験の際に、彼女が透視する予定の乾板を教授たちが箱に入れ忘れるというありえないミスが発覚し、結局は山川元総長が長尾に謝罪して、実験は不成立に終わっている（教授たちが彼女を試そうとしたとの説もある）。ところがこのときも、トリックが暴かれたとの事実無根の記事が新聞に掲載されたことをきっかけに、メディアのバッシングが始まった。

こうして一時は千里眼能力者として新聞でもてはやされた二人は、一転してイカサマとの烙印《らくいん》を押され、若くして死んでしまう（御船は自殺で長尾は病死）。

実験の不備や新聞報道が、彼女たちの不慮の死と直接的な関係があるかどうかはわからないが、御船は実験からあまり月日が経たないうちに自殺しており、長尾の病気は多くの人から脅迫状が送り付けられた時期に発症し、実験の一カ月後に死んでいるのだから、まったく無関係ではないと推測しても無理はないはずだ。

三人目の能力者である高橋貞子は、福来からは客観的な実験に耐えられる素材として最も期待されていたが、なぜか公開実験当日に東大の教授たちが一人として集まらず、結局は実験についての公式な記録が残されていない。この直後に福来博士は東大を正式に逐《お》われており、巨大な学閥組織の力学が、この背景には透けて見える。

その高橋貞子の夫である高橋宮二は、その著書『千里眼問題の真相』（人文書院）に、「この問題は今日の状況においては、可否の理論を超過して事実の存在を確定し、この発現の理論的研究時代にある」と書き残している。つまり「存在することは間違いないのだから、これからはその理論を研究する時代に入る」と予測している。

……それからほぼ一〇〇年が経過した。しかし結局のところ「研究する時代」は始まってなどいない。そして渡邉正裕は、「もはや、その時期にきていると思う」と宣言する。でもきっと何も変わらない。メディアはこれほどに発達してブームや現象が起きやすくはなったけれど、理論的探究という位相においては、明治時代から何も変わっていない。たぶんまた半世紀(もっと早いかも)が過ぎるころ、誰かが「ついにその時代が始まった」とか書くのだろう。

『第2の江原を探せ!』においての検証方法は、一般向けに霊能力を使った助言を行っている自称「スピリチュアル・カウンセラー」の中から、「よく的中する」とか「ホンモノだ」などと評判が高い一六人を選び、五人のジャーナリストたちがアトランダムにカウンセリングを依頼して、その内容を比較検討するという方式で行われた。もちろん五人とも、事前に自分たちの職業などをターゲットに明かさないことを前提にしている。いわばミシュラン方式だ。カウンセリングの様子は録音し、本の中では正確に再現されている。

大学に入ったばかりのころ、新宿で友人たちと飲みながら、当時付き合っていたガールフレンドのことで悩んでいた僕は、酔った勢いで辻《つじ》占い師に見てもらったことがある。占い師はじゃらじゃらと筮竹《ぜいちく》を鳴らしてから、おもむろにこう言った。

「……どうやら、何かお悩みのようですね」

僕は思わず言った。吃りながら。

「わ、わかるんですか？」


あとは言われるまま。今でこそバカだと思うけれど、あのときは本気で「占いって当たるんだ」と感動した。だって悩んでいることをあっさりと見抜かれたのだから。とても古典的な常套句《じょうとうく》ではあるけれど、思い煩う人にとって「何かお悩みのようですね」は、相当に効力を発揮する。

自称霊能者や多くの占い師がよく使う手法は、大きく三つに分けられる。一つめはホットリーディング。事前に得た相談者の情報を利用すること。除霊や墓の販売など謝礼の額が大きい場合には、私立探偵などを雇って相談者の身辺調査などを事前にすることもあるという。特に今はネット社会だ。それなりに著名で社会で活動している人ならば、事前にその名前を検索することで、かなりの情報がつかめるはずだ。あるいはグーグルマップのストリートビューを使えば、相談者の住所を聞いただけで実際に足を運ばなくとも、その人の家の近所の状況が手に取るようにわかる。

二つめはコールドリーディング。事前に得た情報ではなく、カウンセリング当日に、相談者の雰囲気や様子、あるいはカウンセリングが始まる前の雑談などから得た情報を利用するテクニックだ。表情に感情が表れやすい人は、まさしくこの手法のカモになる。

三つめがストックスピール。誰にでも当てはまるはずのことをもっともらしく言いながら、相談者の信用を引き出すテクニックだ。つまり大学生時代の僕は、もっとも初歩的なストックスピールに引っかかったわけだ。「何かお悩みのようですね」以外にも、このテクニックのバリエーションはとても多い。「普段はかなり臆病《おくびょう》だけど、突然大胆な行動をすることがありますね」とか、「普段は社交的で友達付き合いもいいけれど、時おり無理をしてしまうことがあるようですね」や、「自分に対して厳しすぎる傾向があります」、「あなたはこれまでの人生で、もらうよりも与えるほうが多かった」などが、よく使われるフレーズだ。性格だけではない。「今の職場であなたは、ご自身の潜在能力をまだ充分に生かしきっていないですね」とか「過去に大失恋したことがありますね」など、環境や過去の体験についても、相談者の顔色や反応を観察しながら、ストックスピールは展開する。つまりコールドリーディングとの合わせ技だ。そして最後には、「そろそろ違う仕事を探したほうがいいかもしれませんね」とか「その男性とは別れたほうがいいですね」など、相談者が喜びそうな（聞きたかった）助言を与えれば、「やっぱりそうですか」などと、僕のような単純バカはすぐに騙《だま》される。

でもコールドリーディングやストックスピールがあったからといって、その霊能者や占い師がイカサマだとの断言はできない。その可能性があるということだ。ただしこのパターンしか使わない霊能者や占い師については、まず疑いを持ったほうがいいだろう。

『第2の江原を探せ！』を一読するかぎりでは、このストックスピールやコールドリーディングに対しての知識と警戒心を、五人のジャーナリストたちは充分に備えていると言っていいだろう。もちろん占いや霊視はある意味での心理ゲームだから、予備知識と警戒心が充分にあったとしても、現場では簡単に騙される場合は多い。そこでこの検証においては、カウンセリングの現場で同時録音したテープを文字起こしして、事後に残りの四人全員が必ずチェックするというシステムを採用している。

結論から書けば、対象となった一六人のうち、「本当に何かが見えている可能性がある」と五人の意見が一致して星五つを獲得した霊能者は、「青山のAさん」ひとりだった。もちろん他にも、コールドリーディングやストックスピールだけでは説明できない的中を示した人は複数いる。たとえば石井は、江原啓之《ひろゆき》がその能力を認めたと評判の「新宿のKさん」に、いきなり「牛乳とトマトジュースが見える。どうした？」と言われて驚いたと記述している。なぜならカウンセリングのその日の朝、まさしくトマトジュースとコーヒー牛乳の二種類を飲んでいたからだ。

最終的な評価は星四つになったこの「新宿のKさん」は、林の父親の最期の言葉を言い当ててもいる。

「(略) 高いところ、たぶん精神世界のことを言っていると思うんだけど、『高いところを目指せ』、と言ってるね。明るい光が降りてきた」

私は、平静さを装った。なぜなら、父が死ぬ直前に病室で二人きりになったとき、「高いところを目指せ」と、いまKさんが話した言葉と一言も違わずに言われていたからである。

石井と林のこのケースについては、当てる側がランダムな質問を当てられる側に浴びせ、外れればそのままにするし、当たればそこから話を展開するというショットガンニングという手法で説明できなくはない。でも「高いところを目指せ」やトマトジュースと牛乳の組み合わせは、仮にこのショットガンニングだとしても、相当にハイリスクであることは確かだろう。

五人の最終的な結論は、以下のように記述されている。

渡邉　いわゆる霊能者のなかには、過去の記憶を読んだり近未来を透視したりといった超能力を持つ人がいることは概《おおむ》ねわかったが、それが霊界を通してのものなのかは、さらなる検証が必要である。

石井　取材前は「霊界は存在しない」「霊能者はインチキだ」との立場だったが、取材を通して、「霊界が存在する可能性はある」「霊能者もいる可能性がある」に認識が変わった。「前世は宗教者」「文筆業に適性がある」と語り、近過去、近未来を言い当てた三人のスピリチュアル的な能力は否定しがたく、一部ではあるが認める。

三宅　「霊視」とは、霊能者が「患者」の状況・状態を直感的に判断し、「霊能」という言葉を使って語ることで心の平安や希望を与える、癒《いや》しの技術に過ぎない。その直感を含め、医学や近代科学では説明のつかない第六感や虫の知らせ、というものはあるが、それは霊界の存在とは関係がないものだ。
林　霊界も、霊能者も、たぶん存在する。それは、亡くなった父親の最期の言葉をはじめ、自分しか知らないことをいくつも言い当てられ、何らかの能力がある、そういう世界がある、と判断するほかないからだ。これを科学的かつ論理的に「違う」と証明するほうが、むしろ難しいだろう。
山中　霊界はあり、すばらしい霊能力を持った霊能者もいるが、その一方で、ニセモノや勘違い「霊能者」もいる玉石混交の世界である。

……書き写しながら思ったけれど、こうして結論だけを読んでしまうと、どうしても浅薄な感じが拭《ぬぐ》えない。五人の文章が浅薄で拙《つたな》いということではなく、思いを表す適当な語彙《ごい》が見つからない（存在しない）のだろう。それは僕も共感する。そもそもがそういうジャンルなのだ。だから賢い人は近づかない。

二月一四日のバレンタインデー、東京阿佐ヶ谷《あさがや》のトークライブハウス「阿佐ヶ谷ロフト」に、この四人（渡邉は体調不良のため欠席）と、五つ星を獲得した「青山のAさん」こと荒川静《あらかわしずか》が出演した。

この夜、僕は客席にいた。立ち見も出るほどの満員だった。たぶん一〇〇人近くはいたと思う。雑誌の取材も二つほど来ていた。どうやら荒川は、いわゆるスピリチュアルな業界では、相当に注目されている存在らしい。

トークライブの中盤、荒川は僕の前世を透視した。ステージ上からしばらく僕を凝視した荒川は、少し早口にこう言った。

「古代ヨーロッパらしき場所。大きな闘技場のような建物が見える。その横に立っている男性が、あなたの何代か前の姿です。とても大きな人。演劇のようなこともしているし、何かを書く仕事もしているようです。もう一つ見えます。これもヨーロッパ。時代はもう少しあと。大きな庭園を、何かを悩みながら歩いている男性がいます。この時代の音楽家などがよく頭に装着する、あの白いカールの鬘《かつら》をかぶっています。手には書類のようなものを……楽譜のようにも見えますが、そんなものを持っています」

このときは「森さん、どうですか?」と司会役の山中に壇上から聞かれた僕は、「どうもなにも、前世については肯定も否定もできないです」と客席で答えている。当たったといえる根拠もないし、絶対に違うとの根拠もない。ああそうですかと言うしかない。

二〇代後半までは演劇をやっていて、今は執筆をメインの仕事にしているから、荒川の透視は(その意味では)、かなり意味深ではある。ただ実は、この日に僕の透視を荒川がすることは、この数日前に連絡をとった山中から予告されていた。ならば荒川も、「森達也という人をこの日は透視してもらいます」との情報を得ていた可能性はある。もしもネットなどで検索すれば、かつて演劇活動をしていて今は物書きであるとの情報を得ることも可能だ。つまりホットリーディングの可能性は充分にある。

ライブは午後一〇時過ぎに終わった。客が帰ったあとの客席で、山中と石井、林と三宅で打ち上げの乾杯をした。

「石井さんが肯定論者になっちゃったのはびっくりだよ」

僕は言った。『第2の江原を探せ！』の最終的な結論で石井自身が書いているように、石井はかなり理屈っぽくて我が強く、とてもじゃないがオカルト的な現象を肯定するタイプではない。うーむと黙り込んだ石井に代わり、ビールを飲みながら、林がうなずいた。

「この人はむしろこれまで、そんな商売を許せないと憎んでいたくらいだからねえ」

「森さんは今週号の『週刊朝日』読んだ？ 『第2の江原を探せ！』が批判されているわよ」

そう楽しそうに言いながら、山中が記事のコピーを僕に手渡した。評論家の宮崎哲弥《みやざきてつや》とフリーランスライターで編集者である川端幹人《かわばたみきと》の対談だ。

宮崎 たとえば『第2の江原を探せ！』問題とかさ。私はこれを読んで、ホント陰鬱《いんうつ》な気分になった。

川端 『第2の江原を探せ！』って、「マイ・ニュース・ジャパン」代表の渡辺正裕氏らが出したスピリチュアル検証本のこと？　『SPA!』（12月23日号）でも特集してたね。

宮崎　そう。渡辺氏に加えて、チェチェン取材で知られる林克明氏、ユニークフェイス問題など容姿差別のタブーに斬り込んだ石井政之氏、『買ってはいけない』の山中登志子氏など、名立たるジャーナリスト5人が、ガチンコでスピリチュアルカウンセラーを覆面調査したというから、期待に打ち震えながら読んだの。ところが「文筆業をいい当てられた」だの、「ヒーロー願望があるというのが図星」だの、その程度の根拠でほとんどのメンバーが「スピリチュアルの存在は否定できない」「本物はいる」と結論づけてんだぜ！　ジャーナリストって、この程度でコロッと騙されるのかと驚倒したわ！

川端　あれは僕も呆《あき》れた。「コールドリーディングはなかった」とか書きながら、完全にコールドリーディング（初対面の人物の情報を読み取る技術）にやられてるもんね。当日の朝食、「牛乳とトマトジュースという特殊な組み合わせを当てた」とも書いてたけど、そんなの、ホテルのモーニングにだって出てくる定番だろう。

宮崎　これは深刻な状況ですよ。まともな業績を有するジャーナリストにしてこの為《てい》体《たらく》だよ。まして一般の批判的理性の衰退を想像すると、何かすっごくデスパレイト（絶望的）な気分になるんですけど。

記事のコピーを読み終えて、僕は顔を上げる。四人はじっと押し黙っている。誰もしゃべろうとしない。仕方なく「かなり辛らつに書かれたねえ」と傍らの石井に囁《ささや》けば、「まあ、……書かれてもある意味で仕方がないというか、俺だってもしあんな取材というか体験をせずにこの本を読む側に回っていたら、同じようなことを思ったかもしれないしなあ」と小声でつぶやいた。

この日から数日後、「青山のAさん」こと荒川靜に、僕はあらためて会った。トークライブが終了してから本人に、取材とセッション（つまり透視）を依頼したのだ。本来はなかなか予約がとれないほどに依頼が殺到しているようだが、たまたま空いている日があったので実現した。

場所は新宿の喫茶店だ。奥にある個室を予約した。僕は五分遅れた。担当編集の岸山と荒川はすでに到着していた。約束の時間は二時間ということになっている。

荒川は依頼の電話に対して、通常は名字だけを訊《き》く。住所も電話番号も訊《たず》ねない。つまり事前情報を求めない。要するにイタコ方式だ。ならば少なくとも、ホットリーディングというテクニックは使っていないということになる。

その外見について林は、「すらりとして明るい印象を与える。第一印象＝スピリチュアル系＆アーティスト系＆インテリア系＆エコロジスト系が混ざった感じ」と、『第2の江原を探せ！』で描写している。年齢は恐らく四〇代。まずはあらためて、僕への透視（この言葉が適当かどうか、実のところは自信がない）をお願いした。

「フルネームでお名前と、西暦でお誕生日をください」

言いながら荒川は紙とペンを差し出した。

「これはセッションを受ける人には必ず書かせるんですか」

「はい。お名前と生年月日だけです。昔は住所や電話番号も書いていただいたりしたこともあったんですけど、個人情報がどうのこうのになってから面倒くさくなっちゃって」

そこまで言ってから荒川は、紙に書いた僕の生年月日を眺めながら、「へぇ、9なんだ、面白いですね。……6、うん、3ですね」といくつかの数字をつぶやきながら一人でうなずいている。

「9ってどこから出てきたのですか」

僕は訊いた。なぜならば僕の生年月日に、9の数字はまったく含まれていない。

「計算方法があるんです。でも今それを説明すると、それだけで三〇分かかります。ユダヤのカバラの占い的な部分です。私はこんな仕事をしていますけれど、人が占いに左右されることが嫌いなんです。でもカバラのこの占いには吉凶的な要素がなくて、その人のサイクルがわかるだけなので、よく使っています」

中世ユダヤ教の神秘思想であるカバラは、伝承や伝統の意味もある。万物の根源は数であるとの教義もあり、タロットカードの源流になったとの説もある。

「そのカバラの占いではライフナンバーというのがあって、何を目的として生まれてきたかなどに関わるすごく大きな括《くく》りを示します。森さんの場合は、まずライフナンバーが9ですね。1から9のサイクルですから最後の数字です。人類愛的な数字だといわれています。表に出たいとか注目されたいなどの願望が少ないことを示しています。外に強くアピールしたり自分がトップで『俺、俺、俺』ってやるんじゃなくて、『この人はこういうことが言いたいんですよ』って代弁するほうが、気が楽でうまくいくというタイプの人ですね」

「つまり自己顕示欲が強くないってことですか」

「自己顕示をしようと思うと気恥ずかしくなって、結局は後ろに引っ込んでしまうタイプであることを示す数字です」

　そう説明してから荒川は、「森さんの最初のステージは、生まれてから二七歳までです。今から説明しますが、『テーマ』はその人が現実に見ているもの、そして『メッセージ』は、なんとなくこういうふうに思っちゃうんだよねみたいなことだと思ってください。そして『チャレンジ』は、そのテーマをやろうとするときに、よっこらせと乗り越えていかなきゃいけなかったり、常に出てくる問題だというふうに思っていただければ。

　森さんの二七歳までのステージでメッセージとしては、もっと広い世界に出て自由を勝ち取らなきゃいけないんだという気分が、なんとなく現れている。ところがこの時期のテーマは、家族だとか自分の属しているところが出てきちゃう。ここに矛盾が生じています。

チャレンジの数字は4だから安定感。自由になりたいけれど、足かせが大きかった時代じゃないかなという気がします。二八歳からスタート、新しいステージです。ここで自分らしさを発揮しています。最初のステージでは、自分が持っている属性そのものがテーマだったけれど、属性から脱して自分らしい具体的な方法論を探す過程が、二八歳からのステージです。でもやっぱり、ここでも安定や堅苦しさを示す4という数字が現れていますから、四角の檻《おり》の中に入って自分を制限していた状態です。

それがしばらく続いて、三七歳から四五歳というステージでやっと、『俺は俺でいいかな』みたいな、『自分でなんとかやっていける』というところに突入したのかなというふうに見えますね。で、四六歳から最後のステージ。自分が持っていた属性からやっと離れて、自分らしさを見つけたうえで、じゃあ何を表現しようかな、どういうふうに社会を――これ社会性の数字です――その自分の表現によって、社会的なものを動かそうかなという部分に今入ってきています」

ここまではテープ起こしの文章を、できるだけ忠実に再現した。確かに演劇をあきらめて結婚して、生活のために就職したのは二七歳だ。その後にテレビ業界に転職して、制約の多さと組織の息苦しさに嫌気がさしながらも、とにかく生活を維持するために働き続けてきた。オウム真理教のドキュメンタリーを撮る過程で、番組制作会社から契約を打ち切られて解雇されたのが三九歳のとき。その作品は結局『A』というタイトルの映画になって、続編の『A2』を発表したのは四五歳。それからは映像よりも執筆が主な職業になるわけで、その意味では荒川の指摘は、相当に現実と符合している。

でも、多くの男性は三〇歳前と四〇歳過ぎに人生の大きな転機を迎えるという法則があるのかもしれない。つまりストックスピールの可能性を否定はできない。それにネットで森達也の名前で検索すれば、履歴のある程度はわかるはずだ。だから（今回については）ホットリーディングの可能性も払拭《ふっしょく》できない。

そう思いながら顔を上げれば、荒川はじっと僕の背後を見つめている。僕自身ではない。明らかに背後にフォーカスを当てている。

「……オーラのメインは黄色ですね。サブに赤も出ています。基本的には、自分の好きなことしかしませんね」

第七幕「当て何の役に立つんだろう」スピリチュアル・ワーカーは躊躇なく言った

「どこでわかるんですか」

僕は訊いた。荒川《あらかわ》はもう一度繰り返した。

「オーラです。黄色がとても強い。それと、……サブに少しだけ赤も出ています」

「ここに？」

言いながら僕は、自分の背後を指で示す。

「いま荒川さんは、ちょうどこのあたりを見ていましたよね。ここに赤が出ているのですか」

もちろんそこには何もない。椅子の背板の少し上。ただの空間だ。

「はい。そのあたりです」

「じゃあ黄色はどのあたり？　僕の頭の周りですか」

「全体的です。私、(説明のために)色鉛筆持ち歩こうかなと時おり思います」

言いながらボールペンを手にした荒川は、テーブルの上の紙に人型と、その人型の顔の周りを煙のように漂うオーラを描いた。

「たとえば、怒っている人はどす黒い赤をよく出します。でも私は感情の色は見ていません。だって『今あなたは怒っていますね』と言ったって意味がないと思うので。私に相談に来てくれる方の多くは、自分にはどういう仕事が合っているかとか、転職すべきだろうかとか、そんな悩みを持っています。そういう場合には、カバラは省略して、最初からオーラを見ます」

僕はもう一度、自分の背後に視線を送る。隣に座る岸山も真剣な表情で、僕の顔の周囲をまじまじと見つめている。僕に見えていない僕のプライバシーを覗《のぞ》き見されているような気分になってきた。

「見るなよバカ」

「何でバカなんですか」

「バカだからバカだ」

「見ないでくれと言えばすむ話じゃないですか。バカは余計です」

こそこそと言い合う二人にかまわず、荒川はオーラの説明を続けている。

「森さんのオーラでいちばん面積が広いのが黄色です。そしてこのあたりに(言いながら荒川は、僕の左肘《ひじ》のあたりをボールペンで示す)、赤の光を感じます。それと、こっち側にも何か別な色を感じるんですけど、……何だろこれ。……ちょっと待ってくださいね。……うーん、本当にうっすらなんだけど、ブルーから紫にかけての色が出ています。でも、あまり気にしなくていいかな。森さんの今のオーラの基本は、黄色と赤です。黄色いオーラをベースに持つ人は、基本的に自分の好きなことしかしません。仕事の時間は不規則なほうが性に合うし、好きなことを好きなようにやりたいというタイプなので、やりたくないことをやるということが、とても苦手なはずです。ですから九時から五時までの会社勤めの方では、黄色のオーラを持つ人は少ないです」

言いながら顔を上げた荒川は、如何《いかが》でしょうか？ と確認するかのように、僕の顔を正面から見つめる。でも僕は思わず目を逸《そ》らしていた。だってまだわからない。

ネット上のオンライン百科事典ウィキペディアで森達也を検索すれば、

撮りたい題材が刺激的すぎるため、近年は、ドキュメンタリーを撮る機会が減り、メディアや社会問題についての論客となっている。

などと記述されている（書かれた本人としては「論客」はあんまりだと思うけれど、まあそれはともかくとして）。もしも荒川がネットをチェックしているのなら、あるいは僕の仕事やこれまでの経歴のことを、何かで読むか聞くかして知っているのなら、「自分の好きなことしかしない人だ」と思って不思議はない。それにそもそも、「やりたくないことをやるということが、とても苦手なはずです」と言われて、「いや自分はやりたくないことをやることがとても得意なんです」と反論する人は、あまりいないはずだ。

「それと黄色がメインの人は、どちらかといえば人と争ったりすることが好きじゃない傾向があります。だから誰かと誰かが争っているときも、『こうやったら楽しいよ』という誘導をしようとすることが多いです。でも責任を求めちゃうとだめですね。嫌がります。責任感がないというわけじゃないのですが、『責任なんて大それたものを自分がとるなんて無理』というか『荷が重い』みたいな感じになるみたいなので、だからムードメーカーはできるけれど、最終責任者にはなりたくないという感じの方が、黄色には多いとお見受けしています」

言い終えてから荒川は、もう一度顔を上げて、じっと僕を見る。とても真っ直ぐな視線だ。何か言わなくちゃと思うけれど、でもやっぱり何も言えない。雰囲気がどんどん気詰まりになってくるけれど、でもここで、「よくわかりますね」とか「当たっています」とかは言えない。まだわからない。

ただ少なくとも、ホットリーディングだけで今日のセッションを構成しようと思うのなら「ムードメーカーはできるけれど、最終責任者にはなりたくない」というネガティブなフレーズは、おそらく出てこないだろう。でもそれにしても、事前に得た情報を披露するだけでは信憑性《しんぴょうせい》に欠けると考えて適当に創作したのだと言われれば、これを否定することはできない。

数秒の重苦しい沈黙が過ぎてから、荒川は小さく吐息をついて、

「……ただ、森さんの場合、赤も少し見えています」

とつぶやいた。

「赤は（スペクトラムでは）いちばん端っこの色です。だから、ある種の純粋さというか、とても原理的な感じの色なんです。良く言えば純粋、悪く言えば単純みたいなところがあって、負けたくないというか、なんとかして目標を達成するんだみたいな、そんな意識を表す色です」

そこまで言ってから、荒川は顔を上げる。

「じゃあ、そろそろディスクを見ましょうか」

三〇秒ほど沈黙して僕の顔の少し上を見つめていた荒川は、「オーラでも感じたことだけど、このグループの人たちからは二つの要素を強く感じます」とつぶやいた。

「一つはとにかく楽しみたいという欲求。そしてもう一つは……」

「このグループって？」

「森さんが属しているディスクだと思ってください」

「ディスクの意味がよくわからないのだけど」

「グループソウルとか類魂とか、そんな言い方をする人もいます。多くの似通った魂たち。『アイゼア』という言い方もあります。つまり『I THERE』。向こうにいる私。これはロバート・モンロー（一九九五年に没したアメリカの体外離脱研究家）が使っています。

目に見えない非物質の世界にいる自分の集団みたいな」

「自分の集団？」

僕は訊《き》き返した。同じ語彙《ごい》を使っているはずなのに、意味がどうしてもすれ違う。

「想念レベルに集合体の層があると思ってください。物質と非物質のあいだです。ここに幽霊さんもいます。時々ギシギシと歩く音を立ててくれたり、非常に奇妙な姿勢やサイズで写真に写り込んでくれたりする理由は、物質と非物質のあいだにいるからできるんじゃないかなと思っています。この層の上に、いわゆる死後の世界というのがある。天国と捉《とら》えてもいいかもしれない。誰もが最終的にはここに収納される。これが集団的な自分です。アイゼア。この集団的な自分を私はディスクと言っています」

僕は無言。岸山も隣で押し黙っている。そんな雰囲気を感じ取ったのか、荒川の説明の調子が少し変わる。

「部屋の本棚やDVDラックみたいなものだと思ってください。森さんのディスクは、森さんの部屋のDVDラックです。お部屋にお邪魔してそのラックを見れば、『こういう映画が好きなのか』とか、『歴史ものに興味があるんだ』とか、その持ち主の傾向や性格など、いろいろわかりますよね」

「なるほど。DVDラックですか」

岸山がうなずいた。まあ確かに。喩《たと》えとしてはわかりやすい。でも喩えは喩えだ。彼女が今見ているものは、DVDや本の背表紙ではなく、僕の類魂（グループソウル）なのだ。

「それで、そのＤＶＤや本の傾向からすると、森さんからは二つの要素というか方向性を感じます。ひとつは芸術家タイプと言ったらいいのかな。きれいなものを作りだしたいという意思。そのきれいさというのも、森さんが面白いとするきれいさです。それを外に出したいという願望。さっきのオーラで言うならイエロー的な願望です。あともう一つの方向が、だめなものを良くしたいというような願望。でも森さんの場合は、そのだめなものの中に自分も入れている。そこが森さんのパーソナルな部分ですね」

「そういう想念を僕が持っているということ？」

「はい。このグループの人たちは、みんなそれを持っています」

「このグループの人たちというのが、まだピンと来ないんです。さっき荒川さんはＤＶＤラックや本棚に喩えたけれど、要するに守護霊とか背後霊みたいな存在ですか」

「それとは違います。たくさんの森さんのグループだと思ってください。森村の人々。多少の違いはあるけれど、基本的にはとても似通った人たちです。森さんの故郷だと思ってもいいかもしれない。出身地です。そしてここから出ている人は……」

「出ているってつまり、今のこの世界にいるってこと？」

「はい。出ている人も、死んだらこの出身地に帰ります」

「何人ぐらいいるんですか」

「人によって違います。森さんの場合は、……ちょっと待ってくださいね……数千人はいます」

「数千人？」

「数としては一般的です。一万とか二万という単位の人もいますよ」

「その村の住人たちはみな、かつてこの世に生を受けて、そしてまた村に戻ってきたということになるんですよね？」

「全員じゃないです。一回も出ていっていない人もいます。他には、ディスクとこの世界との中間層あたりを、うろうろ動き回っては帰ってくるという人もいるみたい。ディスクが母船だとするなら、探査機としていろんなところにいろんな人たちが出かけては帰ってくるという感じです」

ディスク。グループソウル。出身地。村。DVDラック。本棚。探査機。母船。そして故郷。

……すっかり冷えたコーヒーを飲みながら、僕は質問を続ける。

「僕のディスクからこの世界に派遣されているのは僕だけなのですか」

「いえ。何人もいるはずです」

「それがもし、この世界でバッタリ会ったりしたら、何かつながるものがあるんですか」

「異性の場合なら、『ああ、何かステキな人だな』と思うことが多いですね」

「つまり惹《ひ》かれ合う？」

「うん。なんか似ている感じがするから」

「恋愛とは違うのですか」

「恋愛関係に陥ることもありますよ。でも最終的には結ばれないことが多い。似すぎてるから。友人に、絶対に私と同じディスクから来ていると思っている男性がいるんです。最初はとにかく反発。次はなんでこんなにソックリなんだろうとの驚き。彼とはその後、ちょっと恋愛モードに行きかけたのだけど、結局はだめでした。彼からは、『男とか女とかそういうのを超えた家族みたいなものを感じるんだけれど、悪いけど女としては○○ちゃんのほうが好きなんだ』って言われました」

「ああ、それは傷つきますね」

岸山が言う。荒川は大きくうなずく。

「グサッと傷つきました。でもその人とは、今も親戚《しんせき》みたいな付き合いです。同じディスクから来た女性の場合だと、最初は互いに『わかるわかる』みたいな感じだけど、欠点とかほぼ同じですから、だんだん嫌になっちゃうというか、だめな自分を見ているようで、反発を感じる場合が多いです」

「ディスクにいる人たちは日本人だけですか」

「日本人だけじゃないです。いろんな国や民族の人たちがいます」

「現代人だけですか？　魂が輪廻《りんね》転生していると考えるなら、ホモ・サピエンス以前の原人とか、あるいはもっと前の原始的な哺乳類《ほにゅうるい》とかその先祖の恐竜や古代の魚とか、そんな魂がいてもおかしくないですよね」

「……もちろん、いてもおかしくないと思います。ただ、私はそこまで感知できないんです」

「感知できない？」

「原始的な哺乳類とか原人とか、私がそこに意味を見出《みいだ》せないんです。だから見えない」

「そもそもディスクって、どのように見えているんですか」

「最初に自分のディスクを見たときは、星空という感じでした。それもアンドロメダ星雲みたいな、すごく密度の高い星の集まり。でもよくよく見ると星じゃないことに気づいて。大きなスタジアムと形容する人もいます」

数秒の間。僕は言った。

「……ごめん。やっぱりよくわからない」

言ってから言っちゃったと思う。でも荒川はこっくりとうなずいた。そりゃそうですね、とでも言うように。

「非物質の存在ですから、物質的に説明しようとすると、どうしても無理がある。的確な言葉がないんです」

「このあいだ僕の前世を見てもらったとき、闘技場があって大きな人がいるとか、中世ヨーロッパの音楽家みたいな人が見えるって言いましたよね」

「はい」

「あれもこのディスクの中の一人なんですか」

「ヘルパーさんみたいな人がいるんです。その人に森さんの前世を教えてくれって頼んだら、『わかった』って森さんのDVDラックから何枚かのDVDを選んで持ってきてくれるという感じです。そのDVDの中にいた人です」

「ヘルパー？」

僕は嘆息する。荒川は小さく笑う。

「変な言い方ですね。守護霊とは違います。見えない非物質の世界とこの世界とを行ったり来たりしている人たち」

「そのヘルパーさんの外見は？」

「いろいろです。普通の人間のように見える人もいれば、とても非人間的な、例えば私をよく助けてくれるヘルパーの中に、キューティーハニーか何かに出てくるような怪人というか、半分男で半分女みたいな、そう見える人もいますよ」

「そのヘルパーさんは誰のディスクから来ているのですか」

「どこにも所属していないようです」

「つまりフリーランス？」

「簡単に言っちゃえば、DVD屋のお兄ちゃんです。『何かお薦めありませんか』と聞いたら、『このラックの中では、これがわかりやすくてお薦めだよ』と言いながら探してくれるという感じ。もう一回森さんの前世を見てみましょうか。前回とは違う人を探してみます」

言ってから荒川は、じっと僕の後ろの壁に視線を送る。時間にすれば二〇秒ほどが過ぎたころ、「……海」と小さくつぶやいた。

「海辺。……港です。男の子。完璧《かんぺき》にクリアな白人。年の頃は、……まだ一三、四歳くらいかな。港で大きな船を見ています。いつかあんな船に乗って、どこかに行きたいと思っている。そんなに古い時代じゃないです。赤いバンダナみたいなものを首に巻いてるけれど、その雰囲気がわりと今風です。で、ちょっと情報を広げるために、引きますね」

言いながら荒川の上体が、ゆっくりと後ろに傾いてゆく。要するに映像をズームバックするためのアクションなのだろう。

「……感じるのは、この船は観光船とかじゃなくて貿易船ですね。とにかく未知の領域、知らない国に行きたいという願望がものすごく強い男の子です。……北欧かなあ。アメリカ大陸じゃないです。というのは、この男の子の気持ちが、新大陸が見つかったけれど、どんなとこなのだろう、行ってみたい、見てみたいと、そんな感じなんです」

「映像としては、具体的にどのように見えるのですか」

「とてもクリアですよ。映画館で映画を観ているような感覚です」

頬笑みながらそう答える荒川に、僕は質問した。単刀直入すぎるかもしれないけれど、やはりこれを確かめなくては。

「……荒川さん、僕のことは事前にどのくらい知っていましたか」

「ほとんど知らなかったです。『職業欄はエスパー』という本を出していて、映画監督であるという話は、お会いする直前に聞きました。うちのパソコンも今壊れていて、検索とかそういうことは一切できないんです」

「今日のセッションは取材が目的です」

僕は言った。やはりこのままでは終われない。

「はい」

「僕がびっくりするような情報はないですか」

「森さんがびっくり？」

「なんでそれわかるの？　みたいなこと」

「ああ、……どうなんでしょうねえ。たぶん私の中で、当てるということに対する抵抗感があるんです。こけおどしをしたくないというか。例えば『あなたの家のそばにはこういう建物があるでしょう？』って当てたとして何の役に立つんだって、すごく思っちゃうんです」

僕はうなずいた。それはそれで確かに理はある。でもやっぱりこのままでは終われない。

そのとき荒川がふいに言った。

「……さっき港の少年の映像を出したヘルパーが、その少年の映像を選んだ理由を教えてくれるそうです」

「今？　そのヘルパーが？　どこにいるんですか」

「このへんです」

言いながら荒川は、僕の肩の上のほうを指差した。

「森さんはずっと、旅に出たいという感覚があるはずだってヘルパーが言っています。それが前世からあったものだということを伝えたくて、あの少年を選んだそうです」

「……仮に僕の中に旅に出たいって気持ちが強くあるとして、そのヘルパーにはなぜそれがわかるのですか」

「ずっと森さんのことを知っているからだって言っています」

「ヘルパーさん、僕のことを知っているって？」

「うん」

「ずっと？」

「ずっと」

「なんで？」

「どう言えばいいのかしら。……要するに今話してるヘルパーは、森さんのディスクに詳しいヘルパーなんです。例えば屋久島《やくしま》に詳しい案内人に、『この屋久島にはどんな植物があるんですか』って聞いたらば、『今の季節だったら○○が咲いているとか、△△がきれいだよ』とか教えてくれますよね？」

「……このヘルパーさんと荒川さんは、今日初めてお会いするのですか」

「初めてです。ああ。今度は私のガイドが来た。これは私の個人的な家庭教師みたいなおっさんです」

言ってから荒川は口を閉ざす。要するに僕には見えない誰かから、僕には聞こえない話を聞いている。時間にすれば三〇秒ほど。うん、うん、とうなずいていた荒川が、視線を僕に向ける。

「今の森さんのテーマということについて、私のガイドは、こう言いました。情報量はもう十分にある。でもそれをどういう形にするかで迷いがあるんだと。——森さんは取材をしながら、取材対象である人を好きになっちゃうタイプだって言っています。だから、好きになった人を傷つけたくないという気持ちがすごく強く働いてるから、どんな形がいちばんいいのかを、今必死に考えているって教えてくれました」

「……荒川さんはいわゆる霊視というか、お化けが見えたりはするんですか」

「昔はよく見てましたよ」

「今は見ない？」

「見ないようにしています。ラジオのチューニングと似ています。でもたまに遭っちゃう。このあいだもどこかの神社かお寺で、昔の室町か鎌倉時代あたりの侍のような恰好《かっこう》で石段に倒れている方がいて、長いことご苦労様でございますと思いながら通り過ぎましたけど、あれは多分、そこで亡くなった方の無念が残ってるんでしょうね。ホログラムみたいなものです。人格とかはない。だからディスクにいる人たちとはまったく違います。でも人格がある場合もあります。見え始めたころに電車の中で、若い男の子がぶつぶつ一人でしゃべっていることがありました。あれっと思ってよく見たら、男の人が前にいて、二人でしゃべってるんです」

「その男の人って……」

「いわゆるお化けです。電車の中で一人でしゃべってる人って、こういう状態が多いんです。これをどうやったら除去できるのかなと思ったその瞬間、バーンと目の前にその男性の顔が来て、『あいつには俺しか友達いないんだよ。邪魔するな』って言われたんです」

「憑《つ》いて殺すとか、そういうことはないのですか」

「ないと思います。悪意は感じなかった。ただ、その男の子は、医学的に見れば、いわゆる統合失調症でしょうね」

僕はうなずいた。かつて秋山眞人《あきやままこと》は、「統合失調症などで入院する人たちの中には、うまく能力をコントロールできないまま見えるとか聞こえるとか周囲に言ってしまったことで、ちょっとおかしいとされてしまった能力者が多いんです」と言ったことがある。秋山自身も周囲にいろんな霊が見えたりいろんな人の思念が入り込んできて抑制できなかった若い時期、ずっと部屋にこもって頭を壁に打ち付けていたという。これだってどう見ても統合失調症だ。

「宇宙は膨張しています。やがてエントロピーが最大値になったとき、絶対的に静止するという説があります。つまり時間すら止まる。ならばそうなったときに、このディスクはどうなっちゃうと考えますか」

「どうなるんでしょうね。ただ、それは物理的な宇宙論ですよね。非物理的な宇宙というのも、きっとあるだろうと思っています。その非物理的な世界では、もっと大きなディスクがあるんです。ブルース・モーエンは三つぐらい上のディスクに行ったと言っています。そのときブルースに何が起きたかというと、いわゆる無条件の愛というもの、ものすごく愛されているという感覚だけが押し寄せてきて、何も考えられなくなっちゃったと言っていました」

荒川が名前を出したブルース・モーエンは、前述のロバート・モンローが設立したモンロー研究所の研究者だ。日本でも死後探索シリーズとして、多くの彼の著書が翻訳されている。この世界では大御所らしい。

非物理的な宇宙論などと聞けば、読者の多くは何のことやらと思うかもしれない。でも実は、量子力学の祖であるニールス・ボーアやヴェルナー・ハイゼンベルク、エルヴィン・シュレーディンガーにデヴィッド・ボームたちは、東洋哲学や神秘思想に興味を示し、ニュートン力学的ではない宇宙が存在する可能性についても言及している。パラレル・ワールドと書けばほとんどSFの世界だが、そのベースにあるものは、量子力学の観測問題における解釈のひとつとしてヒュー・エヴェレットが提唱した多世界解釈であり、リサ・ランドールが唱える五次元宇宙や超弦理論などへもリンクしている。

ただしいずれも、数字や論理の世界だ。二乗すればマイナスになるという虚数を扱うのだ。実感はできない。ヘルパーさんへの飛躍は難しい。

セッションを終えて立ち上がりかけたとき、同席していた荒川のアシスタントの女性が、「先生、森さんのお身体、大丈夫でしょうか」と声をかけた。どうやらほとんどの人が、セッションの際には自分の健康について訊《たず》ねるらしい。

「……えーと、頭の病気に気をつけてくださいね」

「頭？　脳梗塞《のうこうそく》とか？」

「そう、脳梗塞とか。心臓が絡まない限り大丈夫だと思うんですけれども、ちょっと起こしやすいタイプかもしれません」

言いながら荒川の視線は、立ち上がった僕の身体の頭の先から、ゆっくりと下へと移動する。

「ちょっと胃拡張気味かもしれない。心臓は大丈夫。小腸も大丈夫、……腰椎《ようつい》が曲がっていますね。ストレッチなり整体をしたほうがいいと思います。それぐらいかな」

岸山がテーブルの上に置いたレコーダーのスイッチを切る。取材は終了。実際に僕の持病は脊椎《せきつい》分離症だけど（腰のあたりは慢性的に痛い）、それについては黙っていた。

第八幕「毎日、四時四〇分に開くんです」店主はてらいがなかった

「このあいだ、三沢光晴《みさわみつはる》さんが亡くなったじゃないですか」

アイスコーヒーのグラスを口もとに運びながら、プロレス専門誌の記者は言った。浦安《うらやす》駅から徒歩数分の喫茶店。テーブルの上にはICレコーダー。

「僕たちも編集部でよく言っていました。あんなプロレスをやっていたら、そのうち絶対に事故が起きるって。でもよりによって、受身があんなにうまい三沢さんに、これほどに最悪の事故が起きるとは、誰も予想していなかったです」

僕はうなずいた。記者とはこれまでに何度か会っている。今日のインタビューのテーマは「プロレスのこれから」だ。僕は言った。

「同じ思いです。三沢さんについては、ある意味で、リング上の事故死にいちばんリアリティがない人ですから」

「今回の事故の背景には、この春にテレビ中継が打ち切られたことも、要因としてはあるようです。選手と社長を兼務する三沢さんは、金策やスポンサー回りなどで、肉体的にも精神的にも相当に疲労していましたから。つまり低迷する今のプロレスの状況が、こんな事故に結びついたともいえるわけです」

「うん」

「だから森さんにお聞きしたいです。プロレスはこれからどうなるのか。どうならなくてはならないのか」

記者の表情は真剣だった。彼は本気で悩んでいた。僕は数秒だけ考えた。

結局のところは市場原理ということになるのだろう。ここ数年続いた総合格闘技ブームの影響もあって、プロレスの凋落《ちょうらく》は実際にすさまじい。地上波放送が今も続いているのは、新日本プロレスだけになってしまった。それも深夜で時間は不定期だ。視聴習慣など根付くはずがない。つまりテレビは完全にプロレスを見放した。ゴールデンタイムの放送など夢でしかない。

テレビで放送しないから観客動員数は下降する。下降するから選手たちは無理をする。負の連鎖が続いている。ある意味で仕方がない。誰かが恣意《しい》的にプロレス人気を低迷させようとして仕掛けたわけではない。これはこの社会（市場）の選択なのだから。

それに実のところ、僕自身はこの状況を、それほど悲観的に捉《とら》えているわけではない。

プロレスとはそもそもが日陰のジャンルだ。華々しいスポットライトを浴びるようなジャンルではない。カーニバルや場末の酒場に発祥した、不健全で隠微で薄暗いジャンルなのだ。

記者によれば、今回の事故をきっかけに、コミッショナーを確立するとかライセンス制にしようとかの動きが、プロレス業界の周辺に現れ始めているらしい。これを主張し始めた自民党の大物政治家は、「スポーツなのか興行なのかはっきりさせるべきだ」とも言ったらしい。

ならば言わなくちゃ。バカだ。何もわかっていない。コミッショナーやライセンス制など、プロレスからは最も縁遠い要素だ。縁遠くなくてはならない要素だ。プロレスはスポーツであり、興行でもあり、ショーでもあり、見世物でもある。すべての要素が混在している。五カウントまでなら反則が許されるスポーツなど他にない。試合の結果にほとんど意味がないスポーツも他にない。それがプロレスだ。スポーツと興行との線引きなど必要ないし、そもそもできるはずがない。その帰結として人気が低迷するのなら仕方がない。それはそれで身の丈だ。でも淘汰《とうた》されながらも、細々とは生き延びるはずだ。僕はそれでよい。淘汰される団体や選手たちは辛《つら》いだろうけれど、でも市場の選択なのだから、これはこれで仕方がない。

質問に答える形で、概《おおむ》ねそんなことを、僕はしゃべったはずだ。記者は時おりうなずきながら、黙々とメモをとっている。

ふと思う。おそらく彼は、僕の意見に全面的な同意はしていないはずだ。それはそうだ。専門誌で働く立場としては、業界の衰退を止めたいと思うことは当たり前だ。何とか活性化したいと思うだろう。何とか古き良き時代に戻したいと考えるだろう。僕とは立場が違う。視点が違う。利害が違う。

多くの人の立場や視点や利害で淘汰は進む。この場合の立場や視点は、関心や嗜好《しこう》と言い換えてもいい。その原理は適者生存。獲得していた属性が状況や環境に見合っているのなら、そのジャンルは繁栄する。そして獲得していた属性が状況に適していないのなら、そのジャンルは淘汰され、やがて消える。

こうして生きものは進化した。とても当たり前のこと。プロレスは無理をしすぎたのだ。巨大なドームや華やかなスポットライトや肌を露出したラウンドガールやゲストのお笑いタレントなど、絶対に不似合いだ。場末でよい。マイナーでよい。そこに魅力がある。他のジャンルには体現できない魅力だ。それを忘れかけていた。

プロレスについて話しながら、僕はオカルトのことを考えていた。ダーウィニズム（市場原理）の観点から考察すれば、オカルトは今、どのような位相にあるのだろう。誰が求めているのだろう。誰が嫌悪しているのだろう。

最も初源的な宗教のアーキタイプは、自然界のすべての現象や物質に霊的な心象が宿ると考えるアニミズムだ。日本に仏教が伝来するはるか前の縄文時代から、人々は死んだ人の腕や足の関節を無理矢理に曲げて埋葬していた。いわゆる屈葬だ。その意味については諸説あるけれど、死後の魂が災いを為《な》さないようにと考えたとする説が一般的だ。二〇〇七年にシリアで発見された世界最古（八五〇〇年前）の墓地から掘り出された遺骨のほとんども、やはり手足が折り曲げられていた。

つまりオカルトは、人類の歴史とともにある。でもならば有史以降、あるいはメディア発達以降、オカルトは少しでも前に進んだのだろうか。あるいは後退したのだろうか。あるいは横にずれたのだろうか。

何も変わらない。見事なほどに。アニミズムやトーテミズムのころから、オカルトはこの社会において、同じ位置にあり続ける。しぶとく残り続ける。同じ形のまま。同じ量のまま。まるで存在することそのものが、存在する理由であるとでもいうかのように。

プロレス専門誌の記者が帰ったあとの喫茶店で、ぼんやりとそんなことを考えていたら、携帯の着信音が鳴った。岸山征寛だ。いま浦安駅に着いたという。僕は伝票を手に立ち上がる。

浦安駅の改札で、岸山は二人の男、そして一人の女と共に僕を待っていた。男の一人の名は木原浩勝《きはらひろかつ》。初めましてと挨拶《あいさつ》しながら交わした彼の名刺には、名前の横に「怪異蒐集《しゅうしゅう》」と記されている。

大学卒業後、『風の谷のナウシカ』を制作したアニメーション制作会社トップクラフトに入社した木原は、その後に設立されたスタジオジブリで中核スタッフとして働き、『天空の城ラピュタ』や『となりのトトロ』、『魔女の宅急便』などを手がけ、一九九〇年に退社後は、Jホラーブームの原点といわれる『新耳袋』で、作家としてデビューする。その後はコンセプトライターとして、数多くの書籍やムック本などの企画・構成・執筆をこなし、企画・構成ブレーンを務めた『空想科学読本』や、岡田斗司夫《おかだとしお》の『いつまでもデブと思うなよ』は、大ベストセラーになっている。

もう一人の男は、角川書店の木原の担当である小林順《こばやしじゅん》。つまり岸山の同僚だ。そして女性は、木原が所属する会社のスタッフであるHだ。

まずはこの五人で、駅近くのサイゼリヤに足を運ぶ。

「ドリンクバーだけにしたほうがいいですよ」

メニューを眺めながら木原が言う。

「とにかくむちゃくちゃ美味《おい》しい寿司《すし》屋ですから。何も食べずに行きましょう」

この日、木原に浦安で会った理由は、浦安駅近くの寿司屋に行くためだ。もちろん食べることが目的ではない。もしその寿司屋が日本一まずくて不衛生なのだとしても、その寿司屋に行かねばならない理由があったのだ。

サイゼリヤで軽い打ち合わせを終えてから店を出て、寿司屋に着いたのは三時四五分。開店の四時まで、まだ少し時間がある。でも待つほどのこともなく、暖簾《のれん》を手にした若い板前が中から現れた。

引き戸式の自動扉が開けば、詰めれば二〇人ほどが座れそうなカウンターが目の前にある。カウンターの内側では三人の板前が、それぞれの仕込みで忙しそうだ。僕と岸山と小林は、打ち合わせどおり、自動扉がよく見えるカウンターの位置に腰を下ろす。

「じゃあ僕たちはこれで」

木原が言った。

「これでって、帰るんですか？」

僕は思わず言った。

「いやいや。帰りません。でも実は、僕たちが来た前回は現象が起きなかったので、今日はこのあたりをぶらついてきます。現象が起きるとしたら四時台ですから、五時過ぎには戻ります」

そう言ってから木原とHは、さっさと店を出て行った。

「あの二人、仕事がらお祓《はら》いみたいなことをしょっちゅう受けているので、それが理由で前回は現象が起きなかったかもしれないと思っているんです」

二人の後ろ姿を見送りながら小林が言った。ああなるほどと、岸山が大きくうなずいた。目の前に置かれた熱いお茶を口に運びながら、僕は壁の時計に視線を送る。時刻は四時に三分前。カウンターの中に視線を送りながら、「まずはこれまでの経緯を説明してもらいましょう」と小林が言った。

「刑事さんがいきなり来たんです」

仕込み作業をしながら、この寿司屋の三代目店主であるTは言った。

「Oさんのことを知っているか、と訊《き》くから、もちろん知っているけれど何かあったんですか、と訊き返しました。刑事さんの説明を聞いて、そこで初めて、Oさんが亡くなったということを知ったんです」

Oはこの近くのマンションに一人で暮らしていた。年の頃は六〇歳を過ぎたばかり。まだ矍鑠《かくしゃく》としていた。妻とは事情があって別れたようだ。近くには息子が暮らしていたという。

「来るときはいつも一人です。だいたい開店してすぐ。銭湯のいちばん風呂《ぶろ》のあとに寄るという感じでした。お酒が好きな方でね、カウンターに座って寿司を少しだけつまみながら酒を飲んで、あまり長居はせずにお帰りになっていました」

その日もOは、開店早々の時間帯に現れた。しかしカウンターには腰を下ろさず、持ち帰り用の折を注文した。何を握りますか？　とTが訊《たず》ねたら、何も握らなくていい。折にご飯だけを入れてくれ、とOは言ったという。

「そんな注文は以前もあったのですか」

僕は訊いた。Tは首を横に振る。

「いやいや。初めてです。ご飯だけでいい。それにゴマをかけてくれって。その日はお酒も飲まない。折に入れたご飯だけを持って帰りました」

それから数日後。連絡が途絶えたのでマンションを訪ねた息子が、和室で息絶えていたOを発見した。テーブルの上には折に入ったご飯が手つかずのまま残されていた。つまりこの店に立ち寄ったその日の夕刻から翌朝までのあいだに、Oは息を引き取ったと考えられる。

「刑事さんとしては、ご飯だけを入れた寿司屋の折がテーブルの上にあったので、何でご飯だけなんだって気になったらしいです。もちろんこっちだって、訊かれても理由はわからない」

「……まるでご霊前にお供えしたご飯のようですね」

岸山が小声でささやく。その表情は真剣だ。バカだなこいつ。それではB級ホラー小説のレベルじゃないか。そう言いたいのを我慢しながら僕はTに、「死因はわかりますか」と訊いた。

「脳溢血《のういっけつ》とか、そんな感じでしたね。とにかく事件性は何もないんです」

独り暮らしの老人の孤独な死。事態はそれで一旦《いったん》は収まった。Tたちが異変に気がついたのは、それから数週間が過ぎたころだという。毎日開店早々の決まった時間に、カウンターのすぐ前の自動扉が開くのだ。それも少しあいだを置いて、決まって二回。

「時おり開くことはありますからね。だから最初のころは気にしていなかったんです。猫か何かに反応したのかなと思っていました。そうしたら板前が一人、いつも決まった時間に開きますね、と言い出して。確かにそうなんですよ。四時四〇分ごろにまず一回。それからしばらくしてからまた一回。これが毎日です。で、考えたら、ちょうどOさんがお亡くなりになったころから始まっているんです」

「まさしく亡くなった次の日からですか」

岸山のこの質問にTは、「はっきりとはわかりません」とあっさり答える。話を面白くしようとか誇張しようなどの気配はまったくない。それはそうだ。幽霊寿司屋の称号など、商売を考えればマイナス材料でしかない。

「最初のころはほとんど気にしていなかったですから。でも確かに時期としては、Oさんが亡くなったころから始まっています」

店は通りに面している。車の往来は特に多くはない。扉は階段を三段だけ上ったところにある。扉の横に設置されたセンサーは光線照射式。最も普及しているシステムだ。地上からは一メートルほどの位置にあるから、猫や犬がセンサーの前を横切ったくらいでは作動しない。猫が跳び上がれば反応するかもしれないけれど、その場合は曇りガラスを通して店の内側から視認できるはずだ。そもそも毎日二回、決まった時刻に扉の前でジャンプする猫など、ちょっと考えられない。

何度か試しに出入りしてみたが、階段を上りきって扉の前に立たないかぎり、センサーは作動しない。カウンターに戻った僕に、仕込みを続けながらTが言う。

「そのときは扉の前の階段に観葉植物を置いていたので、その葉っぱが風に吹かれて動いて、それにセンサーが反応したのかなと思ったんです。だから観葉植物をどかしました。

でもやっぱり、毎日四時四〇分になると、必ずと言っていいほど扉が開くんです」

「そしてしばらくしたらまた開く。まるで入ってきた人が帰るみたいに」

「まあ、そういうことです」

言いながらTは、困ったなあというように少しだけ苦笑する。

「何か召し上がりますか」

「お任せでお願いします。それと生ビール」

岸山と小林も生ビールを注文した。まずは刺身の盛り合わせ。次に握り。中トロにイカ、コハダにナメロウ。

「これはうまい」

岸山が唸《うな》る。

「確かにうまい」

小林も言う。

僕も同感だった。回らない寿司は久しぶりだけど、それを差し引いても、確かに圧倒的にうまい。取材のことなど忘れて刺身や寿司を堪能《たんのう》したいところだけど、でもそうはいかない。壁の時計に視線を送る。四時を一〇分ほど過ぎている。

「……怖いという感じはないですか」

Tの横で黙々と寿司を握っていた初老の板前に声をかける。視線を上げた彼は、「いやあ、全然」と明るく答える。

「別に悪さはしないし。まあそもそも、お化けなんてあまり信じていないから」

「でも扉は開く」

「開きますよ。毎日。お化けじゃなくて商売繁盛の神さまとかね。そんなものが入ってきてるんじゃないんですか。私はそう考えるようにしています」

目の前のカウンターに皿が置かれる。アルミホイルで包まれた何かが、皿の上でほかほかと湯気を立てている。指の先でアルミホイルを開ければ、芳醇《ほうじゅん》な香りが立ち上った。イカワタをオーブンで焙《あぶ》った料理だ。小さなスプーンで掬《すく》って口に運ぶ。

……信じられないくらいに濃厚だ。あきれるくらいにうまい。ビールに合う。いやきっとこの料理なら、日本酒がいちばん合うはずだ。

「日本酒にしようかな」

そうつぶやけば、隣に座る岸山が大きくうなずいた。

「確かに。これは絶対に冷たい日本酒です」

「でも今できあがっちゃまずいしね」

言いながら僕は、壁の時計を見上げる。ちょうど四時四〇分。でも扉は開かない。

……実のところ、扉はきっと開かないという予感があった。予感というよりも経験則。こうして待ちかまえると現象はなかなか起きない。人目を避ける。隠れようとする。ところが完全には隠れない。小出しにする。そして焦点を合わせようとすると消える。特に珍しいことではない。もうすっかり（悲しいくらいに）馴れてしまった。

その意味では、木原たちが数日前に来たときに現象が起きなかったということも納得できる。そういうものなのだ。待ちかまえられると透かしたくなる。観察されることを嫌う。機材に故障を起こす。だからオカルト（隠されたもの）なのだ。もしも待ちかまえているときにも起きるのなら、おそらくそれは怪異現象ではない。きっと何らかの物理現象だ。

僕は生ビールをもう一杯お代わりした。日本酒はまだ早い。赤貝の握りを口に入れると同時に、目の前の自動ドアが、何の前兆もなく、ゆっくりと開き始めた。

時間にすれば五秒ほど。ゆっくりと開いた自動ドアの向こう側には誰もいない。車も走行していない。通りを挟んだ向かい側の店が見えるだけだ。開ききったドアは一拍を置いてから、ゆっくりとまた閉じた。

「……開きました」

しばらくの間を置いてから、小声で囁《ささや》くように岸山が言った。

「開いたねえ」

小林がつぶやいた。Tはカウンターの内側から、壁の時計に視線を送っている。針は四時四二分を示している。

「だいたい時間どおりですね」

二人の板前は、ドアが開くことなど当たり前とでもいうかのように、仕込み作業に没頭している。立ち上がって僕は店の外に出る、白状するけれど、扉を通るときは、ちょっとだけ気味が悪かった。七月に入ったばかりのこの時期、外はまだ明るい。店の前に立って、僕は周囲を見渡した。やっぱり通る人は誰もいない。車も走っていない。何もない。猫一匹いない。

カウンターに座って、ガリを齧《かじ》りながら考えた。電源を入れてから一定の時間が経ったとき、何らかの誤作動が生じるということはないだろうか。機械関係には疎いけれど、その可能性はきっとあるはずだ。ならば確かめなくては。

「いつもこの時間ですか」

僕は訊《き》く。Tはうなずいた。

「この時間です。四時四〇分前後」

「自動ドアの電源を入れる時間は、毎日決まっていますか」

「平日はだいたい四時に少し前です。でも土日はもっと早くから営業するから、昼過ぎには電源のスイッチを入れています」

「土日も扉は開きますか」

「開きますよ。やっぱり同じ四時四〇分前後です」

僕は黙り込んだ。質問の意味を察したらしくTは、「季節も関係ないですよ」と続けた。

「最初は太陽光の関係かなとも思ったんです。でも夏も春も冬も、やっぱり同じ時間に開くので、それは関係ないようです」

「……じゃあ今、Oさんはこのカウンターにいるのでしょうか」

小林が言う。

「いるかもしれないね」

僕は言う。三人は空いているカウンターを凝視する。もちろん何も見えない。

「まあ、このあたりは、昔からちょっと変なところなんです」

Tが唐突に言う。

「変って？」

「いろいろ見えるとか何とか、そんなことはよくありますよ。この店から三分ほど歩いた交差点は、交通事故の名所なんです。よく起きる。だからスピードを出せないように、道路をでこぼこにしてしまいました。数年前にも子供を自転車に乗せた母親が車に轢《ひ》かれて、二人とも亡くなりました。その場所で何かを見たと言う人は多いです」

「Tさんは？」

僕は訊いた。何気なく。

「見たことはありますよ」

Tは言った。やっぱり何気なく。岸山が隣で、「見えるんですか」と大きな声をあげた。

「お化けとか何だとかはわからないですよ。でも子供のころから、変なものがよく見えたことは確かです。一度ね、仲間たちと霊スポットみたいなところに行ったことがあります。夜道を歩いていたら、道路に映る影が一人分多いんです。これはまずいなあと思っていたら、後ろを歩いていた友人が、誰かいるって言い出して……」

そのとき、扉がまた開いた。全員は沈黙する。でも現れたのは木原のスタッフであるH

だ。岸山がほっとしたように、「開きました」と大声で報告した。

「開いたんですか？　まあ本当？　良かったですねえ」

「木原さんは？」

そう訊く僕にHは、「パチンコが出始めちゃって。もうすぐ来ると思います」と答える。

「ちょうど今、Tさんから、このあたりはいろいろ出るらしいという話を聞いていました」

小林が言った。Hは大きくうなずいた。

「このへんは多いんですよ」

「知っているんですか」

僕と岸山が、ほぼ同時に訊いた。

「ええ。私、見えますから」

「……見えるって何が？」

「だから、それが。そこの交差点、事故がよく起きるんです」

「今聞きました」

「いっぱいいますよ。森さんにも見えるかもしれない」

「どんなふうに見えるんですか」

「見た目は普通の人とあまり変わりません。でもぐったりしています。交差点の脇で。じっと動かない。だからすぐわかります」

「……今も行けば見えますか」

「たぶん」

「行きましょう」

僕は言った。Hはゆっくりと首を横に振った。

「悪いけれど私はだめ。わざわざ見たくはないです」

デジタルカメラを手に半腰になりかけていた岸山が、「だめですか」と失望したような声をあげる。そんなやりとりを眺めていたTが、思い出したように話の続きをしゃべりだした。

「……家に帰ってからも、何となく様子が変なんです。当時はこの店の隣の離れに寝泊まりしていたのだけど、二階の部屋で寝ていると、夜中に誰かが階段を上ってくる音がするんです」

「行きましょう」

僕はもう一度、Hに言った。Hはゆっくりと首を横に振った。

「絶対にいや」

第九幕　「解釈はしません。とにかく聞くことです」怪異蒐集家は楽しそうに語った

この取材を始めたこともあって、夜中によくパソコンに向かい、「心霊」や「幽霊」、「超常現象」や「怪異現象」などのキーワードで、映像や動画を検索する。もちろん検索するからには見る。パソコン画面を凝視する。そしてほとんどの場合は、見たことを後悔する。

テレビの心霊特集的なスペシャル番組の場合は、放送される時間帯はゴールデンタイムであることが多い。同時間帯に日本中で何百万単位の人が観ているわけで（全国ネットのテレビの場合、一％の視聴率は概《おおむ》ね一〇〇万人に換算される）、それを思うだけでも怖さは半減される。

ところがネットは基本的にはひとりだ。同時間帯にまったく同じ映像を同じタイミングで観ている人は（確率的には）いるかもしれないけれど、でもその実感を持てない。テレ

ビの場合は「与えられて受容する」という感覚だが、ネットでは「取りに行く」という感覚が強い。つまり「自分から能動的にコミットしている」ことを意識せざるを得ない。だから怖さが増幅される。パソコンの画面に映し出される心霊写真や動画を夜中に一人で眺めながら、もしも今振り返れば、背後に何かが佇《たたず》んでいるような気がしてくる。すぐ横の窓の外に、誰かが潜んでいるような気分になってくる。あるいは部屋のドアの向こうに、誰かが立っているかのような感覚にとらわれる。

……この場合の「誰か」とか「何か」とかは、間違ってもバカ殿様のメイクをした志村《しむら》けんとかMr.ビーンを演じるローワン・アトキンソンではない。基本は黒くて長い髪を垂らした女性だ。背は（なぜか）比較的高い。表情は俯《うつむ》いていてよくわからない。……よく考えたら、バカ殿でもMr.ビーンでも、深夜に後ろにいきなり立っていたら、やっぱりそれはそれで怖い。少し怖さの質が違うかもしれないけれど。

とにかく深夜に、怖い思いをしながら、映像をチェックする。最も頻繁にチェックするのは、画像検索サイトのＹｏｕＴｕｂｅだ。そのＹｏｕＴｕｂｅで数日前に、圧倒的なほどに怖い映像を見つけた。

テレビなどの番組ではない。素人が撮ったビデオ映像だ。被写体は幼い子供。撮っているのは母親のようだ。公園らしき場所で子供を撮りながら母親は、「パパにお仕事頑張ってと言いなさい」というようなことを言っているから、単身赴任か何かの事情で離れて暮らす父親に送るためのビデオ・レターを、おそらくは撮っているのだろう。

公園は高台にあるようだ。子供の背後のずっと向こうに、街の景色が俯瞰《ふかん》で見える。よく見ると女性らしき姿も見える。カメラに気づいたのか、その女性がレンズに向かってゆっくりと手を振るような仕草をする。でも女性の姿は小さい。距離にすれば、母子がいる公園からは五〇メートル以上は離れているだろう。

……ということは、女性は宙空に浮いている、ということになる。

パソコンの前でその事実に気づくとほぼ同時に、カメラは子供の顔にズームする。どうやら撮っている母親は、女性の存在に気づいてはいないようだ。画面いっぱいにあどけない子供の顔。母親が話しかける。答えながら子供は小首をかしげる。

その瞬間、子供の顔のすぐ後ろに、もう一人の顔が現れる。さっきの女性だ。まさしくすぐ後ろ。

……この映像は強烈だった。夜中に一人、パソコンのモニターを眺めながら最後のこの瞬間、僕は思わず声をあげたかもしれない。泣きそうになっていたかもしれない（子供のころから、あまりに怖い話を聞かされるとなぜか涙腺《るいせん》が緩む傾向があった）。

女性の顔は、遠景と近景の二つとも、同じように不鮮明だった。何となく黒ずんでいて、目鼻立ちがよくわからないような印象だ。だから表情もわからない。泣いているのかもしれないし、怒っているのかもしれないし、それとも笑っているのかもしれない（これがいちばん怖い）。

髪は肩の下あたりまで伸びている。遠くにその姿が見えてから子供のすぐ後ろに来るまでにかかった時間は、たぶん二〇秒くらいだろう。全速力で走れば不可能な距離ではないけれど、遠景のときには宙に浮いていたし、そもそも子供のすぐ後ろに、全速力で走ってまでして、立たなければいけない理由がわからない。

今度はさすがに母親も女性の存在に気づいたはずだ。でも顔が現れると同時に映像は終わっている。だからこのあとに何が起きたのかはわからない。

「わからないから怖い。このあとこの母子に、いったい何が起きたのだろう。

常連客だった老人が亡くなったあと、彼がいつも来ていた時刻である四時四〇分前後に、自動ドアがひとりでに開く寿司《すし》屋が浦安にある。そんな情報を聞いて訪ねた寿司屋のカウンターで、確かに四時四〇分前後に自動ドアがひとりでに開く瞬間を目撃したあと、僕は岸山と小林を誘って、Hが心霊スポットと断言する近くの交差点に行ってみることにした。

「シャッターが押せないかもしれません」

デジタルカメラを手にカウンターの椅子から立ち上がった岸山に、Hが思い出したように言った。

「私が前に行ったときは、カメラのシャッターがなかなか押せなかったから」

「押せないってどういうことですか」

「そのままよ。指先で押すのだけどシャッターが下りないの」

寿司屋からは徒歩で五分足らず。交差点の手前で僕は立ち止まる。通りの向こうには広い敷地の墓地。身長ほどの高さの石塀から、墓石の先端が見えている。

「墓地があるのか。何だかできすぎですね」

墓地の方向を眺めながら岸山が言う。

「でもこの道路は、確かにちょっとすごいです」

そう言ったのは小林だ。交差点から大通りへと続く道路のアスファルトは、数十メートルにわたって、車が加速できないようにでこぼこに舗装されている。暴走族などがよく出没する郊外の道路などでは、時おりこんな形状のエリアを見かける。でも繁華街ではめずらしい。この交差点で事故が多いという話は事実なのだろう。

「シャッター、普通に押せますよ」

カメラを構えながら岸山が言う。

「何枚か撮っておこうよ」

小林が言う。

「何か写っていればもうけものだよ」

「何かって?」

「何かだよ」

ああ何かねとうなずきながら岸山は、交差点のいたるところにレンズを向けてはシャッターを押している。岸山がレンズを向けるその方向に、僕も何となく視線を向ける。じっと凝視すれば何かが見えてくるかもしれない。Hが言ったように、ぐったりと壁にもたれかかる複数の霊の姿。あるいはオーブでもいい。変な影でもいい。遠くで手を振るあの投稿動画の女性でもいい。

「……特に何も写っていませんねえ」

カメラを目の前にかざしながら岸山が言う。ああそうか。デジタルカメラなのだから、撮った写真をその場でチェックできるのだ。

でもならば、どうにも情緒がない。シャッターを押すときには誰もいなかったはずなのに、現像すると顔が見えるとか手が一本多いとか、そんな技が使えない。被写体である霊たちにとっても深刻な問題のはずだ。霊界ではこの時期、デジタル技術の進展に対しての策を講じねばならないとか何とか、重鎮たちが集まった霊界サミットが開催されているかもしれない。

そんなしょうがないことを考えながら(書きながら改めて思うけれど本当にしょうがない)、交差点の周囲をしばらくうろついたけれど、何も見えないし何も起こらない。まあ本音を書けば、何も見えないし何も起こらないだろうと思っている。思ってはいるけれど断言はできない。明確な述語を使えない。つい三〇分ほど前に自動ドアがひとりでに開閉する瞬間を目撃したからではない。もっと前からだ。

基本的には否定する。怪異だの心霊だのと呼ばれる現象のほとんどは、勘違いかトリックの類《たぐい》だと思っている。

ただし「基本的には」だ。すべてではない。勘違いやトリックだけでは説明しきれないことが時おりある。時おり起こる。多くの超能力者たちにかつて取材をして、その後も彼らとずっと付き合いのある自分の実感だ。もちろん超能力と心霊現象とは似て非なるものだ。でも共通する領域も大きい。

横断歩道の向こう側で、じっとこちらを見つめている中年の女性が視界に入る。どうやらさっきからずっとその場にいて、三人の男たちの不審な挙動を眺めていたようだ。

彼女はきっと何かを知っている。あるいはこの場で何かを見たことがある。

僕はそう直感した。根拠はない。でもじっとこちらを眺めている彼女の雰囲気には、明らかに何かを知っているとの気配があった。信号が青に変わると同時に、僕は彼女のもとに早足で近づいた。

「すみません。ちょっとお訊《たず》ねしたいのですが」

「はい？」

「あの、……ここで何かを見たりしたことはありますか」

我ながら間抜けな質問だ。でももし彼女が何かを見ているのであれば、この言葉足らずの質問でも、充分に意図は伝わるはずだ。

「何か……」

「変なものです」

「ごめんなさい。よくわからない」

「ここは有名な霊スポットと聞いたんです。いろんな幽霊が見えるって。そんな体験はないですか」

「ないですよ」

「まったく？」

「ええ。まったくないです」

「噂も聞きませんか」

「噂はよく聞きます。時おりこうして写真を撮りに来る人もいますね。でも、私はこの近くに住んでいるけれど、これまで一度も、何かを見たり聞いたりしたことはないです」

言ってから彼女は、そそくさと横断歩道を渡ると小走りに遠ざかっていった。何かを隠しているようだと書きたいところだけど、そんな気配はほとんどない。むしろ腹を立てているようだった。まあこの近くに住んでいるのなら、霊スポットなどと言われて、いい気分がしないことは当たり前だ。

「あの人は何か知っていましたか」

戻ってきた僕に、カメラを構えたまま岸山が小声で囁《ささや》いた。

「何も知らないって」

「見たことや聞いたことは？」

「見たことも聞いたこともないって」

寿司屋に戻れば、カウンターのHの隣に、戻ってきたばかりらしい木原《きはら》が座っている。

「パチンコはどうでした？」

訊ねる僕に、木原は「勝ちました」とにこにこ微笑みながら答える。

「焼酎《しょうちゅう》のボトルを入れます。皆さん飲んでください」

そう言ってから木原は、隣に腰を下ろした僕に言う。

「開いたようですね」

木原の質問に、岸山が「開きました」と明るい声で返答する。

「良かったですねえ。やっぱり僕たちがいなかったからかな」

そうですねとも言えず、僕は曖昧《あいまい》に首をひねる。

「まあでも、開いて良かったです。僕も案内した甲斐《かい》がありました」

「五時四〇分過ぎぐらいにもう一度開くそうです」

カウンターの端に座った小林が言う。

「いつもはね。ほぼ一時間後にもう一度開きます」

カウンターの中で寿司を握っていた店主のTが、ちらりと顔を上げながら言う。木原が大きくうなずいた。

「来てほぼ一時間後に帰る。でも今日はどうかなあ。霊に嫌われているかもしれない僕たちが来ちゃいましたからね」

言ってから木原は寿司をつまむ。やっぱりこの店の寿司はうまいなあとつぶやいてから、思い出したように横に座る僕に顔を向けた。

「『新耳袋』のコンセプトは、とにかく話を聞くことです。なぜなら多くの人は、自分が体験したことや聞いたことを、本能的に解釈しようとするんです。自分の規範や常識で。だから規範や常識から逸脱した要素は刈り取られる。あるいは誇張される。つまり演出されてしまう。例えばオカルト的なことにどっぷり浸《つ》かっている人なら、背後霊とか守護霊などと解釈しようとする。あるいはそんな存在など絶対に肯定する気がない人は、錯覚とかで処理しようとする。伝聞を重ねることで、この傾向はさらに大きくなります。だから僕は解釈をしません。とにかく聞くことに集中して、それをそのまま文字化します。伝聞ではなく実際に体験した人から聞くことが原則です。現場とかにもほとんど足を運びません。検証とかそういうこともしません。とにかく聞くだけです。でもそれだけでも、いろいろと面白いことがわかってきます」

スイッチを入れたICレコーダーを、岸山が僕と木原のあいだのカウンターの上にそっと置いた。そのレコーダーにちらりと視線を送ってから、木原は言った。

「デジタルですか。注意したほうがいいですよ。僕はアナログを使います。つまりカセットテープです」

「なぜですか」

「こういう現象のインタビューを録《と》ろうとするとき、デジタルはなぜか、確かにスイッチを入れたはずなのに録れていないとか、あるいは消えてしまうとか、そんな事故が多いんです。相性が悪いのかもしれません。宮澤《みやざわ》ミシェルさんって森さんはご存知かな。元サッカーの全日本代表です。今は解説者。以前ね、彼と僕の事務所で対談したことがあるんです。このときはICレコーダーで録音しました。ところが再生したら、別の人の声が入っていたんです」

「どんな声ですか」

「女性の声です。いきなり『いたあい』って。そのあとに赤ん坊がオギャアオギャアと泣くような声」

「いたあい？」

「痛みを訴えているのだと思います。つまり痛あい。微《かす》かに聞こえるとかそんなレベルじゃないですよ。とてもはっきりと」

「それは僕も聞かせてもらいました」

ビールジョッキを片手にした小林が言う。木原がうなずいた。

「はっきりだよな？」

「はっきりです。いたあいって。それと赤ん坊の泣き声」

「でも僕とミシェルさんは、まったく気にせずに対談を続けています。つまりそのときは、何も聞こえていないんです」

「……以前に録音した音声が残っていたとか？」

「技術的にありえないです。専門家にチェックしてもらいました。NHKの音響担当の人です。聞いた瞬間に、『ああ、これはこの世のものじゃないです』とあっさり言われました」

「聞いた瞬間に？」

「ええ」

「なぜわかるのだろう」

「僕もその場で質問しました。なぜそんなにあっさりと『この世のものじゃない』などと言えるのかって。すると、『このレコーダーの内蔵マイクは〈なんちゃってステレオ〉なんです』って彼は説明してくれました」

「なんちゃってステレオ？」

「要するに一応は左右のトラックに分けて録音する内蔵マイクです。でも現実にはほとんど左右に分かれません。内蔵マイクですから指向性が高くない。左右どちらのトラックにもほぼ同じ音量で録れることが普通です。ところがその『いたあい』と赤ん坊の泣き声は、左側のトラックにしか入っていないんです」

そう言ってから木原は、思い出したように目の前の寿司《すし》をつまんで口に入れた。

「普通ならそんな芸当はできません。だからそのエンジニアは、この世のものじゃないって、あっさり断言したんです。データは事務所にありますよ。もしご興味があるなら、今度お聞かせします」

「……そんな体験は多いでしょうね」

「話を聞くことだけに専念していますけれど、でも正直言って自分自身の体験も決して少なくはないです。あまり言わないようにしていますけれど」

僕は顔を上げた。木原の後ろの自動ドアが、ゆっくりと開き始めていた。でもそこには誰もいない。

「……開いています」

視線を固定させたまま、岸山がぽつりと言う。木原とHは後ろを振り向いた。開ききったドアは、ゆっくりとまた閉じた。数秒の沈黙。

「……出て行きました」

息を吐き出すかのように木原が言う。僕は壁の時計を見上げる。五時五〇分。「今日はいつもより一〇分だけ遅かったなあ」とTが事もなげに言う。

「お化けの話をしていたからですかね」

Hが言う。

「聞いていたのかもしれないですね。いやあ、でもよかった。僕たちも初めて実際に見ました。今日はまた来るかもしれません」

木原が言う。

「また来る？　なぜそう思うのですか」

そう訊《たず》ねる僕に、木原は「何となくそんな気がします」とだけ答える。納得できない。もう一度理由を訊《き》こうとする僕に、木原は逆に質問してきた。

「森さんはいろいろ見たり聞いたりしているのですか」

「超能力ならともかく、心霊とかお化けとか、その類《たぐい》はほとんどないです。でもYouTubeで最近、とても怖い映像を観ました」

「どんな映像ですか」

僕は木原に説明した。母が撮る幼い息子のビデオ。遠くで手を振る女性の姿。次の瞬間に女性は、その子供の背後に移動している。子供が首をかしげたその瞬間に、後ろに顔が現れる。

「滑り台が映りこんでいる映像ですよね」

「ええ、公園みたいなところで」

「ならば『ほんとにあった！呪いのビデオ』ですね」

あっさりと言ってから、木原はタバコをくわえる。少し間を置いてから僕は言う。

「……意味がよくわからないのですが」

「作りです。DVDで販売されています。そこに収録されている映像です」

「DVDで販売？」

「確かによくできていましたね。でもあれは作りです。誰かがどいたり動いたりした瞬間に後ろにいる何かが見えるというこの手法は、『ほんとにあった！呪いのビデオ』でよく使われるテクニックです」

僕はしばらく言葉がない。だってあれほど怖かったのに。「まあとにかくこのジャンルは、すさまじいくらいに玉石混淆《こんこう》です」と、木原が気落ちした僕を慰めるようにつぶやく。気落ちすることも変だけど、でも実際にがっかりしたことは確かだ。

「だからこそ僕は、無理な解釈はしないように心がけています。基本的には、霊能者とかあのあたりの人たちが言うことは信用しません。背後霊だとか地縛霊だとか言われても誰も反証できない。証明できないことなら僕にだっていくらでも言えます。いわゆる映像も同様です。心霊写真とかの類はほとんどがフェイクです。でもたまに、これはやっぱりありえないだろう、というものがある」

「ありますか」

「ありますよ。最近ではテレ朝で放送された『霊感バスガイド事件簿』とか。ご存知ないですか」

「知りません。テレビドラマですか」

「霊感をテーマにしたオカルト・ミステリーです。この第三話に、明らかに霊らしきものが映っています。放送後にかなりの騒ぎになって、テレ朝の心霊番組で放送しようとしたら、そんなことで話題にしたくないからという理由で番組関係者が断ったそうです。このドラマのDVDには、そのシーンがそのまま収録されています」

木原が言い終えた瞬間、自動ドアが再び開いた。ゆっくりと。やっぱり誰も現れない。全員は無言だった。無言のまま同じ方向を見つめていた。やがてゆっくりと自動ドアは閉じた。僕は時計を見上げる。六時一〇分。

「……また来た」

Hが小声で言う。木原がうなずいた。

「大サービスですね」

「三回開くことってありますか」

カウンターの中のTは首をひねる。

「いやあ。三回ってあまりなかったと思いますよ」

「来て、帰って、そしてまた来たということですね」

岸山が言う。

「かもしれない。でも二人で来て一人ずつ帰ったという可能性もありますね」

木原が言う。ああなるほどと岸山がうなずく。

「ここで二人が待ち合わせをして、いま一緒に帰ったとも考えられる」

僕は言う。

「要するに何でもありですね」

小林が言う。僕は生ビールをお代わりする。今日はもう寿司とビールに専念しようと思ったのだ。なぜもう一回扉が開くかもしれないと木原が思ったのかについては、もし訊いたとしてもやはり、「何となくそんな気がしたんです」と言われるだけだろうとの予感はあった。でも訊いた。木原は答えた。

「ああ。何となくそんな気がしたんです」

自動ドアのセンサー方式は、大きくは熱線と光線、そしてマイクロウェーブの三通りがある。熱線センサーは、その検出エリア内の床面に人が立ったとき、床面と人のあいだに生じる温度差を感知して反応するタイプだ。光線センサーは、検出エリア内に人が入ってきたとき、それまで床面を照らしていた光の量や反射の角度が変わることで反応する。そしてマイクロウェーブセンサーは、検出エリア内に入ってきた人やものが動くことによって、センサーが放出するマイクロウェーブの周波数変化を感知して反応するタイプだ。

浦安の寿司屋の自動ドアセンサーは、光線センサーの一種である近赤外線方式だ。通称「暖簾《のれん》センサー」と呼ばれるこのタイプは、センサーの投光部より近赤外線を照射し、受光部が一定以上の反射光を受光した際に反応するシステムになっている。設置距離（使用範囲）は一・五メートルで、使用周囲温度はマイナス二〇度からプラス五五度まで。

後日、メーカーに連絡した。毎日同じ時刻に開閉するという誤作動は、タッチセンサー方式（ボタンを押して開ける方式）の場合に稀《まれ》にあると説明された。なぜならボタンを押すことによって飛ばした特定周波数の電波を受信機が受信してドアが開くタッチセンサー方式は、同じ周波数の電波を受信してしまったとき、ボタンに触れなくても勝手に開いてしまうのだ。

また光線センサーの中に小さな蜘蛛《くも》や蛾などが入り込んでしまった場合、光線が遮断されるので、何らかの弾みに開閉するという現象が時おりあるという。しかしこの場合は当然ながら、ドアが開閉する時刻は定まらない。

つまりメーカーの回答は、「毎日同じ時刻に開閉するという誤作動は、このセンサーの場合、メカニズム的にはありえない」とのことだった。

「時おりこういう相談があるんです」

担当者は言った。

「勝手に開くのだけど、どうしても理由がわからない。業界ではこれを、『幽霊現象』と呼んでいます。もちろんそう呼んでいるということだけです。べつに幽霊ではないと思いますが」

礼を言って電話を切ってから考える。もしも誤作動ではないのなら、センサーは検出エリア内に現れた何かに反応したということになる。そしてその何かは、赤外線を反射する存在であるということになる。

赤外線は可視光線ではない。でも赤外線カメラなどを使えば撮ることはできる。ならばあのセンサーの横に赤外線カメラを設置して、ドアが開くその直前を撮ったとしたら、いったい何が映りこんでいるのだろう。

本を出すまでに、これを試すかどうかはまだ決めていない。いざ試したとき、結局は開閉しなかったとか、何らかの形で失敗する確率は高いだろうと予測している。

つまりこれもまた羊・山羊効果であり、見え隠れ現象であり、サイ・ミッシングだ。撮ろうとするといなくなる。視線を逸《そ》らせば小出しにまた現れる。ちらちらと。その繰り返しだ。

結局はわからない。断定できない。曖昧《あいまい》なままだ。やっぱりらちがあかない。でもこのままでは終われない。少しだけでも明確にしたい。とにかく試してみよう。足を踏み出さないことには進まない。

実は数ヵ月後、ダウジングの堤裕司と共に赤外線カメラなどいろいろ機器を持ち込んで(堤は機械マニアでもある)、かなり大がかりな検証を実践した。結果はやはり空振り。その日に限って、自動扉はまったく開かなかった。微動すらしなかった。見事すぎて書く気にもなれない。だからこの章はここまで。

第一〇幕「これで取材になりますか」雑誌編集長は問い質した

「じゃあ出発します」

言ってからアクセルを踏み込む秋山眞人に、助手席に座る北村肇《きたむらはじめ》が、「今から行く霊園は、秋山さんも初めての場所なのですか」と訊《たず》ねる。

「八柱《やはしら》霊園ですか。初めてです。噂はたまに聞きますけれど」

「意外ですね」

「ここに限らず、出るとか見えるとか噂されているような、いわゆるオカルト・スポットにはあまり行きません。なぜ行かないのかとよく訊《き》かれますが、行く理由もないのに、わざわざ足を運びたいとは思わないですよ」

「日常的に見えるのに?」

後部座席から僕は訊く。実は秋山とは、もう何度も交わしているやりとりだ。だからどちらかといえば、北村と岸山に、秋山の答えを聞かせるための質問だ。もちろん秋山も心得ているから、「その話は前にしましたよね」などとは絶対に言わない。ちらちらとナビの画面に視線を送りながら、大きくうなずいた。

「日常的に見えるからこそ、わざわざ怖いところには行きたいとは思いませんよ」

はあなるほどとうなずきながら隣の座席に座る岸山が、「確かにそうですよね。生粋の東京生まれの人はわざわざ東京タワーに登らないですから」と言う。

「……それ、ちょっと違うような気がする」

首をかしげながら言った僕に、岸山は「そうですか」と言いながら、何となく不満そうだ。最近少し増長気味だ。このあたりで一発ヤキを入れたほうがいいかもしれない。

「やっぱり秋山さんでも怖いんですか」

北村が訊く。

「いやいや、そういうわけでもないんですが……」

ハンドルを握りながら、秋山は相変わらずにこやかだ。

「霊といっても、当たり前ですがその前は生きている人です。その意味では僕たちとはあまり変わりません。怖い霊なんてめったにいないですよ。ただまあ、生きている人にだって暴力団関係者がいるように、気が短いとか荒っぽいなどの霊はいますから、そういう霊たちが集まっている場所にはあまり行かないようにしたほうがいいですよね。好きこのんで暴力団の事務所に行くことはないでしょう?」

「テレビなんかでよく、悪霊の祟《たた》りとか除霊とかやっているじゃないですか」

北村が言う。その表情は真剣だ。

「まあ、はっきり言えば茶番が多いです。元は自分たちと同じ人間なんだと考えれば、そんな凶暴で危険な霊ばかりいるはずがないんです」

「邪悪な霊に会ったことはないですか」

「二回だけあります」

「どんな霊ですか」

「真っ黒です。その中心に目のようなものがある。念を押すけれど、そのように僕には見えたということです。それが実体かどうかはわかりません。とにかくとても禍々《まがまが》しい。でもそんな危険な霊に遭遇することはめったにないです。世の中に凶暴な人がまったくいないわけじゃないけれど、そんな人に遭遇することを気にして道を歩く人はいないでしょう？　それと同じです。霊だって基本的には、誰かのためになりたいと思っていますから。それは生きている人も死んでいる人も変わらない」

なるほどとうなずく北村に、岸山が「北村さん」とあらたまった口調で話しかける。

「何ですか」

「あの、今日のこの取材は、森さんが本に書くことを前提としています」

「ええ」

「つまり北村さんが今日言ったりやったりしたことは、森さんによって書かれるかもしれません」

「しれませんじゃなくて、掲載が前提ですよね」

「はい。その確認です」

「何の確認でしょう？」

「つまり、北村さんのお立場です」

横から僕が言った。北村がすでにOKしていることは知っている。でもかつては毎日新聞社会部の敏腕記者で新聞労連委員長や日本機関紙協会理事長などを兼任し、『サンデー毎日』編集長の時代を経て今は『週刊金曜日』編集長（現社長）である北村肇が、オカルト取材に同行することを外部に公表されることについて、どのような心的葛藤《かっとう》があるのか（あるいはないのか）については、僕も興味があった。

数秒だけ間があった。北村は考え込んでいるようだ。藪《やぶ》を突《つつ》いてしまったかもしれない。そう思いかけたとき、北村が言った。

「全然まったく大丈夫です」

「本当に大丈夫ですか」

僕は言う。我ながらしつこい。そしていやらしい。ああそうですかとうなずいておけばいいのに。生来のねじ曲がった性格にドキュメンタリーを撮影していたときの習性も加わって（つまり困ったような表情を撮りたくなるのだ）、こういうときはどうしても、相手を刺激したり挑発したりしたくなる。

「だって北村さん、左翼でしょう？」

僕のこの質問に、北村は助手席から振り向いた。少しだけ驚いたように目が見開かれている。

「僕は左翼ですか？」

「北村さんの今のポジションと経歴は、どう考えても左翼ですよ」

「仮にそうだとして、左翼がお化けの話をしてはいけないのですか。ああそうか。唯物史観ってこと？」

「妖怪《ようかい》までならマルクスも容認するかもしれませんね」

言おうとしていたギャグを担当編集者（岸山）に先に言われて、作家（森）は明らかにむっとした。やっぱりヤキを入れねばなどと考えている。我ながら度量が狭い。北村は「ははは」と笑う。

「共産党宣言ですか。僕は少なくともマルクス主義じゃないから。だってそれを言うなら、オカルトを取材し続けている森さんこそ左翼でしょう？」

「僕が？　マルクス・エンゲルスどころか丸山眞男《まるやままさお》もまともに読んでいないし、プロレタリアート独裁や世界同時革命なんて信じてもいない。それでも左翼ですか」

「最近の風潮としては、反体制派イコール左翼なんです」

「右翼はオカルトに相性がいいのでしょうか」

岸山が言う。

「なぜ?」

「だって八百万《やおよろず》の神ですから」

「オカルトかどうかはともかく、天皇が現人神であるとの前提に立つのなら、確かに神道とは相性がいいですよね」

北村が言い終えると同時に、とつぜん秋山が素《す》っ頓狂《とんきょう》な声をあげた。

「あれえ」

「どうしたんですか」

岸山が言う。

「ナビがね、何か混乱しているみたいなんですよ。同じ場所に来ちゃった」

岸山が窓から外を見る。

「本当だ。また九段《くだん》に来ている」

「とっくに高速に乗っていていいはずですよね」

「それでね、また同じ方向に誘導しようとしているんです」

僕と岸山と北村はナビの画面を見つめる。確かに誘導を示すナビの青い線は、ぐるりと回ってまた同じ場所に来させようとしている。明らかにおかしい。

「再検索したらどうでしょうか」

結果は同じだった。やはり高速に乗せようとはしない。九段の周囲を回らせたいようだ。

「強引に乗っちゃいましょうか」

「いや。……何か理由があるのかもしれません。こういうときは逆らわないほうがいいような気がします」

僕は腕の時計を見た。時刻は六時を回っている。そもそも僕が集合時間に遅刻したうえに、ここでまた小一時間のロスだ。このままでは今日の八柱霊園の探索は難しいかもしれない。

ひとりでに扉が開く浦安の寿司《すし》屋を取材したとき、店を紹介してくれた木原浩勝《きはらひろかつ》のスタッフHから、お化けが当たり前のように存在する場所として、千葉県松戸《まつど》市に所在する八柱霊園を教えられた。Hはかつて、この周辺の高校に通っていたという。

「街角でもよく見かけましたよ。当たり前のようにいます。だからあの辺りに住んでいる人は、お化けが特別なものとは思っていません」

いくらなんでもそれはないだろうと思いながらも、ネットなどで調べてみると、都内有数の心霊スポットであることは確かだ。東京の人口増大に対応する霊園として昭和一〇年に開園された八柱霊園の面積は、東京ドーム二〇個分に相当する一〇五ヘクタール。園内には西條八十《さいじょうやそ》や嘉納治五郎《かのうじごろう》などの墓がある。Ｇｏｏｇｌｅで「八柱霊園」と「心霊」のふたつの言葉で検索したら、ヒット数は約四九〇〇件。その多くは、園の中の四区と一三区で、霊を目撃したとか奇妙な音を聞いたなどの書き込みだ。そのいくつかを紹介する。

例の一三区は無縁仏のお墓がある区域だそうで？（私は行った事がないのでよくわかりませんが）友達の一人は若かりし頃、仲間数人と肝試しに行って白いワンピース？を着た女性の霊に取り憑《つ》かれたそうです。（中略）「あそこはおもしろ半分で行ったら絶対危険！　行かない方がいい」と二人の友達に同じ事を言われてしまいました。

13区に無縁仏の墓が在り、ここでお化けの類《たぐい》がでるとかかれているが。当の13区には無縁仏は無く4区にあり、ここでよく女性の幽霊が目撃されている。この事実、意外と知られていない。

そして噂の13号地に来ました。坂を降りて降りきった瞬間女の人のうめき声が耳元で聞こえました。（中略）左半身がない霊に追いかけられていて、出口の坂道を下っているとき無数の霊が追いかけてきてました。そして柵《さく》を降りようとしたとき無数の霊のうめき声やら叫び声が聞こえてきました。

八柱霊園の13区には幽霊が頻繁に出没するとか言われてて、（中略）その指の先を見ると……大きな松のテッペンに白い着物を着て、黒髪を風に靡《なび》かせ、青白い顔をした女がこちらをジィーっと見ていたそうです。

みんな一瞬金縛りに遭ったように動けなかったそうです。不思議な事に何十メートルも離れたところに生えている松の木のテッペンに立っているその女の顔は、ハッキリ見えたそうです。やがて一人の男の子が『ギャーッ』と叫んだ瞬間、体が動くようになり、みんな走ってその場を去ったそうです。

脈絡なく引用したけれど、幽霊目撃の体験談としてはいずれも古典的だ。でも四区と一三区はやっぱり気になる。結局は高速を使わずに一般道を走り、八柱霊園に到着したのは午後七時。やはり閉園時間は過ぎている。何しに来たんだろうと我ながらあきれる。でも今さらじたばたしても仕方がない。そういえば少し空腹だ。霊園の正門すぐ傍にあった海鮮風のレストランで、四人はまず腹ごしらえをすることにした。

「北村さんはいつからこういうジャンルに興味を持ち始めたのですか」

僕のこの質問に、北村はビールジョッキを片手にしながら、「大学時代です。ゼミで京都に行ったとき、古いお寺を訪ねたんです」と答える。

「一人で散策していたら、境内にあった石の地蔵が、とつぜん話しかけてきました」

「何と言って話しかけてきたんですか」

「具体的にはわからない。でも確かに何か言っている。家に帰ってから知ったけれど、家は代々、地蔵信仰なんです。確認すると家族はみんな、四か一四か二四日に生まれるか死ぬかしている。要するに地蔵の縁日の日です。そのころからですね。何となくそういう世界はあるのかなという感じになってきた。その前はそれこそ唯物論者でした」

「でも、霊の存在が唯物論を否定するかといえば、一概にそうとは言い切れない。だって霊が物質的な存在ではないということを、なるほど確かに、まだ誰も証明できていないわけですから」

ウーロン茶を飲みながら秋山が言う。

「たとえば、お浄《きよ》めとか除霊とかではよく塩を使いますよね。塩とは塩化ナトリウムです。要するに物質的な存在。それが何らかの効果をもし及ぼすのなら、霊的な現象とはすなわち物質的な現象であるとの仮説も成り立つわけです。僕は以前、古い日本地図に三角形がいくつ入るかを研究している霊と交信したことがありますよ。つまり和算の研究家の霊です」

「……その場合の地図は？」

僕は訊《き》く。

「普通に持っていましたよ。もちろん霊的な存在です。霊がそこにあると思うからある。量子論的な存在であり、非ユークリッド的な実在です。霊と数字ってなぜか相性がいいんです」

「物質的な存在で思い出したけれど、霊魂に重さがあるという説がありますよね」

北村が言う。

「三五グラムと言われていますね。死ぬ瞬間に体重がそれだけ減ると。ありえるとは思います。まあでもこればっかりは、なかなか実験で確かめられないですよね」

うなずきながら岸山が言った。

「そろそろ行きましょうか。霊園の中は無理かもしれないけれど、周辺だけでも歩きませんか」

霊園を囲む舗道を歩きながら、「禍々《まがまが》しい感じはありませんね」と秋山は言った。そのすぐ横を歩いていた北村が、顔を秋山に向けながら、少しだけ残念そうに言う。

「ありませんか」

「ありませんね。とても浄化されている。まあ霊園ってそもそもそういう存在ですから」

そう言ってから数分後、秋山はふと足を止める。

「……ああ。ここは賑《にぎ》やかだなあ」

もちろん賑やかな理由は、人が大勢いて大騒ぎをしているという意味ではなく、霊がたくさん集まっているという意味だ。まあでも、普通ならこの形容詞は使わないだろうな。

北村が確認する。

「感じますか」

「感じだけじゃないです。外見的な特徴もあります。感じだけなら、霊能者に見えるとか感じるとか言われたら、ああそうですかと言うしかないですよね」

「どんな特徴ですか」

僕は訊く。岸山はすぐ横で、秋山の視線の方向に、必死でカメラのレンズを向けている。

「墓園はもともと湿気の多い土地に造られます。つまり地下水が豊富な場所です。そういうポイントには霊が集まりやすい。だから昔から、怪談と水はつきものです」

「確かに、沼とか井戸とか」

北村がうなずいた。

「そこの塀の色を見てください。急に黒くなっていますよね。水分が土中から滲《にじ》みだしているんです」

「他には？」

「その塀の内側、生えている樹木の枝がくねくねと折れ曲がっているでしょう？　あれも特徴です。何らかの力を受けるんですね。葛《くず》の葉がそこから急にからまっています。手とか顔とか、外気に触れている箇所がひんやりしませんか？　ちょうどここから、湿度が急に変わっています。植生である程度は判断できるんです。たとえば神社とかお寺とか、そういう場所によく植えられるのはイチョウと柿と桜です」

「ご神木ですね」

「歴史的に権力者は滅ぼされることが多いので、墓をあまり造れないんです。だから木を植える。木に（魂が）宿ります。イチョウの場合は雌木です。気根の中には、水がたっぷりと蓄えられています」

「森さん」

近づいてきた岸山が、小声で話しかけてくる。手には霊園の地図。

「ちょうどこのあたり、ネットでよく書かれている四号の裏ですよ」

「何かあるんですか」

秋山が言う。

「ネットなんかでよく書かれている八柱霊園のスポットは、四号と一三号なんです。秋山さんが言うその（塀の向こうの）藪《やぶ》の中は、地図を見ると、ちょうど四号の裏になります」

「四号と一三号って、いかにもな数字ですね。あまり信憑性《しんぴょうせい》はないと思うけれど」

言いながら少し歩きかけた秋山が、また足を止める。

「やっぱりここは強いなあ」

その顔は、塀の向こうの藪の中の一点を向いている。

「確かにこの場所はひんやりするよね」

北村が言う。

「北村さん、この体験を『週刊金曜日』に書かないんですか」

僕は言う。

「読者から怒られちゃいます。金曜日の読者は真面目ですから」

「僕たちだって真面目です」

「こっちに来ます」

秋山がぼそりと言った。その言葉に、へらへらと笑っていた三人は真顔になった。

「来る？　霊がですか？」

「ええ。一人じゃないです。何人もいます」

「どこにいますか」

「塀の上の木です。すぐそこにいます」

『週刊金曜日』の編集長と角川書店の編集者と映画監督兼作家の三人は、しばらく塀の上の木を凝視する。小声で「見える?」とか「見えません」などと言い合いながら。四人の年齢を平均すれば(たぶん)五〇前後だ。もしも否定派の学者や保守派の論客がここにいるのなら、こんな奴らが日本の文化をダメにするのだとかカルトがはびこる要因はここにあるとか左はやっぱりクルクルパーだとか、いろいろ言われるのだろうな。

「軍人ですね」

じっと梢《こずえ》を見つめながら秋山が言う。

「みな軍服を着ています。第二次世界大戦ではないですね。もっと前です。第一次世界大戦かな。まだ汚れていません。きれいな軍服です。サーベルを下げています。陸軍かな」

そこまで言ってから秋山は、「……トアケ、ムトウ」とつぶやいた。

「何ですか」

「たぶん彼らの名前です。トアケさんとムトウさん、あとはちょっと聞き取れない」

「そう名乗っているんですか」

「ええ」

「彼らはこっちを見ているんですか」

訊きながら岸山は、カメラのレンズを秋山の視線の方向に向ける。

「フラッシュは焚《た》かないほうがいいよ」

僕のそのアドバイスに、秋山は「彼らは大丈夫ですよ」と言う。

「大丈夫ですか」

岸山が確認する。

「ええ。敵意とかはまったくないですから。写らないとは思うけれど」

うなずきながら岸山はシャッターを押す。担当する作家をたてようとかの気持ちはさらさらないようだ。やっぱりヤキを入れなくては。

「秋山さん、……彼らは、……こっちを見ているんですよね？」

北村が言う。言葉が何となく詰まり気味になる理由は、彼らがこちらの言葉を聞いているかもしれないとの思いがあるからだろう。それは僕にもある。何となく会話しづらい。

「ええ。見ていますよ。近づいています」

「今どこにいますか」

カメラを構えながら岸山が言う。声のオクターブが上がっている。三人のそんな様子を眺めながら僕は、映画『エイリアン』を思い出していた。

一作目がヒットしてシリーズ化された作品だけど、シリーズものの定石どおり、二作目以降はただのアクション映画になってしまった。でも一九七九年に製作された一作目の完成度は高い。テーマも深い。劇場公開のときは、少なくとも二回以上は、劇場に足を運んだはずだ。ビデオ化されてからも何度も観た。

宇宙貨物船ノストロモ号は、他恒星系から鉱石を搭載して地球へ帰還する途中、無人のはずの惑星からの電波信号を受信する。その惑星LV—426に降り立ったクルーは、化石化した他文明の宇宙船と、巨大な卵のような無数の物体に遭遇する。無警戒に卵に近づいた航海士ケインは、その卵から生まれた何ものかに襲われる。

クルーたちはあわててノストロモ号に戻り、この惑星から離脱する。しかしケインの体内に寄生した未知の生きものは、体内で成長を続けていた。数日後にケインの胸部を食い破った生きものは、そのおぞましい姿をクルーたちの前に現すが、次の瞬間には信じられないほどの敏捷《びんしょう》さで、ロケット内のどこかへと隠れてしまう。

クルーたちの恐怖の時間はそれから始まる。天井裏やダクトの陰に潜むエイリアンは、なかなかその姿を現さない。小型レーダーのような探索装置で潜んでいる場所は特定できるが、肉眼ではどうしても発見できない。

つまり見えない。

武器を手にロケット内でエイリアンを探索するクルーたちの恐怖は増大する。一人、また一人と襲われ、頭から食われ、彼らはほとんどパニック状態だ。ひっそりと闇に潜むエイリアンはクルーにとって、まさしく純粋な悪意であり、圧倒的で畏怖《いふ》するほどの暴力的実在だ。

おびえたクルーたちはロケット内の暗い通路を走り回りながら、司令室で探索装置を見つめるクルーからの通信に絶叫する。

「教えろ！　今どこにいる？」

「すぐそこだ」

「どこだ」

「近づいている！」

「見えない！」

「おまえの頭の上だ」

「見えないんだ！」

「早く逃げろ！」

　そのとき秋山が言った。とても普通に。

「いま触ってきました」

　岸山が声をあげた。大仰なやつだと思いながら、僕もちょっとだけ声をあげそうになった。

「ど、どこにですか」

　北村が言う。やっぱり少しだけうわずっている。元新聞労連委員長のくせに。

「ここです。僕の袖《そで》に触ってきました」

「な、なぜ触るんですか」

「落ち着くみたいですよ」

「僕たちがですか」

そう訊《き》く岸山に、「違うよバカ」と僕は言う。

「何で僕がバカなんですか」

「バカだからバカだ」

「バカと言う人がバカです」

「よく触りたがるんです。そういう体験談は多いですよ。寝ている胸の上に乗ってきたとか、顔をすり寄せてきたとか。驚かしたり危害を加えようとかの意図はないようです。単純に生きている人に触りたいようです。今少し風が吹いたような気がしませんでしたか。触られた瞬間です」

「つまり今、ここにいるんですよね」

「います」

「軍人が」

「はい。とてもきれいな軍服です。サーベルも軍靴もぴかぴか。従軍していない人たちかもしれないな」

「つまり、……足はあるんですよね」

岸山のこの質問に、秋山は苦笑しながら「もちろんありますよ」と答える。やっぱりバカだと言ってやろうかと思ったとき、「帰り始めました」と秋山が言った。

「満足したんですか」

「満足というか、まあこいつらいったい何しに来たんだって感じで、集まってきたんだと思います」

「秋山さんが見えていることは、彼らにはわかっている？」

「わかっているでしょうね」

四人はもう一度歩き始める。岸山は何度も振り返りながら写真を撮っている。一〇分ほど歩いたとき、「ここもちょっと賑《にぎ》やかですね」と秋山が立ち止まる。

「やっぱり感じますか」

北村が訊く。

「ええ。でもさっきのほうが強いです」

地図を手にしながら近づいてきた岸山が、「ここは一二号と一三号の境目です」と小声でささやいた。

「ここにあるのは何でしょう？」

横から地図をのぞき込んできた秋山が、一三号区画のそばにある四角いマークを指で示す。

「ため池のようです」

「ああそうか。ため池か。四号区には納骨堂もそばにありますね。ため池に納骨堂。だから集まるのかもしれませんね。四とか一三とかの数字は偶然だと思うけれど」

そう言ってから秋山は、もう一度「そうか」とつぶやいた。

「神保町《じんぼうちょう》から高速に乗ろうとして、何度も同じところを回りましたよね」

「ええ。九段ですね」

岸山が言う。

「それが何か？」

「靖国《やすくに》です」

数秒の静寂。ああなるほどと岸山が感極まったように声をあげる。

「つまり、さっきの軍人たちですか」

「そういうことでしょうね」

「でも僕たちがここに来ることを、なぜ知っていたのでしょう？」

「彼らの世界はこちらの世界と位相が違うんです。空間だけじゃなくて時間軸も。未来と過去が融合しています。だからあたかも何かを予知しているかのような、あるいは何かを先取りしているかのような現象がよく起きます。いわゆるシンクロニシティですね」

書きながら今は思う。もし軍人たちが、僕らが八柱霊園に行こうとしていることを事前に知っていたとしても、靖国神社の周囲を徘徊《はいかい》させた理由は何なのか。軍人と靖国との符合で何となくそうかと合点してしまったけれど、でもよくよく考えれば、だからといって靖国の周囲を徘徊させたその理由は、実のところよくわからない。自分たちの都合の良い時間に来させるためだろうか。でもお化けたちがそれほどに忙しいとは思えない。未来と過去が融合しているのなら、時間軸のあいだを行き来することも自在のはずだ。

なぜそのときに秋山眞人に確認しないのだと読者には思われるかもしれない。でも（決して言い訳ではなく）、そのときには思いつかない。この領域には、なぜかそんなことがとても多い。後から考えれば、なぜあのときに異常に思わなかったのだろうとか、なぜ確認しなかったのだろうとか不思議になるけれど、そのときはなぜか、普通であるかのように感じてしまう。

この理由の一つは、やはりその渦中において、夢うつつであることが多いからだろう。体験した本人にとっては客観的な事実であっても、実のところは意識が覚醒《かくせい》していないときに見たり聞いたりした姿や音である場合がとても多い。多いけれど全部とは断言できない。少なくとも今回は夢うつつではない。やっぱりまたも、悩ましい迷宮だ。

来た道をもう一度戻る。四号の裏をまた通ったけれど、軍人たちの姿はもう見えないようだ。

「そろそろ帰りましょうか」

秋山が言う。

「森さん、これで取材になりますか」

北村が訊いてきた。やはりジャーナリストとしては、気になるところのようだ。

「ちょっと難しいですね」

僕は言う。

「だから岸山を置いてゆきます。一三号区の中の木に縛りつけて、一晩過ごさせます」

「ああ、それはいいですね」

秋山が笑う。たぶんジョークだと思っているのだろう。

「勘弁してください」

岸山が真顔で言う。声には明らかに怒気が含まれている。

「朝には引きとりに来てやるよ」

「絶対に嫌です」

「まあ冗談だから」

そう取りなそうとする北村に、岸山は「いや、森さんは本気です。そういうことを平気でできる人です」と言う。もちろん本気だ。たっぷりヤキを入れてやる。一晩中恐怖にさらされて、悲鳴をあげればいい。

そのときふと、『エイリアン』一作目のキャッチフレーズを思い出した。

「In Space No One Can Hear You Scream.」(「宇宙では、あなたの悲鳴は誰にも聞こえない」)

第一一幕　「僕はこの力で政治家をつぶした」自称〝永田町の陰陽師〟は嘯いた

受付で記帳を済ませて会場に入る。藤井孝男《ふじいたかお》自民党参院議員（二〇〇九年時）の挨拶《あいさつ》が、たった今終わったところだった。会場に集まっている人たちは全部で一〇〇人ほど。小さな壇上には花輪と故人の写真、そしてなぜか、古い革製の手提げ鞄《かばん》が置かれている。見覚えがある。故人愛用の鞄だ。

少しだけ俯《うつむ》きながら会場の隅に足を運ぶ。周囲から視線を向けられているような気がして仕方がない。親密な集まりに紛れ込んでしまった部外者のような感覚だ。

……部外者のような感覚と今書いたけれど、故人の冥福《めいふく》を祈るためのこの集まりで僕と岸山は、実際に紛れ込んでしまった部外者だ。故人とは一年近く前に一度しか会っていない。それも取材目的だ。そして今日も会場に来たのは、故人の冥福を祈るためではなく、やっぱり取材目的だ。後ろめたい。不謹慎のレベルではない。罰が当たってもおかしくない。

「藤井さま、ありがとうございました。それでは次に、故人とはやはり親交がございました森英介《もりえいすけ》先生から、お言葉をいただきたいと思います」

司会からハンドマイクを手渡された森英介自民党衆院議員は、「不思議なことに私と故人とは、共通の友人が多かったのです」とまずは言った。

「浜松町《はままつちょう》の世界貿易センタービルで開業しているNさんという女医さんがいらっしゃいます。私は国会議員になる前は川崎重工という会社に勤めておりまして、その本社がこのビルにあります。そのNさんが、冨士谷《ふじたに》さんを囲む女医さんのグループのメンバーということで、……定期的に冨士谷さんの話を、女医さんのみなさんで聞いていたそうです。……で、僕はその、……冨士谷さんのいわゆる、霊能力みたいなものについては、あまり信用していなかったのですが（会場苦笑）、その、Nさんに言わせれば、……彼女はちゃんとしたお医者さんなんですが、彼女が言うには、自分は間違いなく冨士谷さんがガンを治すのをこの目で見たと仰《おつしや》っていて、……私自身はそういった霊とか超能力とかについてはほとんど体験がないのですが、……そういったことは確かにありました。よく私の事務所にも遊びにいらっしゃっていて、……とても頻繁でして、……まあ正直、『また来たの？』みたいな感じもあったのですが（会場爆笑）、……でもお亡くなりになったということを聞いたときは、事務所のもの全員が、ぽっかりと胸に穴があいたというか、がっくりきたというか、そんな感じになってしまいました。

私はよく冨士谷さんから、だらしないやつだと叱咤《しった》されていまして、……藤井先生の場合は、その叱咤が効いて、(自民党の)総裁選に出られてご苦労なさいましたが(会場笑)、私の場合はいつも叱咤されるばかりで、でも冨士谷さんが敬愛されていた安岡正篤《やすおかまさひろ》先生の教え、……何ていうのか、日本主義というか皇室崇敬というか、あるいは神道とか、……そういったことを滔々《とうとう》と語られるときがあって、そういうときはやっぱり、冨士谷さんすごい人なんだなと思うことがありまして、……とにかくもうお会いできなくなってしまったということは本当に残念ですが、冨士谷さんのご冥福を心からお祈りいたします」

頭を下げる森議員に会場から拍手がわく。司会が「いま森先生が仰いましたように」と話し始める。

「冨士谷先生は常々、日本人に生まれたということは、今のこの地球で現代に生きるものとして、本当に幸せなことなんだと仰っていました。日本人は特別なんですね。だから一人ひとりの日本人は、自分が日本人に生まれたことに感謝しなくてはならない。日本人として祖先を敬い、感謝することを怠れば、必ず罰を受ける、報いを受ける、そして日本全体も大きな失敗をするということを、いつも仰っておりました」

僕のすぐ横に座っていた年輩の女性二人連れが、「本当よねえ」などと小声でうなずき合っている。給仕が小さなグラスに入った日本酒を、一人ひとりにサーブし始めた。上田《うえだ》清司《きよし》埼玉県知事が、司会からマイクを手渡された。

「……冨士谷さんが仰っていたことについては、本当かどうかは正直わかりません。しかし、当たっているんじゃないかと感じたことも、しばしばありました。……たぶん冨士谷さんについては、感じる気持ちがない人は感じないのではないかと思います。だからやはり、風水師なのだろうと思っております。しばしばいろんな資料や文献などを送っていただいたりして、……仰ることや書いていることに、強い共感をしたことは何度もございます。ですから冨士谷先生の御遺志の何分の一かでも継いで、地方から発信してゆきたいと考えております。それでは、冨士谷先生が安らかにお眠りになり、天界の彼方《かなた》から、日本人、日本国、そして世界の人々を、見守って導いていただきますようにご祈念をいたしまして、献杯の音頭をとらせていただきます」

会場が「献杯」と唱和してから、僕はグラスの中の日本酒を一息に喉《のど》の奥に流し込んだ。同時に咽《む》せそうになる。酒じゃない。水だ。周囲を見渡せば、ほとんどの人は神妙な顔をしてグラスを口もとに運んでいる。だからふと思い出す。故人である冨士谷紹憲《しょうけん》から「次は荻窪《おぎくぼ》の焼鳥屋で会おう」と言われていたことを。「焼鳥ですか、いいですね」と話を合わせる僕に、冨士谷はすかさず言った。

「ただし私は飲まないよ。天下国家を論じるからね。それだけで充分に酔える」

政界には多くの占い師や風水師などの指南役が跋扈《ばっこ》している。そんな噂は以前からよく耳にしていた。邪馬台国《やまたいこく》の女王で自らはシャーマンだった卑弥呼《ひみこ》に始まって、陰陽師《おんみょうじ》のシンボル的存在で花山《はなやま》天皇や藤原道長《ふじわらみちなが》などから大きな信頼を得ていた安倍晴明《あべのせいめい》。その晴明のライバルで、藤原顕光《あきみつ》お抱えの陰陽師である蘆屋道満《あしやどうまん》。徳川家康《とくがわいえやす》や家光《いえみつ》のブレーンだった天海僧正《てんかいそうじょう》は、そもそもは天台宗《てんだいしゅう》の僧侶《そうりょ》でありながら、陰陽道や風水に基づいて江戸の街づくりを任された都市計画プランナーでもあった。

近世では、陸軍大将児玉源太郎《こだまげんたろう》の依頼に応《こた》えて日本海海戦の勝利を時間や場所までも含めて正確に言い当てたとされて、皇室や軍部お抱えの予言者となった飯野吉三郎《いいのきちさぶろう》がいる。もちろん日本だけではない。レーガン元大統領が重要な政策決定を夫人お抱えの占星術師のアドバイスによって決めていたことは前述した。帝政ロシア末期に現れて皇帝ニコライ二世や皇后から絶大な信頼を得たグリゴリー・ラスプーチンは、政治権力とオカルトの親和性の高さを、とても端的に示すアイコンといえる。そしてこの系譜に、ナチスの思想的母体となったトゥーレ協会（一九一八年にミュンヘンで結成された秘密結社）を嵌《は》めることも可能だろう。

そもそもナチスの党旗であり、のちにドイツ国旗とされたハーケンクロイツは、このトゥーレ協会のシンボルマークから採用されている。トゥーレ協会の前身でもあるゲルマン騎士団は、超能力や心霊などあらゆるオカルトをひとつの体系に統合することを目指す神智学をベースにしたアーリア絶対主義を掲げている。後にナチスが掲げる反ヴァイマール共和国への煽動《せんどう》やアンチ・セミティズム（反ユダヤ）的プロパガンダも、実はトゥーレ協会にその源がある。

ここで少しだけ話は逸《そ》れる。逸れるけれど重要な横道だ。

数年前、アウシュヴィッツやビルケナウなど、かつてのホロコースト収容所を訪ねたことがある。このときはナチスとは何だったのかを体感したくて、ドイツ国内にいくつも残されている収容所跡も回り、ベルリンのヴァンゼー別荘（ユダヤ人絶滅計画を実質的に決めたといわれるヴァンゼー会議が行われた）などへも足を延ばした。

そしてわからなくなった。ユダヤ人絶滅への情熱の由来が。

なぜなら不合理すぎるのだ。物資が不足する戦時下においてナチスは、膨大な数のユダヤ人を処理するために、とても莫大《ばくだい》な労力や資金を割いている。いずれユダヤ人を絶滅させようとの熱意が仮にあったとしても、戦時下においてその優先順位は、当然ながら下位に位置するはずだ。むしろユダヤ人を労働力に使うほうが自然だろう。でもナチスはこれ以上ないほどの熱意で、ユダヤ人を殺戮《さつりく》し続けた。ヒトラーの狂信がそのメカニズムの根底にあったと考えれば、カリスマに従属する組織の暴走として説明できなくはないが、でもヒトラーはそもそも、ドイツ国内のユダヤ人をマダガスカルに移住させるなどのプランを提唱していて、ホロコーストについては決して主導的ではなかったとする見方もある。実際にヒトラーはヴァンゼー会議に出席していない。ナチスドイツとホロコーストの論考については第一人者であるラウル・ヒルバーグは、その代表作『ヨーロッパ・ユダヤ人の絶滅（The destruction of the European Jews）』（柏書房）において、以下のように記述している。

絶滅機構はさまざまなものの集合体であった――全作業を担った官庁はなかった。（中略）ヨーロッパ・ユダヤ人を絶滅するために、特定の機関が創出されることはなかったし、特定の予算も割かれなかった。それぞれの組織は絶滅過程においてそれぞれの役割を果たし、それぞれの課題を実行する方法を発見せねばならなかった。

補足せねばならないが、ナチスが権力を掌握する前に書かれた『わが闘争』でヒトラーは、ユダヤ人の脅威については少なからず触れている。第二次世界大戦が始まる前の国会では、もし再び戦争が起きるならヨーロッパにおけるユダヤ人種は絶滅するだろうと語っている。ただし、ヒトラーがユダヤ人絶滅を指示したとする文書は、現在に至るまで発見されていない。

だからわからなくなる。ナチスのユダヤ人絶滅への情熱の由来が。あまりにも非効率的で、あまりにも非論理的で、そしてあまりにも純粋なのだ。でもこの構図に、トゥーレ協会が掲げていたユダヤ人排斥思想を嵌めれば、ある程度の整合性が表れる。

ヒトラーが『わが闘争』で、「私は、その著作、思想、そして最終的には行動によって、生涯を私たちの同胞のために捧《ささ》げたあの人物を、最も優れた人々のひとりとして挙げたい」と記述しながら最大級に称揚するディートリヒ・エッカルトは、トゥーレ協会の重要なメンバーの一人であり、詩人や脚本家などの肩書きを持ちながら、神秘主義に精通したオカルティストで反ユダヤ主義の提唱者でもあった。

いずれにせよ、ナチスドイツの思想とホロコーストを考えるとき、オカルティズムの影響は絶対に看過できない要素だ。ヒトラーだけではない。側近たちにもその影響は表れている。

占星術開発のためのナチスの秘密機関「アクティオン・アストラ」は、宣伝相であるヨーゼフ・ゲッベルスによって設立されたと言われている。ナチス親衛隊の最高指導者で内務大臣なども兼務したハインリヒ・ヒムラーは、古城であるヴェヴェルスブルク城を本拠地にして降霊術などを頻繁に行っていた。そのヒムラーから寵愛《ちょうあい》されて親衛隊の将軍に抜《ばっ》擢《てき》されたカール・マリア・ヴィリグートは、自らをイルミニズムなる宗教思想の継承者であると称して先祖の霊と交信できると公言し、数々の魔術的な儀式を親衛隊の行事として執り行っていた。

ただしヒトラーについては、実はオカルトを嫌悪していたとの説もある。実際に政権掌握後のヒトラーはオカルティズムとは一定の距離を保つようになるが、でも側近たちも含めてのその影響は（反ユダヤ主義だけではなく）明らかに大きい。ミュンヘン大学の教授で地政学という ジャンルの創始者でもあるカール・ハウスホーファーは、トゥーレ協会の有力メンバーであり、地政学の用語である「生存圏」という言葉を提唱しながら、「生存圏を有しないドイツ人は、生存するために軍事的な拡張政策を進めねばならない」と主張していた。つまり生存のための侵攻。これがナチスの大義だ。

ナチスだけが特異点ではない。歴史と宗教オカルティズムが融合した西洋系神秘思想は、いつの時代にも政治との親和性が高かった。低俗だとか胡散臭《うさんくさ》いとかの理由でこれらの要素を除外してしまえば、うっすらと見えかけているものすら見えなくなる。きっと本質がわからなくなる。確かに低俗で胡散臭い。でも人はこの領域に、どうしても惹《ひ》かれる存在であるようなのだ。もちろん政治の場も例外ではない。むしろ親和性が高い。

政治とオカルティズムについて現在進行形で取材するのなら、政治家に取り入っている占い師や風水師、あるいは陰陽師などを取材することが最も近道だ。でも（当然ながら）彼らの多くは取材に応じない。メディアの前面には、まず姿を現さない。前作の『職業欄はエスパー』を執筆していた一二年前、やはり彼らへの取材を目論《もくろ》んだことがある。でも結果としては、誰ひとり取材に応じようとはしなかった。

ただし例外はいる。冨士谷紹憲はそのひとりだ。彼の公式サイトのトップページは、以下の一文で始まっていた。

新聞・週刊誌で活躍中の永田町《ながたちょう》の風水師、陰陽師　冨士谷紹憲のオフィシャルサイトです。

「今ね、霊界が大きな変動を起こし、それが現実、つまり現界に現れているんだよ」

二〇〇九年一月二五日、JR中野《なかの》駅すぐ傍の喫茶店で初めて会った冨士谷は、僕の自己紹介を聞き終わるとほぼ同時にそう言った。傍らの椅子の上には、愛用の鞄《かばん》が置かれている。

「霊界は天界ともいう。その霊界というか天界、まあどっちでもいいが、その霊界と現界とのつなぎ役は誰なのか」

そこまで言ってから冨士谷は、喫茶店のテーブルの上に置いた僕の名刺に、ちらりと視線を送る。

「森くん、わかるかね」

「つなぎ役ですか……」

「皇室なんですよ」

質問を投げかけながら、どうやら答えさせるつもりはないようだ。あっさりとそう言ってから冨士谷は、「だから日本は神国なんだよ」と続けた。

「霊界があって現界がある。地球があって世界がある。人間は天と地を結ぶ万物の霊長なんです」

「霊長類、ですか」

「霊長類じゃなくて霊長。その人間の核にあるのは皇室です。その皇室がいろいろ揺れている。揉《も》めている。……大東亜戦争もね、あれは時代の姿です。世代わり。あの戦争を起こしたのは、杉山元《すぎやまはじめ》（大日本帝国陸軍大将・開戦時には参謀総長）です。……話は飛ぶけどね。飛ぶなと思っているだろう？　大丈夫。最後に元の話に戻るから。とにかく彼はね、開戦前に昭和天皇に、この戦争はよくないと言っていたんです。つまりアメリカには勝てないと。だから御前会議の際に昭和天皇はね、杉山は自分の意を受けて開戦はしないと言ってくれるだろうと思っていたわけです。ところがあにはからんや杉山は、開戦すると宣言してしまった。そして杉山はそれからも、昭和天皇に嘘の報告ばかりしてね、約束も守らない。こうして杉山は日本を泥沼に持って行く。そこでね……僕は熊本県の人吉《ひとよし》出身なんです。そして熊本県にはね、徳富蘇峰《とくとみそほう》の信奉者が今も大勢いる。そしてね、話は飛ぶけどね、飛ぶけれど元に戻るからね。徳富蘇峰はとにかく、日本を開戦へ開戦へと持って行ったトップなんですよ。そして終戦の詔勅は安岡正篤です。いいかい？　僕はね、徳富蘇峰を二〇歳ぐらいのときに見かけたことがある。安岡先生からは、ほぼマンツーマンで指導を受けた。安岡先生は、石原莞爾《いしはらかんじ》の五族協和ね、大陸進出、あれはとんでもない間違いだったと言っている。明治天皇も伊藤博文《いとうひろぶみ》もね、日韓《にっかん》併合など本当はしたくなかったんです。やむなくしたんです。そこでね、僕は森くんにこれを言いたいのだけど、明治天皇の頃はね、……あれは児玉源太郎だったかな、彼は戦争に反対していたんだ。でも戦争を起こそうとするグループがあったんだよ。大東亜戦争のときに安岡先生は、ものすごく反対したんだ。でも始まった。そして負けちゃった。負けるべくして負けた。昭和天皇も勝つとは思っていなかった。これを強硬に進めたのは陸軍だよ。これは時代の流れなんだ。つまり今までは三次元の時代なんだよ。対抗軸の時代。人口は増える。だから欲望が拡張する。欲望の拡張が資本主義だよ。資本主義の拡張が自由主義経済だ。そして戦争を起こして人口を間引きしようとしている。今世界は、局地戦争をあちこちで起こしている。戦争を起こすのはカルトである。宗教である。ナショナリズムである。全体主義である。ところが今、時代が変わりつつある。その変化の原点に日本の皇室がある。戦争は霊界の指示なんだよ。だから一人ひとりがジゲンリツを上げることによって、世界はより良く変わるんです」

「ジゲンリツって何ですか」

「内なる神だよ。これを上げることによって一人ひとりが霊界とつながるようになる」

たぶん漢字は次元律か次元率なんだろうな。そう思いながら僕はコーヒーカップを口に運ぶ。横に座る岸山が、ちらちらと僕の右頬に視線を送ってくる。

「今のこの混乱した現象がなぜ起きているかというと、お妃《きさき》がね、外国に行きたいと言っている。日本は世界の中心なんです。神国なんです。それを知らないから外国に行きたいとか言っている。外国に行くということはね、悪霊を背負うということなんです。霊障です。それを知らないんだな。だからあんな病気になっちゃう。僕の知り合いの、ある大学の先生がね、定年になって外国に行って、帰ってきた途端に奥さんが死んじゃった。もうひとり僕の知り合いで小泉《こいずみ》首相のブレーンだった人がね、僕が『行くな行くな』って言っているのに外国に行って帰国して、自分は脳腫瘍《のうしゅよう》で死んじゃって奥さんは精神病になっちゃった。これは法則なんです。奥さんは私に一回だけ電話してきたよ。先生の言うとおりにすれば良かったって。すべてに意味があるんです。この現界のすべては霊界につながっているんです。あなたは森達也という名前。これにも意味があるんです。あなた何年生まれ？」

僕の生年月日を聞いた冨士谷は、数秒沈黙してから、「うん、あなたはね、こういう神秘的な世界に強い興味があるんです。現実的な世界よりもオカルトとか超常現象にどうしても惹かれてしまうんだね。この名前と生年月日はね、普通の仕事ができないんだよ」と言った。岸山が嬉《うれ》しそうに念を押した。

「この人は普通の仕事はできないんですか」

「ああ。できない。あなたはカタヤマだっけ」

「岸山です」

「下の名前は」

「征寛です」

さらに岸山の生年月日を聞いた冨士谷は、「……うん。この名前はね、そんなに悪くない」と重々しく言ってから（つまり僕の名前は相当に悪いということだ）、「なぜ自分が岸山という名前に生まれたのか、なぜ征寛という名前に生まれたのか、それをほじくるんです。考えるんです。己とは何かと。みんなわからない。なぜ自分が日本に生まれたのかわからないんです」と続けた。

「僕はね、皇室を否定する人にふざけるなと言いたいよ。じゃああなたは、自分が日本人であることを否定するのか。自分を否定するのか。僕はね、このあいだ背中に大きなできものができた。ひどく痛い。そこで僕はね、昭和天皇のお言葉をね、ずっと録音しているのだけど、これを聞くことで治しちゃった。何だってできるよ。僕はね、この力で、ある政治家をつぶしたことがある」

「つぶすってどういう意味ですか」

「まあ、つぶすだよ」

「殺すとかの意味じゃないですよね。政治生命を奪うということですか」

「まあ、そんなところかな。あまり詳しく言いたくない。じゃあひとつだけ例を挙げる。加藤紘一《かとうこういち》がね、小泉首相が靖国参拝したときに変なこと言ったでしょう？」

「参拝すべきではないと？」

「そう。僕はこの野郎って思ったね。そうしたらそれから一週間くらいしたら、彼の家が燃えちゃった」

「……あれは自称右翼活動家が放火したわけですけど」

「うん。だからね。僕がこの野郎って思ったもんだから」

「冨士谷さんがこの野郎って思ったから右翼が放火しに行ったんですか」

「まあ、そういうことになるのかな。僕はね、白血病でもガンでも治せる。なぜなら人生を治療するから。人生が間違っているからガンになるんだよ。糖尿病になるには糖尿病になる人生があるんだよ。僕は人生を治す。だから白血病でもガンでも治せる。いのちを浄化するから。僕は昭和天皇のお声を聞いたことでおできを治しちゃった。人には従うべき声があるんだよ。みんな法則によって生きているんだよ。このあいだね、僕の講演にチェコの人が来たんだよ。僕のホームページを見て、話を聞きたいってね。それほどに感じる人がいるわけだよ。一人ひとりが神なんだよ。今ここにいる森ヒロシがね」

「達也です」

「森達也が神なんだよ。岸山征寛が神なんだよ。だからね、時代の狂いはね、杉山元から始まっているんです。昭和天皇の言うことを聞かなかったから……」

　確かに話は元に戻った。相当に大きなループを描いたけれど。すかさず僕は質問する。少し意地の悪い気分になっていたことは認めねばならない。

「チェコの人が来たんですか」

「うん、来たよ」

「だって日本語は？」

「わかるんだよ。その人、国際基督教《キリストきょう》大学出ているから」

「今はチェコに住んでいる？」

「そうそう」

「でも冨士谷さん、外国の人には悪霊が憑《つ》いているんですよね」

「そうだよ。だから浄化しなくてはならない」

「……冨士谷さんは海外旅行したことはないんですか」

「行かない。行きません」

「僕は仕事柄、けっこう外国に行く機会はあるんですけれど、ならば僕にも悪霊が憑いているわけですか」

「憑いているよ。でもあなたは、僕のような道を歩む人じゃない。あなたは海外に行ってもいい。僕は行けない」

「だってさっき、冨士谷さんの友達の方が海外に行って病気になったたって仰《おっしゃ》いましたよね。ならば僕はならないのですか」

「あなたはね、まだ文明の世界に来ていない。神ごとをやるレベルではない」

「でも、雅子《まさこ》さんとか冨士谷さんのそのお友達とかも、きっとまだ神ごとをやるレベルじゃないですよね」

「そうだよ」

「でも病気になっちゃったわけでしょう？」

「なっちゃう」

「なぜですか」

「まあ、それはね、……何というかね、時代が変わるときのね、いろいろだね。まあ、何というかなあ、悪魔の役割だなあ、時代が変わるときの最後の犠牲者というかね」

「確認しますけれど、日本以外の国はすべて、悪魔なのか悪霊なのか、とにかくそんなものがたくさん跋扈《ばっこ》している国ということですね」

「そうです。日本はね、神国なんです。外国に生まれた人たちはどうすればいいか。因縁です。日本に来ればいい」

「来るだけでいいんですか」

「来て僕のような人に会えばいい。そうしたら浄化されます。浄化とは進化です。音魂や声魂で進化するんです。僕は昭和天皇のお声でおできを治しちゃった」

「……まとめますが、日本は選ばれた国であり、皇室は天界と現界をつなぐ、……要するに審神者《さにわ》のような存在であるということですね」

「そうです」

「日本以外の国には悪霊がたくさんいて、日本人が海外旅行をしたら、それがくっついてしまう」

「そうです」

「でもね、今の天皇が数年前、天皇家の先祖は百済《くだら》の子孫と『続日本紀』に記されていると記者会見でしゃべりましたよね。あれはどういうことになるんですか」

「それはね、平面史観なんだ」

「平面？」

「天皇が天皇をわかっていない」

「……それは困りますね」

「そうなんだ。困るんだよ」

「審神者がそんな状態でいいんですか」

「だから混迷しているんだよ。かつて僕はね、島村宜伸《しまむらよしのぶ》（当時、自民党衆院議員）先生にね、天皇の外遊はなるべく控えたほうがいいとアドバイスしたことがあるんだよ。彼は天皇のご学友だから。島村さんは『よしわかった』って言って、それから外務省に言ったらしい。外遊を減らせって。それからはずいぶん減ったよ。まあ多少は仕方がない。王様がいる国ならまだいいんだよ。いない国はダメ。これはね、最初に失敗したのはお釈迦《しゃか》様なんだよ」

「仏陀《ぶつだ》ですか」

「何で乞食《こじき》の真似をしたのか。それが間違い」

「王族の家に生まれた仏陀は、家族や財産や地位を捨てて出家するわけですけれど……」

「だからね、それが間違い」

「でもそれをしなければ、彼は真理に到達できなかったと思いますけれど」

「王様の血は王様なんですよ。だからね、日本の総理大臣の血筋を見てご覧なさい。みな総理大臣の血筋なんです」

岸山がまたちらちらとこちらを見ている。確かにもう充分だ。僕は話題を変えた。

「これまで冨士谷さんが懇意にしてきた政治家は誰ですか」

「総理大臣クラスはほとんどだよ。小渕《おぶち》さんとか。俺が総理にしたんだから」

「具体的に何をしたんですか」

「……それはあまりこういうところではね。ずいぶん支えたけどね」

「他には？」

「今は森英介とか藤井孝男とか、平沼《ひらぬま》さんとか。あとは高市早苗《たかいちさなえ》とか野田聖子《のだせいこ》とか姫井由《ひめいゆ》美子《みこ》とかは、よく相談に来るよ。姫井とは明日《あした》帝国ホテルで会うよ。このあいだも自民党の政治家たちの会合に呼ばれてね、いずれ小沢《おざわ》のスキャンダルが出てくるから、そのときに乾坤一擲《けんこんいってき》に解散すればいいと僕は言ったんだ。たぶんそうなると思う」

「……それは予知ですか？　冨士谷さんはいつ、どうやって、それがわかるんですか」

「夢だね。神さまが降りてくる。僕の力じゃないよ。神さまの力だよ」

「……呪術的《じゅじゅつ》なことはしないのですか。式神を飛ばすとか」

「するときもあるよ。でも今はしない」

　こうして録音データから文字に起こした冨士谷の言葉だけを読めば、相当に支離滅裂で夜郎自大で傲岸不遜《ごうがんふそん》だと感じる人が少なくないと思う。確かにインタビューの最中に僕自身も、何度も苛立《いらだ》ったり呆《あき》れたりしていた。支離滅裂で夜郎自大で傲岸不遜であることは確かだ。

　でも冨士谷には妙な愛嬌《あいきょう》があった。あからさますぎるほどの自己顕示を「俺がつぶした」などの稚拙な語彙《ごい》で誇示しているのに、何となく憎めない。ただし僕の文章力で、彼のこのニュアンスを表すことは難しい。せいぜい「妙な愛嬌があった」とか「何となく憎めない」などの常套句《じょうとうく》を記すくらいだ。

インタビューを終えて中野駅に向かって歩きながら「どうしましょうか」と言う岸山に僕は、「ボツだなあ」と答えていた。「どうしましょうか」と訊《き》く岸山も、今日のこのインタビューだけで原稿一回分にするには無理があると考えていたのだろう。

「冨士谷さんには何と言いましょうか」

「もし何か言ってきたら、何か他の要素が見つかれば、それと併せて書くと森は言っていますと返答すれば。それは嘘じゃないから」

危惧《きぐ》は杞憂《きゆう》だった。冨士谷は何も言ってこなかった。ちょうどこのころから選挙に向けての政局が激しく動き出したので、おそらくは忙しくなったのだろう。ただし小沢一郎《いちろう》のスキャンダルが発覚するという予言（？）も、献金疑惑という形で確かに的中はしている。まあこのあたりは、政界の事情通なら情報が入って当たり前という可能性もあるけれど。

民主党が政権を取る直前の八月五日、冨士谷が頻繁にコメントを寄せていた夕刊フジに、以下のような記事が載った。

永田町の陰陽師《おんみようじ》・冨士谷紹憲さん、5日、多臓器不全のため死去72歳

8・30に向け、選挙戦が日々激化している5日早朝、「永田町の陰陽師」こと冨士谷紹憲（ふじたに・しょうけん）氏が、多臓器不全のため、東京・三鷹《みたか》の杏林《きょうりん》大学医

学部附属病院で亡くなった。72歳。入院直前、冨士谷氏が夕刊フジ記者に語った最後の御託宣とは。

冨士谷氏は熊本県出身。地元高校卒業後、上京して大学に入学するが中退。大学図書館職員や鍼灸《しんきゅう》師などを経て、20代後半に風水師の道に入った。霊能者の菅谷春吉氏や、「総理の指南役」と呼ばれた陽明学者の安岡正篤氏に師事し、「社会の病を治療する国手たれ」と教えられたという。与野党を問わず、国会議員や首長、地方議員の選挙や政治活動の相談に乗り、いつしか「永田町の陰陽師」と呼ばれるように。

ベテラン秘書は「冨士谷氏の数秘学で選挙事務所を選び、当選した議員や首長は何人もいる。占いで気になる結果が出れば、首相でも大物議員でも手紙を書いたり、面会してアドバイスしていた。小渕恵三《けいぞう》元首相の逝去を数カ月前に予言したこともあった」という。最近では、活動停止中の日本評論家協会の再生に向けて活動していたほか、今回の総選挙や選挙後の政界再編に向けて、分析を続けていた。先月7日、自宅浴室で倒れ、救急車で杏林大学医学部附属病院に。約1カ月間、ICU（集中治療室）に入院したままだった。

妻のゆうこさんは「総選挙の最中ですから、本人は悔しかったと思います。ICUでは意識はなかったのですが、耳元で『選挙ですよ』と語りかけると、体が反応していました」と話す。6月末、永田町近くで夕刊フジ記者と会った際、冨士谷氏は「民主党に追い風が吹いているが、まだまだ分からない。スキャンダルに要注意だ」と語っていた。故人の遺志で、通夜・告別式は行わない。戒名や読経《どきょう》もない。8日に家族で見送るという。

「まあ、実にいい加減なおっさんです。私が、今は風水が流行らしいですと言えば、翌週の彼の名刺には風水師と記されていました。最近は陰陽師が話題らしいですねと言えば、翌週の彼の名刺には陰陽師と記されていました」

会場は大爆笑。マイクを手にしているのは、冨士谷とは荻窪の居酒屋でしょっちゅう会っていたという毎日新聞の鈴木《すずき》琢磨《たくま》編集委員だ。

「その焼鳥屋のカウンターで飲みながら、……冨士谷さんは飲めないのですが、携帯で自民党の野中《のなか》広務《ひろむ》さんとかと、よくひそひそと話していましたね。はったりかと思って電話を代わったら、確かに本人でした。不思議なおっさんです。喩《たと》えて言えば満州《まんしゅう》浪人といいますか、あんなインチキ臭くて、でも自由闊達《かったつ》で、でも、やっぱりどこか憎めないというか、愛すべき人でした」

挨拶《あいさつ》はその後、冨士谷とは長い付き合いだったという遠藤留治《えんどうりゅうじ》（『日新報道』代表）、菅《すが》沼光弘《ぬまみつひろ》（元公安調査官）、山浦嘉久《やまうらよしひさ》（『月刊日本』論説委員）と続き、野田聖子、鳩山邦夫《はとやまくにお》などからの弔電が披露された。

右とも言いきれないし、もちろん左じゃない。インチキと呼べないこともないけれど、実際に人脈は豊かだし、時折は予言が当たる。確かに胡散臭《うさんくさ》い。けれど愛すべき人でもある。

一言にすればカオス。ただし二項対立を自動律として常に否定するそんな存在が政治と結びついたとき、このカオスは時として暴走する。

合掌。この章は書きながらずっと後ろめたい。でも本気で冥福《めいふく》を祈りたい。

第一二幕　「匿名の情報は取り合いません」UFO観測会の代表は断言した

見上げれば青い空には雲ひとつない。まさしく秋晴れだ。集合場所は明治神宮《めいじじんぐう》宝物殿前の広大な芝生。すでに何人かは集まり始めている。

「UFOの観測なのだから夜にやるものとばかり思っていたのだけど」

僕のこの質問に、OFU代表の山本大介《やまもとだいすけ》はうなずいた。

「普通はそう思われるでしょうね。確かに夜にやる場合もあります。でも夜は撮影が難しいので、定期の観測会は昼の場合がほとんどです」

「場所をここにする理由は？」

何気ない質問のつもりだった。でも山本は、答えかけてからちょっとだけ沈黙した。

「……ここには、清正《きよまさ》の井戸があるんです」

「キヨマサノイド？」

「加藤清正が掘ったと言い伝えられている井戸です。水量がとても豊富で、都内でも有数のパワースポットです。ここの樹木の多くも、この井戸の水を吸い上げています。ですから……」

僕は山本の次の言葉を待った。でも続かない。だから訊いた。首をかしげながら。

「えーと、UFOとパワースポットとの関係が、よくわからないのだけど」

山本はうなずいた。口の端には微《かす》かな苦笑が浮かんでいる。

「そうですよね。よく指摘されます。僕もそう思います。……でも統計を調べると、UFOはレイライン（聖地や古代遺跡などを結ぶと言われている霊的な直線）などに沿った場所で目撃される場合が確かに多いんです。……つまりパワースポットです」

僕は話題を変えた。あまりレイラインとかパワースポットなどの話題に深入りしたくない。山本も積極的に話したいという雰囲気ではないし。

「山本さんはUFOを目撃したことはありますか」

「すぐ目の前をジグザグに飛んで消えました。今の活動を始めるようになってから、送られてきた写真や動画を見る機会は多いけれど、雲や光の屈折など単なる自然現象を誤認してしまうケースは、かなりあると実感しています。でもあのジグザグの動きは、自然現象とはちょっと思えなかった」

そう言ってから山本は、「じゃあそろそろ始めます」とつぶやいた。周囲には八人の男女が集まっていた。今日の観測会に参加するOFUの会員たちだ。

「まずは何か儀式があるんですか」

僕は訊《き》いた。半分は冗談。でも山本は生真面目にうなずいた。

「三分間、まずは瞑想《めいそう》します。姿を現してほしいとUFOに呼びかけます」

この説明を聞いた僕の表情に、おそらく戸惑いのようなニュアンスが現れたのだろう。ちょっと早口になりながら、山本は小声で補足した。

「……奇妙に思われるかもしれないけれど、事前にこうして念じたほうが、現れる確率は高くなるんです。彼らは人の精神波をキャッチしていると説明する人もいます」

瞑想が始まった。会員たちはみな目を閉じて、じっと意識を集中している。すぐ横で遊んでいた数人の子供たちが、一行のそんな様子を不思議そうに眺めている。

山本はとてもクールだ。少なくともファナティックなオカルト・マニアではない。自分の言葉や行為を常に客観視しようとしているし、第三者からどのように見られるかということも意識している。でも（というか、だからこそ）そんな山本の口から、「人の精神波をUFOはキャッチしている」などのフレーズが発せられると（この場合は誰かの説の引用らしいが）、何ともいえない違和感を持ってしまうことも事実だ。

その山本が代表を務めるOFUの設立は二〇〇六年。秋山眞人《あきやままこと》が顧問に就任している。まるで悪ふざけのような会の名称だけど、その公式サイトには「OFUは『Other Flesh Union』の略で、宇宙考古学者ジョージ・H・ウィリアムソンの著書『宇宙語　宇宙人』（原題『Other Tongues - Other Flesh』）から援用したUFOの逆さ綴《つづ》り」と記述されている。ジョージ・H・ウィリアムソンという人を僕は知らなかった。だいたいが宇宙考古学というジャンルがよくわからない。だからこの観測会の前日、ネットでジョージ・H・ウィリアムソンを検索した。そのプロフィールを要約すれば、「人類学者で考古学者。一九二六～八六年。マヤ文明とマヤ史の権威であると同時に宗教学者であり、探検家で作家でもある。コロラド大学で考古学教授を務めた時期もある。ナスカの地上絵と宇宙人との関連性を初めて指摘したことでも知られている」ということになる。ナスカ云々《うんぬん》の真偽はわからない。あまり真に受けないほうがいいとは思うけれど、意外と本当だったりする場合があることも確かだ。

これまでに翻訳されているウィリアムソンの著書は三冊。まず目についたタイトルは『ライオンの隠れ家・異星人だった歴史上の偉人たち』（求龍堂）。ａｍａｚｏｎの紹介文には、こうある。

「はるか太古に宇宙の彼方《かなた》からやってきた『光り輝く魂』たちの転生の歴史を綴る一大歴史パノラマ。ダビデ王、モーゼ、ツタンカーメン、マリア、イエスなど、歴史に名を刻んだ選ばれし偉人たちは、地球で転生を繰り返してきた異星人だった！　インディ・ジョーンズのモデルとされる伝説の考古学者、ジョージ・H・ウィリアムソン博士のノンフィクション超大作。これで異星人、ＵＦＯ、神話、聖書、古代史のすべての謎が明らかになる」

何だかさっぱりわからない。深夜に一人、パソコンの前で、インディ・ジョーンズのモデルと言われる宇宙考古学者のプロフィールや著書についての記述を読みながら、僕は深々と吐息をついていた。言葉にすれば「やれやれ」。実際に口にしたかもしれない。自分でも気づいているが、この（相当にわざとらしい）嘆息は、自分はそこまで埋没していませんというアピールでもある。

ただし誰へのアピールなのかは、自分でもよくわからない。もう一つの自我だろうか。あるいは社会学者である大澤真幸《おおさわまさち》的にいえば「第三者の審級」だろうか。もしも宗教者なら「すべてを超越した存在」ということになるのかもしれない。ならばその段階ですでに、ある程度は精神世界的だし、多少のオカルト的なニュアンスが立ちこめているということになる。

「……ずっと疑問があるんです」

瞑想を終えてから青い空をじっと見上げる山本に、僕は言った。

「何でしょう」

「もしも宇宙人が本当に地球に来ているのなら、なぜこれほどに姿を隠そうとするのでしょう。普通に姿を現してもいいじゃないかと思うのだけど」

「いろいろな説はあります。私たちの顧問の秋山さんは、彼らと我々との文明や科学の差がありすぎるからと説明していますね」

「差があってはいけないのですか」

「無用の混乱が生じます。いずれにせよ影響力はすさまじいでしょうね。だから時機をうかがっているという可能性はあると思います」

そう言ってから山本は会員たちに、「今日はどこから現れるでしょうか」と訊《たず》ね、会員たちは口々に「東のほう」とか「かなり低空のような気がします」などと答える。おそらくはこれも、イメージをできるかぎり具象化するプロセスのひとつなのだろう。

「これまでに何度くらい目撃しましたか」

僕は横にいた男性会員に訊いた。年のころは四〇代前半くらいの彼は、とても穏やかな口調で「観測会では何度もありますよ」とつぶやくように言った。

「でもなぜか、帰り際とか観察を始めた直後とか、そんなぎりぎりのタイミングで現れる場合が多いんです。FM長野のイベントでUFOを呼んだときもそうでした」

「FM長野？」

「ええ。この八月です。場所は茅野《ちの》市にある車山高原《くるまやま》。三〇〇人以上が集まりました」

「そのときも帰り際なんですか」

「はい。あきらめて帰りかけたとき。あるいは機材をしまい始めたとき。何でしょうね。まるで狙いすましたように現れる」

人目を避ける。直視されることを嫌う。でもまとわりつく。見つめようとすると視界から逃げる。探索をあきらめかければ視界の端に現れる。必ず視界の端だ。正面から姿を現すことはほとんどない。

なぜUFOがオカルトの領域に位置するのかとの疑問はともかくとして、これらを横断的に説明しようとするならば、「結局はすべてが脳内現象なのだ」とすることが最も合理的だ。ユング派的な解釈を演繹《えんえき》すれば、「すべての人の顕在意識は常に集合無意識的な領域で繋《つな》がりながら、オカルト的な現象に対しては目を逸《そ》らしつつ見ずにはいられないという元型（アーキタイプ）を共有している」と説明できる。つまり現象そのものに見え隠れしようとの意思があるわけではなく、観るこちら側の無意識領域がもたらす現象なのだ。

ただし、フロイトがユングと決別する前にオカルティズムを拒絶するように強く求めていたとのエピソードが示すように、ユングもオカルトぎりぎりではあるけれど。

「……あれは何だろう」

じっと上空を見上げていた男性が言った。僕も含めて全員がその方角に視線を送る。まっ青な空の一点に、微かな点のようなものが見える。

「飛行機じゃないですね」

誰かが言う。

「動きは明らかに違いますね」

そう言いながら双眼鏡を目に当てた男性が、「うーん。あれはバルーンだなあ」と言う。僕も手渡された双眼鏡を目に当てる。形は円いし色は赤い。はっきりとは識別できないが、確かに風船のようだ。子供が手放したものだろう。山本が説明する。

「風船はよく間違われます。最近多いのはカイトです」

「かいと？」

「西洋風の凧《たこ》です。形も何となくUFOに似ているから、写真だけ見せられたらなかなか識別できない」

隣に立っている四〇代の男性に「これまで目撃したことはありますか」と声をかければ、「もちろんありますよ」と嬉《うれ》しそうな声で答えが返ってきた。

「どんなUFOですか」

「いちばん最初は横浜《よこはま》の自宅でした。ベランダです。暇だったのでUFOを呼んでみようかと思って、しばらく呼んでいました」

「暇だったのでUFOを呼んでみようと思ったんですか」

僕は男性の言葉を繰り返した。「ええまあ」と言いながら、男性はちょっとだけ苦笑した。

「変ですか。……変ですね。その前にテレビのUFO特集か何かで見たんです。呼べば来ることがあるらしいって。だからちょっとだけ試そうと思って……」

「それで現れたんですか」

「しばらくしたら、大きな鳥のようなものが飛んできたんです。数分間は見ていました。でもよくよく見ると、まったく羽ばたく様子がない。それなのに真っ直ぐこっちに向かってくるんです。一〇〇メートルくらいに近づいたところで、どうやらUFOらしいって気がつきました」

「どんな形でしたか」

「円いです。お椀《わん》型」

「つまりアダムスキー型ですか」

「アダムスキー型は、艦の底部に円い三つの突起があります。私が見たUFOにそれはなかった。単純にお椀を伏せたような形です」

「大きさは？」

「比較物がないので正確ではないけれど、車くらいに見えました。色は黒。ゆっくり近づいてきました。五分くらいは見ていたと思います。写真を撮ろうと思いついて、カメラを取りに部屋に行って、すぐにまたベランダに戻ったのだけど、そのときにはもう消えていました」

消えかたは定石どおり。カメラを取りに部屋に戻れば、まずUFOは消える。待っててくれるほど甘くない。じっと横で話を聞いていたもう一人の男性が、「私はUFOに追い越されました」と僕に言った。意味がわからない。

「千葉の茂原《もばら》の国道です。夜の九時くらいでした。車で走っていたら、後ろから光の玉が追いかけてきたんです。それもひとつではない。いくつもありました。道路の両側。高さは車の屋根のすぐ上。電線に触れるほどの距離でした」

「道路の両側？」

「要するに巨大なＵＦＯだったのだろうと思います。その本体の左右両側にライトが並んでいる。ちょうどムカデのような感じです。脚がライトです。中央部分は暗いので見えない」

「……そのムカデのようなＵＦＯに追い越されたわけですか」

「追い越されました。車の屋根の上です」

「停まらなかったんですか」

「私は停まりませんでした。でも前をもう一台車が走っていて、その車はびっくりしたのか急停車していました」

「茂原はよく目撃されるようですね」

別の男性が僕に言った。

「なぜですか」

「なぜかねえ。念じる人が多いんじゃないかな」

「本気で念じればＵＦＯは現れるんですか」

「いや。あまり必死だと逆に来ない。遊び半分のほうがいいんです。ＵＦＯも鬱陶《うっとう》しいのは嫌なんでしょう」

観測が始まってから、もうすぐ二時間が経過する。相変わらずの秋晴れだ。風もほとんどない。要するに絶好の行楽日和だ。周囲では何組もの家族連れが、芝の上にビニールシートを敷いて持参のお弁当などを食べながら、まさしく団らんの真っ最中だ。

この日の観測会に集まった会員たちは、初老の男性から二〇代前半の女性まで。統一感はまったくない。この敷地内においては明らかに異質な集団だ。全員でひたすら空を見上げているのだから、動きも相当に奇妙だろう。変な宗教に見えるかもしれない。敷地のどこかでは、視線を合わせちゃダメよと子供に言い聞かせている母親がいるかもしれない。

そんな光景を見比べながら、確かにもし僕がUFOに乗り込んでいる宇宙人だったとしたら、観測会の前に現れたいとは思わないかもしれないなどと考える。

「あれは何かしら」

そのとき会員の若い女性が、片手を目の上に掲げながら言った。あわてて全員が彼女の周りに集まる。

「ふらふら動いているわ」

手渡された双眼鏡で、彼女が指さす方向を見る。確かに何かが動いている。

「……あれはカイトだね」

やはり双眼鏡を目に当てていた男性が言う。手渡された双眼鏡を僕は目に当てる。

「そうかなあ。僕にはUFOのように見えるけれど」

「気持ちはわかります、でも残念ながらカイトです」

慰められた。立場が逆じゃないかと言いたくなる。まあそれはともかくとして、代表である山本も含めて彼らの判断基準は、予想以上に厳しい。少なくとも枯れ尾花を見て幽霊だと騒ぐことはないようだ。

「僕の基本は会いに行くことなんです」

ビニールシートの上に腰を下ろしながら、山本は言った。

「情報はあふれています。特に今はネットがありますから、いろいろな情報を簡単に入手することができる。一昔前は宗教が人気でした。でも今は宗教全般の人気があまりない。そのぶん、精神世界にはまる人は多い。はまっているから冷静に分析できなくなる。だからとにかく、ネットは玉石混淆《こんこう》です。五次元世界とかハルマゲドンとか、みんなとても安易に信じてしまう。特に日本人はその傾向が強いですよね。周囲の声にすぐに同調して同化してしまう。だから僕は、もしもネットで気になる情報があれば、その情報を発信した人にできるだけ会いに行きます」

「でもネットの場合、情報の発信者を確定することは難しいでしょう？」

「匿名の情報は取り合いません。とにかく実際に見た人に会います。写真などもその場で、できるだけチェックします」

そう言ってから山本は、じっと上空を見上げている初老の男性に声をかけた。

「清水《しみず》さん、写真を森さんに見せてもらえますか」

うなずきながら清水南さんは、定期入れに入れていた写真を取り出した。一九八七年に静岡の浅間《せんげん》神社の上空一〇メートルほどを飛んでいたUFOを撮ったものだという。写真のほぼ中央に写っている円いお椀型の物体は銀色に光っていて、確かにどこからどう見てもUFOだ。でもトリックではないとは言いきれない。新型のカイトの可能性だって否定できない。写真に撮られた物体がUFOであるかどうかを決めるためには、まずは撮影者である清水さんを、信じるかどうかを決めなければならない。そこからしか始まらない。

二〇〇九年一二月五日の朝日新聞夕刊に、「UFO調査　英リストラ」との見出しの記事が載った。

英国防省は4日、50年以上の歴史があるUFO（未確認飛行物体）の調査部門を1日に閉鎖したと明らかにした。財政難が理由で、同省は「いかなるUFOの情報も、英国にとって可能性のある脅威ではなかった」としている。（後略）

記事によれば、このリストラで年間およそ六五〇万円の歳出が、削減される見込みだという。ずいぶん少額の歳出削減だが、そもそもそんな部署が国防省に設置されていたことが驚きだ。ひそかに地球外生命体と接触している国家機関という設定はハリウッド映画の定番だけど、あながち荒唐無稽《むけい》ではないのかもしれない。

「写真はないけれど、九九年にはすごいUFOをみんなで見ましたよ」

ひとりの男性が言った。

「場所は機械振興会館です。東京タワーのすぐ傍。そこで秋山眞人さんの講演があったんです」

「講演の内容は？」

「もちろんＵＦＯです。講演が終わって休憩になって、会館の外に出たら、東京タワーの方向に大きな母船が見えたんです」

「それは私も見ています。おおぜい一緒でした」

もう一人の男性がうなずく。

「その母船から、小さなＵＦＯが発射されました。数えたら一四か一五機」

「目の前で？」

「ええ。目の前で。ゆっくり。ゆらゆら飛んでいました」

「時間は？」

「かなり長かったですよ。一五秒くらい」

「私はそのとき、遅れて外に出たんです」

もう一人の男性が話に割って入ってきた。

「だから母船は見ていない。でもその小型のＵＦＯは見ました。一四機です」

「最後はどうなったのですか」

「最後はねえ、カメラを取りに会館に走ってまた戻ったら、もう消えていたねえ」

「新聞とかには出ませんでしたか」

「出なかったんじゃないかなあ」

「はっきりと現れたのに？」

「一般の方は普段、あまり空を見上げていませんからねえ」

「でもあのときは、機械振興会館の守衛さんも一緒に見ていましたよ」

途中から話に加わっていた一人が言う。「ああ、いたいた」ともう一人がうなずく。

「びっくりしていたよね」

「うん。こんなの見るのは初めてだって驚いていた」

「……その守衛さんの名前とかはわかりませんよね？」

「訊《き》いていないです」

うなずきながら考える。機械振興会館は財団法人機械振興協会の持ちビルだから、調べることはできる。でも守衛は複数いるし、名前すらわからないし、何よりも一〇年以上も前の話だ。この守衛を特定できる可能性はきわめて低い。それにもし特定できたとしても、返ってくる答えの予想はつく。「そういえばそんなことがあったかなあ」だ。予測で終わらせるなどジャーナリスティックな姿勢ではないとは思うけれど、このジャンルについてはまずそうなる。例外はほとんどない。痕跡《こんせき》は残さないのだ。その程度は学習した。

「月の裏側の映像って、なぜかないんです」

空振りに終わったUFO観測のあと、一行は代々木《よよぎ》駅近くの喫茶店に腰を落ち着けた。しばらくの雑談の後、一人の男性がふと言った。僕は訊き返した。

「そうでしたっけ?」

「NASAはほとんど発表していません」

「でもこのあいだJAXAは、かぐやで撮った月のハイビジョン映像を公開しましたよね」

「表側は公開されました。でもやっぱり裏側は公開されていないはずです。以前は裏側の映像も公開すると言っていました。でも未《いま》だに公開されていません」

首をかしげる僕に、もうひとりが話しかけてくる。

「まったくないわけじゃないですよ。旧ソ連の探査機は月の裏側の写真を撮って公開しています。最近ではNASAの探査機クレメンタインも撮っているし、日本の探査機ではのぞみが九八年に撮っています。だから裏側の写真は、多少はあります。でも圧倒的に少ない」

「つまり月の裏側には、公開できない何かがあるということですね」

僕は言った。場にちょっとだけ迎合。会員たちのほとんどは小さくうなずいた。要するに月の裏側には異星人の秘密基地があるとの仮説だ。初めて月に降り立ったアポロ11号のニール・アームストロングとバズ・オルドリンは月面で異星人に遭遇していたなどの噂も含めて、この手の主張や噂話はかなり多い。

基本的には謀略史観に近いと僕は思っている。確かにアポロ計画の突然の終了や、有人月面探査がもう四〇年近く行われていないことについて、奇妙な不自然さを感じることは事実だが、でも率直な感想としては「いくらなんでも」だ。そこまでして世界を騙《だま》す意味や理由がわからない。

ただしアポロの宇宙飛行士たちの多くが、この手の噂話を肯定するかのような発言を時おりすることは確かだ。アームストロングの次に月面を歩いたオルドリンや、アポロ14号の乗務員で月面滞在記録を更新したエドガー・ミッチェルが、「NASAは異星人とコンタクトをしている」という趣旨の発言を公式にしたことも事実だ。アポロ15号に乗り込んだジム・アーウィンに至っては、月面で神を感知したとインタビューで語っている。

その臨在感は、知的認識を媒介にしたものではない。もっと直接的な実感そのものなのだ。私がここにいて、きみがそこにいる。そのときお互いに相手がそこにいるという感じを持つだろう。それと同じなんだ。わかるかな。すぐそこにいるから、語りかければ、すぐ答えてくれる。きみと私がこうして語り合えるように、神と語り合える。

(中略) すぐそこに神は実際にいるはずだ。姿が見えなければおかしいと思って、何度もふり返って見たくらいだ。しかし、その姿を見ることはできなかった。だがそれにもかかわらず、神が私のすぐ脇にいるというのは事実なのだ。私がどこにいっても神は私のすぐ脇にいる。神は常に同時にどこにでもいる遍在者だということが、実感としてわかってくる。

（『宇宙からの帰還』立花隆《たちばなたかし》　中公文庫）

引用したアーウィンの言葉を二度読み返してから、ここに登場する「神」という言葉を、「お化け」と「心霊」、そして「ＵＦＯ」に置き換えてみた。ほとんど戯れだ。でも置き換えた文章を読みながら、何だかなあとつぶやきたくなった。実際につぶやいたかもしれない。それほどに違和感がないのだ。念のため、「お化け」バージョンを以下に記述する。

すぐそこにお化けは実際にいるはずだ。姿が見えなければおかしいと思って、何度もふり返って見たくらいだ。しかし、その姿を見ることはできなかった。だがそれにもかかわらず、お化けが私のすぐ脇にいるというのは事実なのだ。私がどこにいってもお化けは私のすぐ脇にいる。お化けは常に同時にどこにでもいる遍在者だということが、実感としてわかってくる。

第一三幕 「今日はダウジングの実験です」人類学者は口火を切った

JR御茶《おちゃ》ノ水《みず》の駅を降りてから急ぎ足でほぼ五分。明大《めいだい》通りに面した明治大学リバティタワー前のベンチに座っていた堤裕司《つつみゆうじ》は、近づいてくる僕に気づくと同時に、いつものはにかんだような笑みを浮かべながら立ち上がった。

「待たせちゃった？ だとしたら申し訳ない」

駆け寄りながらの僕の言葉に「いえいえ」と首を横に振りながら、堤は何となくそわそわと落ち着かない。頭に乗せているソフト帽に手をやってから、マントを羽織り直す。その表情は硬い。口数も明らかに少ない。

「もしかして、緊張していますか」

僕は訊いた。一瞬だけ間を置いてから、堤は唇の片端を少しだけ吊《つ》り上げた。要するに笑顔だ。

「まあ、……多少はしているかな」

「これから実験だから？」

「それもあるかもしれないけれど……」

語尾が不明瞭《ふめいりよう》に消える。互いに少しだけ沈黙した。昨年の春、僕は明治大学情報コミュニケーション学部の客員教授に就任した。二〇〇四年に新設されたばかりのこの学部で、メディア・リテラシーやジャーナリズム全般の研究などを主な分野としながら、週に幾つかの授業を受け持っている。客員だから実務的な仕事はさほどないけれど、ゼミも幾つか持っているから、腰かけ的な気分では勤まらない。

就任したとはいっても、履歴書を書いてこちらから応募したわけでは（もちろん）ない。もしその気があるならやってみないかと、情報コミュニケーション学部の石川幹人《いしかわまさと》教授から誘われたことが発端だ。そしてこれに応じた理由の一つは、石川の現在のスタンスに強い興味と関心があったからだ。

東京工業大学理学部卒業後に松下電器産業マルチメディアシステム研究所に入所した石川幹人は、財団法人新世代コンピュータ技術開発機構研究所などを経て（つまりバリバリの理系だ）、現職にいたっている。主な著訳書には『心と認知の情報学』（勁草書房）、『入門・マインドサイエンスの思想』（共編著／新曜社）、『心とは何か―心理学と諸科学との対話』（共編著／北大路書房）、『人はなぜだまされるのか』（講談社ブルーバックス）、『量子の宇宙でからみあう心たち―超能力研究最前線』（徳間書店）などがある。これらのタイトルからも推察できるように、認知心理学や科学リテラシー、科学社会学などのアプローチ手法を駆使しながら石川は、ラインが開拓した超心理学というジャンルに最もアグレッシブに挑む研究者のひとりだ。だからこそ新しい情報化社会のありかたを考察する情報コミュニケーション学部には、石川の存在を求心力にしつつ、この分野の研究者たちが集結しつつある。

石川と堤は初対面にもかかわらず、つい最近二人とも試写会に招待されたばかりというアメリカのホラー映画『パラノーマル・アクティビティ』の話題で、少しだけ盛り上がった。

盛り上がったと書いたけれど、とても抑制された盛り上がりだ。基本的に石川と堤は、大きな声をあげたり笑い声をあげたりしない。静かに微笑むだけだ。それに『パラノーマル・アクティビティ』については、二人とも賞賛というよりは批判だった。言葉にすれば、「……うーん、ちょっとね」という感じ。

初めて堤に会ったのは一九九三年の夏。冷夏の年だった。このころの堤は東久留米《ひがしくるめ》のアパートで、妻と幼い娘の三人で暮らしていた。拙著『職業欄はエスパー』でこのときの堤の様子を、僕は以下のように描写している。

冷夏とはいえ久しぶりに寒暖計が三〇度を超えたこの日、堤裕司はムーミン谷に住みついたスナフキンが被《かぶ》るような黒い帽子にマント姿という、時おりテレビの特番などで見かけるそのままの姿で現れた。口もとには照れたような曖昧《あいまい》な笑いを浮かべている。

「初めまして。森といいます」

「初めまして。堤です」

消え入るような声だった。雰囲気としては、ハロウィンで無理やり仮装させられたひきこもりの中学生だ。ぼそぼそと小さな声で、ウェイトレスにアイスコーヒーをオーダーし、「ドキュメンタリーの依頼は初めてなので、ちょっと戸惑っているんです」と、電話口で何度も言っていたことを、堤はもう一度繰り返した。

このときの堤は、とにかく過剰なほどにシャイだった。特に初めて会う人（このときの僕も含めて）に対しては、何をそれほどに警戒しているのだろうかと思いたくなるほどに寡黙だった。

「これでもずいぶんしゃべれるようになったんです」

少し親しくなったころ、堤は僕にそう言った。

「一応は日本ダウザー協会の会長という立場ですから、たまにメディアからの取材もあるので、そういうときは無理にでもしゃべるようにしています」

一九六二年に福岡県で生まれ、山口県で育った堤裕司は幼年時代、ずっといじめられっ子だったという。小学生のころに兄と二人で家の裏庭でUFOを目撃したことをきっかけにして、超常現象に興味を持ち始めた。このころに自分をいじめたクラスメートたちに復讐《ふくしゅう》してやろうと思いつき、呪いの本などを読みあさった。

「身体的なダメージを与えたんですか」

思わずそう訊《き》けば、「その度胸はなかったので転校させました」との答えが返ってきた。

高校二年になったときに父親が事業で失敗して、一家は神奈川に引っ越した。このときのことについて堤は、「要するに夜逃げです」とあっさりと説明した。高校に通い続けることをあきらめた堤は、大手予備校である東進ハイスクールの研究室に職を得て、脳波をテーマにした研究を任されるが、この少し前から興味を持っていたダウジングにすっかり夢中になり、在職中である一九八四年に日本ダウザー協会を設立する。つまり堤裕司は日本におけるダウザーの先駆者であると同時に、過去から現在に至るまで、ずっと第一人者の位置にいる。

ダウジングを辞書的に説明すれば、「棒や振り子などの器具を用いて水脈や鉱脈を探り当てる占い」(大辞泉)ということになる。でも堤はこの定義に対して、即座に違和感を表明するだろう。出会ってからは二〇年近くが過ぎるけれど、「ダウジングは占いや超能力ではなく技術である」と、堤は一貫して言い続けている。なぜなら振り子やロッドは超自然的な力で動くのではなく、あくまでも腕の筋肉が動かしているからだ。堤はダウジングを自転車によく喩《たと》える。つまり誰もがすぐには乗れないが、練習すれば誰もが乗れる。

ならばそれは超能力ではない。

技術であるかどうかはともかくとして、かつてダウジングが人々の生活や日常に密着していたことは確かだ。真言密教の祖である弘法大師空海《こうぼうだいしくうかい》は錫丈《しゃくじょう》を使いながら、日本各地で井戸や温泉を掘り当てたと伝承されている。その姿を想像してほしい。明らかにダウザーだ。中世ヨーロッパにおいても井戸や鉱脈を探し当てる技術として、ダウジングは民間レベルで普通に使われていた（しかし魔女狩りの時代が到来するとともに、ダウジングはオカルトの領域へと押し込められる）。

ベトナム戦争時に米軍による地雷探知にダウジングが採用されたとの記事が、ニューヨーク・タイムズ紙に掲載されたとのエピソードは有名だ。オーストラリアのオパール採掘現場などでは、今もダウジングで鉱脈探しが行われている（これは実際に映像を見た）。一九七四年に発行された『科学朝日』五月号には、「東京の武蔵村山《むさしむらやま》市の水道担当部署が古い水道管を探査するためにダウジングを利用している」との記事が掲載されている。空海はともかくとしても兵士や市職員や鉱山労働者たちが実際にダウジングを習得していたとの前提が成り立つならば、確かにダウジングは超能力ではなく、技術として規定されるべきジャンルになるだろう。

ところがダウジングは技術であると主張しながら、堤は振り子を持つ腕の筋肉は作為的に動いてはいない、とも主張する。水や鉱物などあらゆる物質が持つ波動や固有のエネルギーなどの情報を潜在意識が感知して、それが顕在意識を経由せずに腕の筋肉に伝わり、振り子やロッドの動きとして増幅されるという理論なのだ。

原子を構成する素粒子の実態が粒であると同時に波動的な性質を持つことは、量子力学の分野ではすでに証明されている（最近では微細なひもの振動であるとする超弦理論が注目されている）。その意味ではある程度の合理性はある。でもある程度だ。物質の持つ（波動の）情報を潜在意識が感知するという文脈は、科学的とは言い難い。感知のメカニズムがわからない。それではやはりオカルトのままだ。だからこそ今日のこの実験を、僕は石川に提案した。メカニズムはともかくとして、当たるかどうかの実証くらいはしておきたい。その確率が標準値をはるかに超えるならば、今後の布石になるはずだ。

ちなみにニセ科学批判の第一人者であるテレンス・ハインズ博士は、その著書『ハインズ博士　再び「超科学」をきる』（化学同人）で、超常的な力で振り子が動くことなどありえないとの論旨でダウジングを否定している。その一部を引用する。

（略）被疑者が有罪か無罪かまでも、振り子によって決められた場合がある。魔法の振り子は、隠されたどんな事実もあばいてくれるという。

振り子は確かに自分の力で行ったり来たり動いているように思われ、それを支えている者は動きを与えようとはしていないと正直に主張する。実際はダウジング・ロッドの場合と同様、脳には感知されない細かい腕の動きが振り子運動の原因となっているのである。

この後も得々とハインズのトリック暴きの話は続く。ならばまずは言わねばならないけれど、今どき「振り子が自ら動いている」などと主張するダウザーはほとんどいない。堤も含めてほとんどのダウザーは、振り子やロッドは腕の筋肉によって動いていることを前提にしている。現実には少数派である人たちを多数派であるかのように措定するこの論法は、その前提がすでに強いバイアス下にある。

ただしこの論法の前段で展開されるハインズの批判は、例えばダウジングのほとんどはどうとでも解釈できる曖昧な表現（マルティプル・アウト）によって成り立っているなど、それなりに説得性はある。特に予言や透視や占いなどの領域においては、マルティプル・アウトの傾向があることは確かだ。でも堤のダウジングについては（後述するけれど）、少なくともマルティプル・アウトの要素はほとんどない。

大学院の教室にはすでに、学部生や院生たちが一〇人ほど集まっていた。情報コミュニケーション学部の准教授で明治大学意識情報学研究所代表も兼任している蛭川立《ひるかわたつ》もいる。シャーマニズムや臨死体験などを研究課題にした人類学を専門分野とする蛭川は、アマゾンやメキシコなどにおけるシャーマニズムとタイやチベットなどにおける東洋的な瞑想《めいそう》技法などを比較研究しつつ、人間の意識状態の研究を続けている。著書には『性・死・快楽の起源』（福村出版）、『サイケデリックスと文化』（共著／武井秀夫＋中牧弘允編）、『彼岸の時間』(ともに春秋社)、『精神の星座(内宇宙飛行士の迷走録)』(サンガ)などがある。石川は最先端科学や認知心理学などの技法を使いつつ、そして蛭川は人類学や生物学のアプローチで、それぞれに超心理学を研究しているということになる。

そういえばつい最近、日本における明晰夢《めいせき》(夢の中でこれは夢であると気づく夢)研究の第一人者としてテレビから取材されたが、オンエアではマッドサイエンティストのように描かれていて閉口したとの話を、蛭川本人から聞いたばかりだ。深層意識の研究や大脳生理学の見地において明晰夢は、フロイトを持ち出すまでもなく多くの示唆に溢《あふ》れているはずのテーマだ。でもテレビ的には夢を研究しているというだけで、際もの扱いされやすい。テレビ(つまり一般人)の感覚としては、位置的にはぎりぎりアウトの感覚なのだろう。その意味では、ダウジングと共通するかもしれない。

「いろいろ試行錯誤したのですが、堤さんからは実験の素材としては水が最もやりやすいとのアドバイスをもらっていたので、今日はこんなものを用意しました」

そう説明しながら石川は、小さな透明プラスティックのカプセルを鞄《かばん》から取り出した。数は全部で一四個。その半分には洗剤の粉が詰められている。残りの七個に入っているのは水道水だ。

「最初は米にしようと思ったのだけど、振ると微《かす》かな音がするんです。ならばこの実験にはふさわしくない。塩や砂糖は水分を吸着する性質が強いので、水が入ったカプセルとの違いが不明瞭《ふめいりよう》になってしまう可能性がある。まあそんなこんなで、今回は洗剤にしました」

まずは水と洗剤が入ったカプセルそれぞれを一個ずつ、石川は堤に見本として手渡し、次に残り一二個のカプセルを二つのグループに分け（それぞれ水と洗剤のケースは三個ずつ）、そのひとつずつを判子を入れる小さな黒い革袋に入れた。次に袋の口に付いている紐《ひも》を固く結んでから、六つをテーブルの上に置かれた鞄に戻し、残りの六つをテーブルの上でシャッフルした。

これでもう、水と洗剤の割合が三つずつであることは間違いないけれど、どの革袋が水の入ったカプセルでどの革袋が洗剤入りのカプセルなのかは、誰にもわからなくなった。

「この六つのカプセルから、堤さんには三つの水の入ったカプセルを選んでもらいます。ただしこの際、被験者である堤さんだけではなく、ギャラリーにもどれが水でどれが洗剤なのかをわからないようにすることが重要です」

テーブルの上に視線を送りながら、蛭川が学生たちに説明する。

「なぜならギャラリーがこれを知っているかぎり、被験者はギャラリーの顔色や目の動きで正解を知ったとの可能性を払拭《ふっしょく》できなくなります。あるいはダウジングではなくギャラリーの心を読むテレパシーを使ったとの可能性も出てくる。まあもしそうなら、それはそれですごいけれど。とにかくデータの信憑性《しんぴょうせい》を妨げる可能性がある要素については、可能なかぎり排除します」

小さな振り子を堤が取り出した。材質は木製で二〇センチほどの鎖がついている。特別な装飾もなければ仕掛けもない。何の変哲もない振り子だ。実際には糸で吊《つる》した五円玉でも充分なのだと、堤はよく説明する。

テーブルの上の六つの革袋の上に、右手に持った振り子を堤は順番にかざす。右から左にチェックしてから(時間としてはそれぞれ三秒から五秒ほど)、まずは右から二つめを、堤は右手の指先で示した。

「これは水」

助手として蛭川から指名された院生が、堤が指定した革袋の位置を列からずらす。残された五つの革袋の上にもう一度振り子をかざした堤は、「次はこれ」と二つめを選び、残された四つから最後のひとつを選ぶときも、逡巡《しゅんじゅん》する気配はまったく見せなかった。つまりマルティプル・アウトの要素は欠片《かけら》もない。こうして六つの革袋は三つずつに分別された。

「じゃあチェックします」

言いながら院生は、堤が水として選んだ三つの革袋のひとつを摘《つま》み上げ、その紐をほどき始めた。全員の視線が集中する。重苦しい沈黙。現れたカプセルの中は白い粉。つまり洗剤だ。誰かが「うーん」と唸《うな》る。院生は無言で二つめのカプセルを革袋から取り出した。今度は透明だ。つまり中身は水。明らかな安堵《あんど》の雰囲気が教室に漂う。そして三つめ。これも水。

結果として、堤がダウジングで選んだ三つのカプセルのうち、一つは洗剤で二つは水だった。学生や院生たちの表情は微妙だ。無言で実験を見つめていた石川が、やおら立ち上がると、数式をホワイトボードに書き出した。

二分の一×五分の二×四分の一

「もしも堤さんが選んだ三つのカプセルの中身がすべて水だったとしたら、その確率はこの計算の積である二〇分の一ということになります。でも現実にはひとつ外れました。水が二つで洗剤がひとつ。この場合の有意性判定確率は二分の一ということになります。要するにアベレージの確率です」

そう石川は説明した。ここでいう確率は、偶然にまぐれ当たりでそういう結果、およびそれ以上の結果が出る確率の総和ということになる。石川は、最初に鞄に戻していた六つの革袋を、慎重な手つきで再び取り出した。二回めの実験だ。新たにテーブルに並べられる革袋を、堤はじっと眺めている。そういえば一回目の実験が終わってから今まで、堤はまったく言葉を発していない。

およそ一〇分後、堤は二回目のトライアルを終えた。手順は一回目と同様だ。椅子から立ち上がった院生が、水が入っていると堤が判断した三つの革袋を手にして、ひとつめの革袋の紐をほどく。中からは透明なカプセルが現れた。つまり水だ。二つめも水。教室内の空気が明らかに変わる。そして三つめの革袋からも水の入ったカプセルが現れたとき、教室内は大きくどよめいた。同時に蛭川が、冷静な口調で院生に言った。

「すべて確認してください」

「すべて？」

「残りすべてです」

一瞬の間を置いてから、ああなるほどというようにうなずいた院生は、残された三つの革袋の口も開ける。もちろん三つとも洗剤だ。蛭川が石川に視線を向ける。

「先ほどは二分の一で今回は二〇分の一ですから、二つの実験におけるトータルな有意性判定確率は、〇・四〇〇分の一九ということになりますね？」

「そうですね。かなり興味深い確率です」

「この後はどうしましょうか。まだ少し時間はありますね」

「もう一回やりましょう」

僕は言った。でも蛭川も石川も（もちろん堤も）即答しない。

「……もう一回ですか」

少し間を置いてから、ちょっとだけ困ったように石川が言う。声には明らかに逡巡がある。当然だろう。実験の精度を上げるためには、アドリブ的な要素はできるだけ排除しなくてはならない。事前に実験は二回だけと決めていたのなら、時間が余ったから三回にするなど本来は許されない。それは僕も承知している。でも二回の実験を終えて確率的には四〇〇分の一九ということは、ほぼ二〇回に一回だ。稀《まれ》な確率ではある。でも二〇回に一回の確率では物足りない。もう一回やってもし三個ともまた的中できたなら、確率は二〇〇〇分の七になる。ならば説得力は格段に違う。石川が言った。

「今回のこの予備実験は、意識情報学研究所の主催です。だからもう一度やるかどうかは、研究所代表の蛭川さんが決めてください」

「……そうですね」

言いながら蛭川は考え込んだ。

「堤さんさえよろしければ」

視線を向けられた堤は即答した。

「私はかまいません」


一九九八年に発表したテレビ・ドキュメンタリー『職業欄はエスパー』では、堤のダウジング実験をラストシーンにした。場所は堤の家の近くのお好み焼き屋。堤の一人娘の太緒《たお》ちゃん（このときは六～七歳だったと思う）も同席させ、お好み焼きを食べてから、テーブルの上で茶碗《ちゃわん》を三つ伏せ、そのうちの一つに丸めたティッシュを入れて、それを堤に当てさせた。

このときは同じ実験を三回やって、堤は一回目と三回目を的中させた。振り子が右回りならYESで左回りならNOというルールを堤は設定しているが（ルールは人によって違う）、このときに撮った映像を子細に点検すれば、一回目と三回目はあっさりと右に回っているが、丸めたティッシュが入っている茶碗の上で二回目の振り子は、ぐにゃぐにゃと右に回ったり左に回ったりを繰り返している。まるで駄々をこねるかのように。だから二回目のとき堤は、振り子を手に明らかに困惑していた。

このドキュメンタリーを深夜帯で放送して四カ月後、(かなり反響が大きかったので)土曜夕方の放送枠で九〇分の超能力番組をリメイクできないかとフジテレビから打診された。時間帯を考えればバラエティタッチにすることは不可欠なので、三人のエスパーにタレントも加えてキャスティングしてほしいとのリクエストだった。

最終的にはダチョウ倶楽部《クラブ》と女性タレントの起用が決まり、三人の超能力者と四人のタレントがロケバスで首都圏を移動しながら、二泊三日のオカルト・ツアーを敢行するとの構成になった。

このときのロケでは清田益章《きよたますあき》が絶好調で、普段はテレビカメラの前でやりたがらないスプーン捩《ねじ》りや念写にも、あっさりと成功した。

ロケ最終日、僕は堤裕司に、四人のタレントと清田と秋山眞人《あきやままこと》がそれぞれ両手に二枚ずつ持つトランプのカードから(つまり全部で一二枚)、あらかじめ決めておいた一枚のカードをダウジングで当てるという荒技に挑ませた。なぜならこの前夜に宿泊した旅館でのダウジング実験で、堤はダチョウ倶楽部の寺門《てらかど》ジモンが部屋の中に隠したマッチの場所を特定することができなかった。つまり失敗した。だからその雪辱をしたかった。堤がそう望んだわけではない。この場合の主体は僕だ。僕が雪辱したかったのだ。失敗したシーンはカットするという手法も(もちろん)あったけれど、このときの僕は、失敗も成功もすべてカットしないという方針を立てていた。だからこそ当ててほしかった。当たるまで続けていたかもしれない。客観性など欠片もない。

結果として堤は一二枚のカードのうち、あらかじめ指定されたハートの6を、一発で見事に的中した。それもきわめてあっさりと（後で聞けば、振り子がこのときはとても明確に動いたという）。確率は一二分の一。そのカードを持っていたダチョウ倶楽部の上島竜兵《うえしまりゅうへい》が、撮影が終わってからもしばらくは、「すげえよすげえよ」と興奮していたことを覚えている。

確かにダウジングは当たる。これまでに何度も堤のパフォーマンスを見てきたけれど、明らかに偶然の領域を超えているとの実感を僕は持っている。だから水と洗剤が入ったカプセルの実験で四〇〇分の一九の確率は、僕にとっては物足りなかった。もう一度やって三つを当てれば、四〇〇分の一九は二〇〇〇分の七になる。迷宮の回路の壁に穴を穿《うが》つためには、その程度の確率は必要だ。

「堤さん、いいよね？」

熱烈な羊になりきってしまっている僕は、もう一度念を押した。何でもいいや。結果がすべてだ。堤はこっくりとうなずいた。

第一四幕「今日の実験は理想的な環境でした」ダウザーはきっぱりと言った

その後の実験経過を記す前に、ここまでの手順と結果を復習する。

1　一二個の透明カプセルに、水と洗剤を六個ずつ入れる。
2　印鑑を入れる細長い革袋に透明カプセルを入れて、外から中が見えないように口を縛る。
3　テーブルの上に六個（半分は水で半分は洗剤）の革袋を置き、ダウジングで水が入った透明カプセルを仕分けさせる。

一回目の実験の際には、二個の水入りカプセルと一個の洗剤入りカプセルを堤《つつみ》は選択した。つまり二個は的中して一個は外れた。この場合の（有意性を判断する）確率は二分の一だ。そして二回目の実験の際には、選んだ革袋すべてに、水入りカプセルが入っていた。つまりすべて的中した。この場合の確率は二〇分の一。六回試して五回適中させたとの言い方もできる。

本当はここで実験を終えて、院生や学生たちと堤との質疑応答などに移る予定だった。結果が振るわないから実験を延長するなど、本来ならあってはならない。でも今回は正規の実験ではない。実験の際の環境設定や被験者の心理などを探るための予備実験としての位置づけであることは、授業の前に全員で確認し合っている。どんな結果であれ、学術論文としては公表しない（つまりその精度は追わない）ことが前提だ。ならば多少のアドリブは許容してもらえるはずだ。何よりもかつてドキュメンタリー撮影時に、ありえない確率で的中する堤のダウジングを目撃している僕としては、この結果（二回の実験を総合すれば確率は四〇〇分の一九）に満足できなかった。物足りなかった。だから実験回数の延長を申し入れた。

三回目の実験は、一二個の革袋すべてを使った。テーブルの上に置かれた革袋の上に振り子を持った右手をかざした堤は、その揺れる様子を凝視する。これを一二個すべてに繰り返すわけだが、一個一個にかける時間はそれほど長くない。長くても一〇秒ほどだ。数秒でやめてしまう場合もある。

振り子が右回りならYESで左回りならNO。これが堤のダウジングのルールだ。数秒でやめてしまう場合は、その揺れ方がとても明確であるということを意味している。

ただしこのルールは、すべての人に共通する法則ではない。振り子が右回りならNOで左回りならYESというルールにしている人もいる。だからダウジングを練習する際には、結果がすぐにわかる設問（たとえば複数の茶碗のどれに硬貨が入っているかとか）を数回試し、自分にとってのYESが右と左どちらの回転であるかを、まずは知らねばならない。

三回目の実験では、三個の革袋を堤が選んだ段階で、中のカプセルを確認した。革袋の中から取り出された透明カプセルのうち、水が入っていたのは一つだけ。二つには洗剤が入っていた。つまり三つのうち二つが外れだ。

「……うーむ」

石川《いしかわ》がうなる。声に出すか出さないかは別にして、教室内にいる教員や学生や院生のほとんどが、同じタイミングでうーむとうなる。しばらくは誰も発言しない。明らかに「やらなければよかった」的な雰囲気だ。

「えーと、つまりこの場合の確率は……」

口火を切りかけた蛭川《ひるかわ》が途中で絶句した理由は、ひとつ当たりで二つ外れという確率は、計算するまでもなく、とても当たり前の確率であるからだろう。

「……どうしますか。残りの九個から、また水を三個選びますか」

院生の一人が蛭川に訊《き》き、訊かれた蛭川は石川に視線を向ける。

「残りの九個のうち現状では、五個が水で四個が洗剤ですよね」

「そういうことになりますね。計算がちょっと面倒です」

「もう違う実験にしましょう」

そう言った僕に、全員の視線が集中する。

「違う実験？」

石川が訊き返す。

「タロットでやりましょう。せっかく用意したのだから」

「タロットですか？」

蛭川が意外そうに言った理由は、実験前に堤を入れて方式や手順を確認したとき、「タロットはどうですか」との石川の質問に対して堤が、「タロットを使ったことはほとんどないです」と答えたため、今回は見送ろうとの結論になっていたからだ。

「堤さん、どうですか？　森《もり》さんはこう言っていますが、気が乗らなければ無理はなさらないように」

蛭川の質問に対して数秒の間を置いてから、堤は「……やってみます」とつぶやいた。

六種類のタロットカードを二重の封筒の中に入れ、その封筒を何度もシャッフルしてから、石川はテーブルの上に並べた。そのひとつを僕は手に取った。天井の蛍光灯にかざして見ても、中に入っているカードの図柄はわからない。

次に石川は、封筒に入れた六種類のタロットと同じ図柄をコピーした六枚の紙を、堤に手渡した。

「その六種類の紙からひとつの図柄を選び、それがどの封筒に入っているかを当てる実験です」

石川は言った。

「まずは二枚を当ててもらおうと思います。もし最初の一枚が当たればその確率は六分の一。さらに続けてもう一枚が当たれば、その確率は三〇分の一になります」

「もし全部当てたら？」

僕は訊く。

「それはすごいことになります」

石川が楽しそうに言う。

「えーと、六分の一かける五分の一かける四分の一かける三分の一かける二分の一ですから……」

「七二〇分の一」

蛭川が言う。

「もしも一回でその確率が出れば、さすがに偶然とは言いづらい。まあ科学的には、偶然ということで処理できますが」

振り子を手にしたまま堤は、じっとみんなの会話を聞いている。あるいは感覚を集中させているだけなのかもしれない。でもそれは誰にもわからない。僕らにわかることは、堤はじっと押し黙っているということだけだ。

ダウジングやテレパシー、透視などの実験の際には、結果は必ず確率で示される。その意味ではスプーン曲げのように明確ではない。かならずグレイゾーンが付随する。実験の結果がどれほどに驚異的であっても、「絶対に偶然ではない」との断定はできない。石川の言葉の意味はそこにある。

ポーカーで最初に配られた五枚が（ジョーカーは入れず）フルハウスとなる確率は、約六九四分の一だ。可能性は確かに低いけれど、一晩やれば出てもまったく不思議はない。ロイヤルストレートフラッシュに至っては約六五万分の一ということになる。でも配られると同時にロイヤルストレートフラッシュを宣言した誰かに、イカサマをやったなとその場で決めつけることはできない。絶対にあり得ないわけではないのだから。

つまり今日のダウジング実験で堤が一〇回連続このタロットカードを的中させたとして（一〇〇〇回でもいい）、これもまた数学的にはきわめて稀《まれ》であるけれど、絶対にありえないことではない。ちなみに量子論的には物体が壁に激突しないで通過して向こう側に行くことも、天文学的な確率ではあるけれど、起きて不思議はないとされている。

近代科学のジャンルにおける多くの実験も、この確率計算と無縁ではない。だからこそ「いつ」「誰が」やったとしても、同じ条件が設定されているならば同じ結果が出ることが要求される。つまり追試に耐えられるだけの再現性だ。これが認められたとき確率は偶然の領域から初めて離脱して、科学の領域として認知される。

でもほとんどの超能力の実験は、再現性を達成できないし、追試にも耐えられない。なぜなら人は同じ条件を設定されたとしても、同じ心の状態を維持できるとはかぎらない。

テーブルの上に並べられた六枚の封筒の上に振り子をかざした堤は、やはりこのときもトータルでほぼ一分足らずという短時間のうちに、二つの封筒を選択した。ためらったり迷ったりするような気配はほとんどない。最初に選んだ封筒を指で示しながら、「これがまず、この王様みたいなカードです」と堤は言った。院生の一人が「皇帝ですね」と補足した。

「こっちの封筒は、この骸骨《がいこつ》みたいな絵柄です」

「死神ですね」

うなずきながら院生は、最初に堤が選んだ封筒を鋏《はさみ》で開封して、中のカードを取り出した。現れたのは皇帝ではなく、カンテラを下げた魔法使いのような図柄だった。

「……隠者です」

続いてもうひとつの封筒を開封する。現れたのは死神ではなく、顔が描かれた三日月だ。

院生が「月です」と小声でつぶやいた。

つまり二つとも外れ。皇帝のつもりが女帝だったとかなら、外れは外れでも気分的には惜しかった的な感じになれるけれど、それすらも許さないほどに徹底した外れだった。特に、他に似た図柄のカードがない死神は、最初に当てるカードとしてはあまりにリスクが高い。数秒の沈黙。僕は言った。

「残りの四つの封筒から死神を当ててみたら？」

深く思慮したうえでの発言ではない。というか何も考えていない。悔しさと腹立たしさでほとんど暴走状態になりかけている。一瞬だけ僕に視線を送ってから無言でうなずいた堤は、残った封筒の上にもう一度振り子をかざす。

「えーと、これです」

院生が開封する。現れたカードは「皇帝」だった。次に堤が指示した封筒を開封すれば「魔術師」。ことごとく外れている。これはひどい。偶然以下だ。

「タロットはやめて、やっぱりこっちにしましょう」

言いながら僕は、六つの革袋をもう一度取り出した。暴走は加速するばかりだ。おまけに半ばやけくそになっている。

石川や蛭川は無言で僕の動きを見つめている。学生や院生たちも発言しない。この場にいるほとんどが、おそらくは「もうやめたほうがいいのに」と思っているのだろう。そうはゆかない。このままでは終われない。何のために堤を呼んだのかわからない。

もう書くまでもないけれど、最後に僕が並べた六つの革袋から堤が選んだ三つの革袋のうち、水はひとつだけだった。残りの二つは洗剤。つまり当たりは一つだけ。僕は黙り込んだ。堤も沈黙している。まるで一ラウンド中に何度も倒されたボクサーだ。とっくにテクニカル・ノックアウト負け。ぼろぼろだ。これ以上はもう闘えない。でもこの試合においては、ボクサーよりもセコンドが熱くなって暴走して、勝手にぼろぼろになっている。

「……実験のやり方に問題はありましたか」

しばらく沈黙が続いたあとに、院生の一人が小声で質問した。テーブルの前に立ちながら、堤は小首をかしげる。

「問題、ですか？」

「ええ。手順とか。あるいは教室の状況設定とか。何らかの障害や問題はありましたか」

堤は即答した。

「問題はないです」

院生は少しだけ意外そうに念を押す。

「何も？」

「何もないです」

「質問していいですか」

それまでじっと黙っていた学生が手を挙げる。

「ダウジングは超能力ではないと堤さんは主張していると聞いたのですが？」

「技術です。筋肉の微細な動きを、振り子を使って増幅するわけです。だから誰でもできます。ただ、その増幅のやり方とか見分け方とか、いろいろ習熟しなくてはならないことはあります。……私はもう二五年やっていますが、いまだに今日のように的中できないわけですから。でもとにかく、振り子は不思議な力で動いているわけではありません。動かしているのは腕の筋肉です」

「筋肉の動きは活動電位によって起こります」

「そうですね」

「ならばその電位を測定すれば、ダウジングと同じような効果が得られるということでしょうか」

「理論的にはそういうことになると思います。以前、東京学芸大の運動生理学研究室で、筋電図を測りながらの実験をやったことがあります。そのときは確か、振り子の動きと筋電図のあいだに一定の相関関係があったようなことを言われました。ただその時代は、筋肉に針を刺して測定する方法が主流だったのだけど、私はケーブルをつないだパッチのようなものを貼る方式にしてもらったので、精度が厳密ではなかったかもしれません」

「どうしてより厳密な測定にしなかったのですか」

そう訊《き》かれた堤は即答する。

「痛そうなので」

質疑応答を聞きながら考える。「痛そうなので」はいかにも堤らしい答えだけど、でももしこのときに堤が痛みをこらえて実験に臨んだとしても、その結果は必ず痛みの影響を受ける。なぜなら（たとえ超能力でないとしても）ダウジングは、やはり心の動きを具現化する現象であるからだ。ならば再現性も望めない。

そろそろ授業終了の時間だ。では最後に何かあれば、と石川に言われて、堤は数秒だけ沈黙した。

「……かつてフランスでは、ダウジングの心得がまったくない一〇〇人の脳波を測定しながら、地下水の上を歩かせるという実験をしたそうです。このときは明らかに多くの人の脳波が、地下水の上を歩くときに反応したとの実験結果が出ています。でも水は微量のガンマ線を放出しているらしいので、そのガンマ線が脳波形や意識に影響したとの可能性ももちろんあります。だからこれだけをもって、意識は地面の下の水を感知しているとは断定できないと私は思います」

まるで否定派のコメントだ。これが最後の締めの前段。まあいかにも堤らしいとは言えるけれど。

「……誰もができるとさっきは言いましたが、熟練している人としていない人の違いのひとつは、先入観をどの程度払拭《ふっしょく》できるかです。ここにいる森さんからも以前、テレビカメラの前で、一〇円玉を握っている手は右か左か式のダウジングをやらされたのですが、見た瞬間に意識は右とか左とか思い込んでしまう場合があるので、実は二択はとても当てづらいんです。だからその意味では今日の実験は、とても理想的な環境でやらせてもらったと思います」

「何度も言いますが、今日は予備実験です」

ホワイトボードの横に立っていた蛭川が、院生と学生たちに言った。

「ダウジングが当たるかどうかを実験で明らかにすることが目的ではなく、どういう状況でどういう手法を使うと被験者は結果を出しやすいのか、あるいは出しづらいのか、それを考察するための実験です。結果に重きを置いていません。だから回数も途中で増やし、やる予定ではなかったタロットもやりました。でもその結果、いろいろ今後の参考になることがわかりました。堤さんは事前の打ち合わせで、タロットはやったことがないからとやりたがらなかった。でも強引にやらせてしまった。その結果、ありえないくらいに外れました。その心理的な負担が次の実験にも影響した。そう考えると、これはこれで非常に興味深い結果です」

「ああそうか」

僕は思わず小声で言った。確かにタロットの際の外れっぷりはすごかった。仮に無作為にやったとしても、確率的にはもう少し適中するはずだ。つまりサイ・ミッシング（偶然を大きく下回る確率で現象が起きること）なのだ。堤と石川は無言のままだ。二人とも、そんなことはわかっていたというような表情だ。とにかくこうして予備実験は終了した。

サイ・ミッシングの典型的な事例としては、宇宙飛行士のエドガー・ミッチェルがアポロ14号のミッション中に行った非公式（当然ながらNASAは関与していない）なテレパシー実験がある。艇内でESPカードにあたるものを作成したミッチェルは、そこに記した数字の組み合わせを地球にいる四人の受信者に念として送り、宇宙からの帰還後にこれらを集計したが、適中率は偶然期待値より低く、その異常さは偶然比で三〇〇〇分の一だった。しかし、そもそもなぜミッシングしたのかがわからない。ミッチェルが山羊《やぎ》だったとはとても思えないし、ミッシングの理由を後づけするのでは問題だ。

ちなみにエドガー・ミッチェルについては、こんな記事も過去には配信されている。


政府は宇宙人の存在を隠ぺい？＝元NASA飛行士が「証言」

米航空宇宙局（NASA）の元宇宙飛行士が英国の音楽専門ラジオ局のインタビューで、政府は宇宙人の存在を隠ぺいしていると発言。米英メディアが相次いで報じる騒ぎに発展した。

この元宇宙飛行士は、1971年に打ち上げられたアポロ14号の元乗組員エドガー・ミッチェル氏（77）。

同氏は23日の放送で、政府は過去60年近くにわたり宇宙人の存在を隠してきたが、「われわれのうちの何人かは一部情報について説明を受ける幸運に浴した」と説明。宇宙人は「奇妙で小さな人々」と呼ばれているなどと語った。（二〇〇八年七月二五日時事通信）

第一五幕「あるかないかではないんです」超心理学者は首をかしげてから応じた

二〇一〇年四月下旬の夜、僕は中央区《ちゅうおう》京橋《きょうばし》の裏通りを歩いていた。傍らには地図を片手にした岸山。でもなかなか目的地にたどり着けない。要するに道に迷いながら、延々と「あっちです」とか「こっちでした」とか言われながら歩き続けている。だんだん腹が立ってきた。「担当編集者のくせに何で場所くらい事前に確認していないんだよバカヤロウ」と岸山を蹴《け》りたくなる。

僕の表情が変わりつつあることに気がついたのか、岸山は必死に通行人やタクシーの運転手に何度も道を訊《たず》ね、目的地である中央区立京橋プラザ区民館に着いたときには、開演時間を二〇分ほど過ぎていた。

会場には三〇人ほどの男女がいた。年齢層はばらばらだ。白髪の紳士もいれば二〇歳前後の女性もいる。会議室のパイプ椅子に腰を下ろしながら、僕は壇上に視線を送る。本間《ほんま》修二《しゅうじ》による基調講演は、ちょうど始まったばかりだった。

大手番組制作会社であるTBSビジョンのエグゼクティブ・プロデューサーを肩書きに持つ本間は、ユリ・ゲラー騒動が終焉《しゅうえん》したあと、日本のメディアにおける超能力ブームを牽引《けんいん》したひとりだ。以前に取材した元フジテレビのプロデューサーである小林《こばやし》は、どちらかといえば心霊番組に特化していたが、本間はほぼ超能力番組だ。一九八九年から九二年にかけてTBS系列で放送されていた『ギミア・ぶれいく』などの人気番組をベースにしながら、本間は数々の超能力ドキュメンタリーを精力的に制作し続け、中国の特異効能士（超能力者）を紹介するなど、大きな反響を呼び起こした。

書籍版『職業欄はエスパー』におけるインタビューで本間は、日本の子供たちを集めた超能力強化合宿的な催しを撮影している際に、当時一世を風靡《ふうび》していた「つくしちゃん」（もしも年配の読者なら、ああ、あの女の子かと思い出すかもしれない）が手にしていた空のガラス瓶の中に木の葉が忽然《こつぜん》と現れる瞬間を、業務用のカメラで近距離から撮影した、と説明した。

つまりテレポーテーション（瞬間移動）だ。カメラや人の視線を徹底的に避けるはずの超能力が、映像にしっかりと捉《とら》えられた歴史的な瞬間だ。しかし本間は結局、編集時にこのシーンをカットしてオンエアした。その理由を訊く僕に本間は、「……どう言えばいいのかなあ。怖くなったんですよね」とつぶやいた。

この時期の僕は、羊・山羊効果やサイ・ミッシング、あるいは超常現象における

「elusiveness problem」（とらえにくさ問題）なる言葉は知らなかった。でも超能力も含めてのオカルト全般において、そんな見え隠れの傾向が確かにあることは感じていた。そしてここにこそ、これらの現象の本質の一端があるのでは、と思いかけていた。

今回のこの原稿を書くにあたり、僕はネットで『ギミア・ぶれいく』を検索した。そしてYouTubeで当時の番組を見ることができた。超能力特集の回はほとんど見ていたはずだけど、YouTubeにアップされているこの特集は見ていなかった。

このときの主要な被写体は、ロック・スター（喩《たと》えていえばジミー・ペイジ）のようにパーマをかけた長髪の清田益章《きよたますあき》だ。中国大連《だいれん》にある超能力研究と養成の機関である人体科学研究所で、日本・台湾・アメリカ・中国を代表する超能力者たちが集まったシンポジウムが行われる。その初日に行われたのは、人体科学研究所の副所長によるデモンストレーションだ。

中国の昔の武将のような髭《ひげ》を生やしたこの副所長は、煉瓦《れんが》を気の力で割ったりスプーンを曲げたり密閉した薬瓶から錠剤を気合もろとも取り出したりするなどのパフォーマンスを披露するが、その手の動きは明らかに不自然だ。直截《ちょくせつ》に書けば、相当に胡散臭《うさんくさ》い。

ところがこの番組で注目すべきは、副所長のパフォーマンスのほとんどがおそらくはトリックであるとの推測を、清田に語らせているということだ。断定はできないけどさ、と言いながら清田は、あんな手つきをしたらダメだよな、とはっきり言っている。

捕捉《ほそく》しなくてはならないが、二行前に書いた「語らせている」の意味は、清田が用意された台本に従って語ったという意味ではない。清田は自分の意志で語っている。ただし編集時にそのカットが残されてオンエアされたということは、番組のプロデューサーで現場にいた本間修二自身が、副所長の手つきを疑わしいと思い、そしてそれを清田の言葉を使って表明したということになる。本間の意向にそぐわなければ、清田のこの発言は放送前のプレビュー（局内試写）の段階で、当然ながらカットされている。つまり発言の主体は清田でもあるし、言葉を選んだ本間でもある。企画を通したプロデューサーとしては、わざわざ中国まで出向いたのだから、「あんな手つきをしたらダメだよな」はカットすることが普通なのに。

さらに番組は、副所長に続いておおぜいの観客の前でスプーン折りに挑戦した清田が、どうも調子が出ないと二回にわたって中断する過程も提示する。都合の悪い要素を削らない。もちろん最終的にはスプーン折りに成功するわけだけど、その直前に清田が口にした「スプーンを折るだけならば、手や腕の力でもっと簡単に折ることができる。つまり折れることと自体には意味などない。重要なことは、物理的な世界と精神的な世界とが融合する場合があると知ることであり、扁平《へんぺい》な自らの認識を変革することだ」とのコメントも、しっかりとオンエアされている。これもまたゴールデンタイムに放送される普通のテレビ番組なら、カットされる可能性は高い。だって理屈っぽくてわかりづらい。テレビが最も嫌う要素だ。

ドキュメンタリー『職業欄はエスパー』のコンセプトのひとつは、安易な整理をせず、失敗の過程も含めてのリアリティを提示することだった。この分野をテーマにするのなら、その手法が絶対に重要だと思っていたし、そんなテレビ・ドキュメンタリーはこれまでなかったと思っていた。でも本間は僕が作品を撮る一〇年近く前に、すでにそのスタンスを提示していたわけだ。

京橋プラザ区民館における講座の主催団体は、IRIなる非営利団体だ。正式名称は国際総合研究機構（International Research Institute）。でもこれだけでは、何を研究しているのかわからない。公式ホームページには「学際的・国際的な研究およびその周辺活動が柔軟かつ迅速に出来る開かれた場を、皆の協力で創造し提供することをめざして、（中略）研究者、市民、企業を含む団体の、自然的創意に基づく研究やその周辺活動の芽を、縦割り、横割り、局所化などの制約を無くして大切に育て発展させ、生き甲斐《がい》の創生や社会の活性化を目指して活動をしています」と記述されている。やっぱりよくわからない。

ちなみにこの日は第四回の会合だが、会場内に置かれていたチラシによれば、第五回会合の内容は以下のように予定されている。

講師　神沢瑞至《かんざわただし》気療塾学院学院長
演題　「猛獣も眠らす不思議な気・気療で健康増進」（仮題）

チラシの記述によれば、神沢気療塾学院学院長はかつてテレビ番組のロケでアフリカに行き、気の力で遠い猛獣の群れを次から次へと座らせてしまうという能力を披露したという。

「……一概に否定はすべきではないと思いますが、でもやっぱり気の力で猛獣の群れを座らせる能力と言われたら、ちょっと困ったなあという気分になりますよね」

隣の椅子に座る岸山がチラシを手にしながら、独り言のようにつぶやいている。それはまったく同感する。実際に気の効果があるかどうかは別にして、猛獣の群れを座らせるというパフォーマンス（なぜか定番なのだ）は、確かにやっぱりちょっと困る。他にやりようはないのだろうかと言いたくなる。

パワーポイントを駆使しながらの本間の講演は、一時間ほどで終わった。僕が受け取った要点は二つ。「情報をわかりやすく整理することを宿命づけられるテレビメディアにおいて、超能力という曖昧《あいまい》で融通無碍《むげ》で不定形な領域はとても扱いづらい」という本間自身の煩悶《はんもん》と、「玉石混淆《こんこう》ではあるけれど従来の物理学では説明のつかない現象は確かに存在している」との意思表明だ。

だからやっぱり不思議になる。本間にしてもフジテレビの小林にしても、このジャンルについてはスレッカラシになって当たり前のポジションにいた。裏も表もよく知っているだろうし、現役のころは幾多のトリックやイカサマも目にしてきたはずだ。ならば現在は否定派の最右翼にいても不思議ではないのに、彼らは肯定どころか確信している。超常現象は確かにある。霊魂は存在している。超能力者は実在する。その確信に揺らぎなど欠片《かけら》もない。

講演終了後に僕は本間に声をかけた。久しぶりの再会を喜んでくれた本間は、「よかったらこのあとの打ち上げに来ませんか」と僕を誘った。僕は傍らの岸山に視線を送る。

「行きましょう」

言いながら岸山はうなずいた。偉そうだ。何さまのつもりだろう。でも確かに、この会のスタッフや参加者たちが酔っぱらったらどんな様子になるかについては興味があった。興味はあったけれど、本間以外に知り合いがまったくいないので、何となく気が重い。岸山と二人で宴席の隅でビールを飲んでも意味がない。それに今日中に仕上げねばならない原稿がある。区民館の玄関でスリッパを靴に履き替えながら、やはり帰るべきだろうかそれとも少しだけ参加すべきだろうかなどと考えていたら、「森さんは打ち上げに行きますか」と後ろから声をかけられた。振り向けば、ついさっき名刺交換したばかりの小久保《こくぼ》秀之《ひでゆき》だ。

「小久保さんは？」

「まあちょっとだけ参加しようかとは考えています」

「わかりました。じゃあ僕もちょっとだけ」

僕と岸山を先導するように前を歩く小久保に会ったのは今日が初めてだ。でもその名前については、以前から知っていた。第四幕で訪ねた日本超心理学会が発行する機関紙『超心理学研究』第13号（二〇〇八）に、小久保が書いた論文が掲載されていたからだ。タイトルは「キュウリ切片への電磁的刺激の研究―バイオフォトンによる定量測定―」。その要旨を以下に引用する。電磁的測定分野における専門用語が頻出するので、理系のこの分野が苦手な人は読み飛ばしてくれてもかまわない。

キュウリ切片に手かざしなどの非接触ヒーリングを行うと、施術したキュウリ試料から生じるバイオフォトンの発光強度が増大する。この非接触ヒーリングの物理機序を調べるために、キュウリ試料に極微弱のミリ波を照射し、ヒーラー3名の非接触ヒーリングと比較した。また、バイオフォトンの測定には、I．I．カメラ Model C2400-47、波長域 280-650nm と、CCDカメラ ImagEM C9100-13、波長域 400-1000nm を用いた。ヒーリング処理、ミリ波処理は、いずれも室温24℃で30分行い、処理後、18時間バイオフォトンを測定した。結果、ミリ波照射の影響は観察されなかった。また、赤～近赤外線領域でキュウリ試料の発光を観察した場合は、試料の成長軸の向きによって発光強度の変化が異なることがわかった。さらに、赤～近赤外発光強度は非常に大きいが、ヒーリング効果を検出するには実験手続きの変更が必要と考えられた。

わかりやすく要約すれば、「キュウリ切片に手かざしなどの非接触ヒーリングを行うことによって起きる変化をバイオフォトン測定などの技術で測定する」というアプローチだ。この手の実験は従来なら、「腐敗の速度が遅くなった」とか「みずみずしさが長く続いた」などの記述で結論づけられることが多い。つまり判断の基準は見た目であり、匂いであり、感触であり、味覚である。言い換えれば五感。とても主観的だ。ところが小久保は、主観の導入を実験からできるかぎり排除する。客観的なデータを得るために、最新式の機器を利用する。つまり科学とオカルトを対立概念に置いていない。

一般的には科学という言葉をオカルトに対置する場合は、ニュートン力学に代表される古典物理学を基準にすることが多い。たとえば否定論者のシンボル的存在である大槻義彦《おおつきよしひこ》早稲田大学名誉教授は、スプーン曲げや念力などの超能力を否定するとき、作用反作用の法則や熱力学第二法則などに反しているとの論拠を展開する。もちろん間違いではない。古典物理学を基準に置けば、作用反作用や熱力学の法則は大前提だ。

しかしこれらの法則が必ず通用する大きさの範囲は、せいぜいが分子のレベルから地球サイズまでだ。宇宙全体のマクロと素粒子のミクロな世界を想定すれば、「分子のレベルから地球のサイズ」は、人間の感覚に依拠するとても狭い範囲ということになる。

二〇世紀初頭に提唱されて実証された相対性理論や量子力学は、古典物理学に対して現代物理学と呼ばれる。なぜならその内実（法則の適用範囲）が、まったく違うからだ。宇宙規模における時間と空間の相互関係を、古典物理学だけでは説明することができない。重力は時空に歪《ゆが》みが生じることによって発生するという原理も肯定できなくなる。ブラックホールの存在も説明できない。原子核を構成する素粒子のレベルも同様だ。粒子と波動の二重性や確率解釈、不確定性原理やシュレーディンガー方程式などを、古典物理学は説明できない。宇宙誕生理論として一般的なビッグバンも否定しなくてはならなくなる。

もちろん古典物理学のパラダイムを変換した相対性理論と量子力学は、それぞれ宇宙レベル（もう少し正確に書けば、速度が光速に限りなく近くなったり重力が地球ではありえないほどに大きくなったりする場合）と素粒子レベルのサイズにおいて意味を持つ法則だ。人間のサイズで身の回りの現象を解析するのなら、古典物理学だけで事足りることは確かだ。でも人間の身体は（当たり前だけど）多くの分子から構成され、その分子は素粒子によってできている。あるいは人間が暮らす地球は太陽系を構成する惑星のひとつであり、太陽系は銀河系の要素であり、同じような銀河はこの大宇宙にほぼ無限に（実際に無限かどうかはわからない）存在している。

つまり「繋がっている」のだ。決して分けられない。さらには、古典物理学が現代物理学によって範囲を限定され、その現代物理学も新たな発見の可能性によって揺らいでいる現状において、作用反作用の法則や熱力学第二法則に反することを理由に超能力はありえないとする大槻の理論は、科学者の姿勢としてあまりに安易すぎる（と僕は思う）。

ただし、現象を説明する際に安易に量子力学的なレトリックを援用することについては、慎重であらねばならない。確かに援用すれば、とりあえずの辻褄《つじつま》は合うことは多い。辻褄は合うけれどサイズが違う。あるいは位相が違う。だから困る。ありえないと一刀両断はできない。でもそのまま援用するには無理がある。あきらめようと思えば視界の端にちらりと何かが動く。凝視しようとすると二度と見えなくなる。この繰り返しを、僕はずっと続けている。そしてもしかしたらこの繰り返しは、（僕だけでなく）人類がその前史時代から、ずっと持続してきた繰り返しであり、営みなのかもしれない。

渡された地図を眺めながら打ち上げ会場の居酒屋に向かったけれど、結局は道に迷った。小久保や岸山の指示のとおりに歩くのだけど、さっぱり目的地に着かない。

「いやあ参りました。来るときもさんざん道に迷ったんですよ」

へらへらと笑いながら岸山は小久保に話しかけているけれど、すぐ後ろを歩く担当作家が、その尻《しり》を蹴飛《けと》ばしてやろうかと思いながら歩いていることをまったく考えていない。もっともこの作家も二人以上に方向感覚には自信がないので、いまどこを歩いているのかすら、実のところまったくわからない。

この取材と同じだ。目的地の場所どころか、今いる場所もわからない。

そう思ったとき、やっと居酒屋にたどり着いた。ほぼ三〇分強の彷徨《ほうこう》。奥の座敷で本間たちは、二杯めか三杯めのジョッキを手に、もうかなり出来あがっているようだ。

隅の空いている席に座る。隣には岸山。結局はこうなった。まずはビール。それぞれジョッキの半分ほどを飲み干すころに、僕は見え隠れ効果や羊・山羊効果について、小久保の意見を聞いた。

「……まあ確かに、一見はそのように観測できるかのような統計が出ることはありますが……」

そう言いながら小久保は考え込む。僕は質問の角度を変える。

「小久保さんが研究しているヒーリングも、いわば超能力と呼ばれるジャンルですよね。ならば小久保さんは、実際に超能力は存在していると思いますか」

……今この原稿を書きながら思うけれど、質問としては相当に粗雑で荒っぽい。当然ながらこのときの小久保は、少しだけ困ったように首をかしげてから、「あるかないかではなくて、一般に超能力と呼ばれている『現象』の原理を説明できるか説明できないかを、私は研究のテーマにしていますから」と言った。

「たとえばスプーンが曲がったとか、ここにあるものが別の空間にテレポートしたとか、見えないはずのものを透視したとか、とにかくそんな現象がもし実際に起きるのなら、その理論の解明です。ものがA地点からB地点まで一瞬で移動したのなら、その移動のあいだに何が起きたのか、どのような力がどのように働いていたのか、その過程を知りたいのです。いま、私たちが生きているこの世界で起きていることなのだから、物理的な説明は必ずできるはずです。どのようにして、そんな現象が起きているかを解き明かすことが、その後の議論を進めるうえで、絶対に欠かせないと私は思っています」

小久保がそこまで言ったとき、隣に座っていた年配の女性が、「でも科学にだって限界はありますよね」と話に割って入ってきた。小久保が顔を向ける。どうやら二人は以前からの顔見知りのようだ。

「……限界って？」

「限界は限界よ。今の科学ですべてのことが説明できるとは思えないわ」

確かにそのとおりだと同意を示そうとしたときに、女性は「科学で解明できないから認めないとするその姿勢は、今の人類の精神レベルがまだまだとても低いことを表していると思うのよ」と言った。僕は口にしかけていた「確かに」とか「なるほど」とか「僕もそう思います」などの言葉を、もう一度咽喉《のど》の奥に押し戻した。彼女が言った「人類の精神レベル」という言葉に、ちょっと危ういものを感じたからだ。

「精神レベルって？」

やはり小久保が言った。

「レベルはレベルよ。進化の度合い」

「……レベルの話はともかくとして、その論法を使えば何でもありになってしまいます。それは危険ですし、少なくとも科学者の態度ではない」

「そんなことを言って否定ばかりしているから、人類は高いステージに行けないのよ」

「現象を肯定や否定するために科学があるのではありません。その過程やメカニズムを説明するためにあるわけです」

「そうかしら。今の科学で認められないからダメというのはおかしいと私は思いますよ」

「スピリチュアルや超能力の世界は、今のところ玉石混淆《こんこう》というか、ほとんど石ばっかりの状態じゃないですか。だからこそ玉と石を分けるために科学的で説得性の高い手法を使うことは、当たり前だし必要だと僕は思いますよ」

岸山が言った。

「石も全部を認めろなんて言うつもりはないわ。でも玉と石を分けるために、今の科学の法則だけを尊重するのはおかしいと言っているのよ」

「科学はそのためにあるんです」

「だからそれは精神のステージが低いからよ」

小久保と女性、そして途中から岸山が入ったこの論争は、時間にすれば一五分ほど続いた。つまり大ジョッキ一杯をちょうど飲み干すくらい。

この間、僕は聞くことに徹していた。何となく論争に参加しづらかった。女性が言わんとしていることはわかる。多くの不思議な現象を実際に見たり聞いたりしているのなら、「作用反作用の法則に反しているから、そんなことはありえない」などといきなり言われたならば、「それはあなたの精神レベルが低いからだ」と言いたくなるかもしれない。使う語彙《ごい》はともかくとしても、やっぱり僕も言いたくなるし、実際にそれに近いことをこの本で書いたばかりだ。

でも前述したように科学は、ニュートン力学のレベルで停止などしていない。宇宙レベルでは空間が曲がり、時間は伸び縮みする。科学はそれを認めている。素粒子は粒であると同時に波でもあり、ここにあると同時にそこにもあるというドッペルゲンガー的な属性を現すことになる。これも科学は認めている。決して頑迷ではない。古典物理学の世界に生きる一般人としての感覚が、併走できないだけなのだ。

乖離《かいり》する最先端科学と感覚。オカルトはその狭間《はざま》で取り残される。(擬人化を承知で書けば)あえてその位置を選択する。そしてときおり姿を現しては隠れながら、人の意識を翻弄《ほんろう》する。有史以来、ずっとそのスタンスを維持し続けている。

終電の時間にはまだ早いけれど、帰って原稿を書かねばならない。岸山や小久保に挨拶《あいさつ》してから立ち上がった僕に、座敷の入り口近くで関係者たちと飲んでいた本間が、「あれえ、森さんいたのかあ」と声をかけてきた。

第一六幕　「夢の可能性はあります」臨死体験者はそう認めながら話し出した

「気がついたら真っ暗です。何も見えない。ぬかるみの中にいるような感じでした。遠くのほうに小さな明かりが見えたので、そこを目指して這《は》っていきました。そのうち何となく周囲が明るくなってきて、目の前に川があるのがわかりました。かなり広い川です。対岸は明るい。川岸にはヨシがたくさん生えていました。古い小船があったので、それに乗って向こう岸を目指して手でこぎました。やっと着いたら喪服を着た年配の女性がやってきて、僕の名前を呼ぶんです。焚《た》き火のような明かりが見えて、そこにも何人か人がいました。近づいてみると、死んだ祖父と従兄弟《いとこ》がいました。男は白装束で、女は喪服だったと思います。従兄弟から『おまえ何しに来たんだ』って訊《き》かれました。それからみんなで何か話していました。さっきの年配の女性が歩き出したので、その後を付いてゆきました。一面の花畑です。チューリップみたいな花。他に人はいません。風が気持ちよかったことを覚えています。その女性と何か話しながら歩いていると、いきなり病院のベッドに戻っていたんです」

そこまで言ってから木内鶴彦《きうちつるひこ》は少しだけ声の調子を変えて、「……まあ、ここまでは、よくある臨死体験ですね」と、つぶやいた。僕は言った。

「川や花畑はそうですね」

「川や花畑だけではないですよ。最初の暗いぬかるみのようなところも、振り返ったらトンネルのように見えました。これも臨死体験によく登場するアイテムです」

「……ということは木内さんは、この体験をご自身ではどう判断されるのですか」

「低下した意識状態で見えた幻想のような気がします」

そう言ってから木内は、「もちろん確証はありません。でもそんな気はします。ただ実は……」とつぶやいた。

「案内をしてくれた年配の女性ですが、甦生《そせい》してから三カ月後、田舎の実家で静養しているときに、親戚《しんせき》のおばさんから見せられた昔の写真の中に写っているんです。驚いてこれは誰だって訊いたら、親父のお姉さんだということでした。でも僕が生まれてすぐに死んでしまった人なので、写真を見るのもそれが初めてでした」

数秒の間。目の前のコーヒーカップに手を伸ばした木内は、ゆっくりと口もとに近づけた。僕は言った。

「でも、自分では忘れているけれど、その写真を以前に見ていて、そのイメージが記憶の底から現れたという可能性はありますよね」

「確かに。その可能性も否定はできない。でも本題はこの後です」

事故や病気などが原因で死亡したと見なされた人がその後に甦生して、さらに死亡していたと思われていたときに体験した異世界のことを語ることがある。いわゆる臨死体験(Near Death Experience)だ。

統計によれば、心停止状態から現世によみがえった人の四〜一八%程度(もっと高い数値を示す統計もある)が、臨死時の体験を記憶しているという。決して低い確率ではない。さらに語られる記憶には、国や文化を超えて、明らかな共通性があることも知られている。共通する要素はまず、肉体から自分が抜け出すという体外離脱感覚だ。多くの人はこのとき、ベッドの周囲にいる医師や家族たちの様子を上から見たと証言する。

次に暗いトンネル(のような暗闇)に入ることも共通している。さらにこのトンネルや暗闇の先に、ほぼ必ずと言っていいほど、まばゆいほどの光が見えている。その光を目指して進む過程で(もしくは着いてから)、お花畑が現れる。花の種類はさまざまだ。木内はチューリップと言ったけれど、菜の花やひな菊など、臨死体験者によって種類はいろいろある。

これら、
1　体外離脱感覚

2　暗闇のような穴
3　光を見たとか包まれたとする光体験
4　一面の花畑
は、ほとんどの臨死体験者に共通している。ならば臨死体験者は、共通する何らかの外在的刺激（つまり実在する何か）に触れてから、この世界に戻ってきたと考えることができる。

ただし、国や文化で異なる要素もある。たとえば日本の場合、臨死体験者は川に出合うことが多い。木内はその川を渡ったが、その手前で引き返すケースもある。このときに亡くなった両親や親戚などに出会ったと語る人も多く、「まだお前はここに来るべきではない」などと言われたという体験も相当数ある。

これに対して欧米などの臨死体験者の場合は、川はほとんど登場しない。代わりに何らかの形（明確ではない場合が多い）をとった神々しい存在が現れる。多くの臨死体験者はこのとき、自分は愛され、赦《ゆる》され、そして肯定されているという至福の感覚に包まれるようだ。

要するに神（あるいはそれに近い存在）に会ったと実感する。すでに死んだ近親者に出会う確率は、日本ほどには高くない。

書くまでもないと思うけれど、日本の臨死体験者が見たとする川は、此岸《しがん》（現世）と彼岸（あの世）の境界である三途《さんず》の川を想起させる。つまり仏教的な概念を下地にした民間信仰だ。そして欧米の臨死体験者が出会う神のような存在は、イエスやヤハウェ的な存在ということになる。

この差異だけを考えれば、臨死体験で見たり聞いたりすることは、その人の生まれ育った文化や宗教観を背景とする環境に、大きく影響されていることになる。ならば結論は明らかだ。臨死体験は内在的な脳内現象なのだ。

一九九一年三月一七日、NHKスペシャル『立花隆《たちばなたかし》リポート 臨死体験〜人は死ぬ時何を見るのか〜』が放送され、オカルトまがいのテーマをジャーナリストの立花隆とNHKが扱ったということで、当時はかなりの話題になった。

もちろん番組内容そのものはオカルトではない。臨死体験研究が盛んに行われるアメリカやヨーロッパでの取材を縦軸にしながら、世界各国の臨死体験者やその研究者へのインタビューを重ね、この現象のメカニズムを探ろうとする試みだ。

アメリカの末期治療に大きな業績を残し、日本でも『死ぬ瞬間』(中公文庫)など多くの自著が翻訳されているエリザベス・キューブラー・ロス精神科医やレイモンド・ムーディ教授など研究者への取材を重ねながら立花は、やはり死後には何らかの実在的世界があるのだろうかと自問自答する。でも臨死体験は脳内現象であると主張する多くの研究者にも会い、側頭葉の一部にあるシルヴィウス溝を刺激することで体外離脱感覚や光などのビジョンが生じるという実験結果を知り、やはり脳内現象なのだろうかと考え込む。

ただしシルヴィウス溝の実験をしたその研究者も、「ならばなぜシルヴィウス溝にそんな機能があるのか、あるいはなぜ、光や体外離脱などの共通した感覚を人類に生じさせるようなメカニズムになっているのか、その理由はまったく解明されていません」と、自らの研究結果を補足する。

番組に登場する臨死体験者のひとりが、意識が体外離脱したときに目撃した手術中の光景を、NHKのカメラの前で執刀医に初めて伝えるシーンも収録されている。医師の細かい動きや自分の臓器の状態なども言い当てたらしく、ほぼその通りですと医師は啞然《あぜん》としていた。

だからやっぱりわからなくなる。記憶や感覚のほとんどは脳の特定の部位への電気的刺激によって生起させることができるとした脳神経学の先駆者ワイルダー・ペンフィールドは「心は脳のどこにも存在しない」と言い切り、脳の働きと心を分離した。心は脳にない。どこにあるのかわからない。死後にどうなるかもわからない。ペンフィールドも結局のところ晩年には、「やはりすべてを解明できない」と自らの研究の限界を語っている。

『立花隆リポート臨死体験〜人は死ぬ時何を見るのか〜』放送後も多くの臨死体験者や研究者に話を聞き続けた立花隆は、何冊かの臨死体験にまつわる著作を発表する。木内鶴彦は、『証言・臨死体験』（文春文庫）で取り上げられた二三人の臨死体験者のうちのひとりだ。

長野県南佐久郡《みなみさく》に一九五四年に生まれた木内は、臨死体験者であると同時に、世界でも著名なコメット・ハンター（彗星《すいせい》捜索家）だ。その著作『生き方は星空が教えてくれる』（サンマーク出版）で木内は、小学五年生の時に「池谷《いけや》・関《せき》彗星」を見て以来、星と宇宙、そして彗星に強い興味を持ったと記している。学校を卒業してから一時は航空自衛隊に勤務するが、その後に退官し、再開した彗星探査によって、（発見者として自らの名前をつけた）「土屋《つちや》・木内彗星」や「メトカーフ・ブリューイントン彗星」、「スウィフト・タットル彗星」などを再発見し、全世界の天文学者や愛好者から大きな注目を浴びた。

でもこの本に木内が登場する理由は、彼が世界的なコメット・ハンターであるからではなく、臨死体験者であるからだ。それも花畑や光を見たとかのレベルではなく、立花がインタビューした多くの臨死体験者の中でも、きわめて特異で、そして圧倒的に不可思議としか形容できない体験をしているからだ。

川や花畑のビジョンから病院のベッドに戻っている自分を発見した木内は（この時点では生きている）、ベッドサイドに母親がいることを確認する。どうやら母親は看病疲れでうとうとしているようだ。意識が戻ったことを知らせようと木内は、ベッドサイドにあるナースコールのボタンを押そうとした。ところがその瞬間、自分の心臓の鼓動が止まったことを実感した。

「あせりました。トク、トク、トク、と動いていた心臓が、いきなりトク、のあとに、まったく動かなくなったんです。自分でもはっきりわかりました」

同時に呼吸も止まった。身体は動かない。しかし意識は途絶えない。異変に気がついた母親が木内の身体を揺すりながら「死んじゃった！」と声をあげる。あせりながらも木内は、大丈夫だ、俺はまだ生きていると言った（つもりだった）が、母親には聞こえていないようだ。次の瞬間に母親は、病室から飛び出した。ナースセンターに走っていったのだろう。病室に残されたのは父親だ。横たわった自分を茫然《ぼうぜん》として見つめる父親に木内は、「俺はまだ生きている」と何度も言う。しかしやはり言葉は届かない。

「そのうちに妙なことに気づいたんです。枕もとのオヤジの視線が僕のお腹のあたりなんです。何で顔じゃなくてお腹なんだろうと思いながら、オヤジにもう一度『まだ大丈夫だよ』と言うために近づいたら、入っちゃったんです」

「……何にですか」

僕は訊《き》く。誰だって「近づいたら、入っちゃったんです」と言われてそこで間を空けられたら、同じことを訊くと思う。

「オヤジの中です。つまりオヤジの目線です。その目線の先には、ベッドに横たわっている自分がいる。まさしく死んだような雰囲気です。ピクリとも動かない。だからちょっとパニックです」

僕は曖昧《あいまい》にうなずいた。親父の身体の中に入り込み、その目線で死んだ自分を眺める。普通なら「ちょっとパニックです」のレベルじゃないだろうなと思いながら。

この臨死体験を木内は、航空自衛隊の茨城県百里《ひゃくり》基地で飛行管理の仕事をしていた二三歳のときに体験した。臨死体験者は数多いが、木内はその中でも明らかに別格の存在だ。なぜなら他の多くの事例は生死の曖昧な境界線上にあるが、木内の場合は心肺停止が正式に確認されて三〇分後に蘇生《そせい》したことが、国内では唯一、カルテに記録されているからだ。つまりお墨付きの臨死体験者だ。

「六人の係官が二人ずつ三交代で二四時間勤務です。かなりハードな仕事でした。ちょうどそのころに、ソ連（当時）のミグ戦闘機の亡命事件があったりして、毎日が緊張の日々でした。夜勤が終わりかけていた早朝、突然ものすごい腹痛に襲われました。胃痙攣《けいれん》を起こしたような感じです。その場に倒れこみました」

「意識はあったんですか」

「かろうじてありました。でも声が出ない。とにかく初めて味わう激痛です」

やがて異変に気づいた同僚が、木内をすぐ近くの病院に運びこんだ。診察を受けながらも七転八倒の苦しみは続いていた。あまりの痛みで意識も消えかけた。救急車で一時間ほどの距離にある東京医科大学霞ヶ浦《かすみがうら》病院（現在は茨城医療センター）に搬送される。診断の結果は上腸間膜動脈性十二指腸閉塞《へいそく》。十二指腸を包む腸間膜にある動脈が肥大して腸閉塞を起こす病気だ。きわめて珍しい症例で、原因もよくわかっていない。「要するに背骨に動脈がくっついてしまったんです」と木内は僕に説明した。

「腸閉塞を起こしているから、胃から水分を抜かないとパンクするということで、鼻から管を入れて胃の内容物を抜いたのだけど、それがいつまでも終わらないんです。結局は三〇キロの水分が一晩で出ちゃいました」

「三〇キロ、ですか」

僕は訊いた。いくらなんでもゼロがひとつ多いような気がする。でも木内は、「ええ、三〇キロです」とうなずいた。

「七二キロあった体重が四二キロになっていたと後から聞かされました。仰臥《ぎょうが》したまま測ったらしいから、微妙に正確な数字ではないかもしれません。普通ならミイラですね。でも死なない。この時点で臓器もほとんど機能していない。これも普通なら多臓器不全で死ぬレベルです。医師たちも不思議がっていたようです。とにかく手術ができるような状態じゃない。だからできることは点滴だけです。でもやっぱり死なない」

「……ありえませんねえ」

岸山が言う。木内は大きくうなずいた。

「ありえないですよね。でもそこからがまた、新たな地獄でした。とにかく痛い。動けない。目もよく見えない。入院してすぐに近くに住んでいる姉が来て、一〇日めくらいに両親が駆けつけてきました。でも僕は動けないし一言もしゃべれない。医師が二人に、持ってあと一週間くらいだと説明しているのが聞こえるんです。病室の外なのに。でもそのときは、それがおかしいと思うようなゆとりはない。死ぬことへの恐怖でいっぱいです。そのうち、もう仕方がないかなと、死ぬことを受け入れるような気持ちになりました。それが実際に死ぬ三日前です。修学旅行に行く前のように、死んだらどんな世界に行くのだろうかと考えました」

「死後の世界を信じていたのですか」

僕は訊く。木内は小さく首を横に振る。

「必ずしもそういうわけじゃないです。でも死を受け入れようとしていたのだと思います。とにかく苦しかったので。やがて意識が遠くなりました。そしてどのくらいの時間が過ぎたのか、気がついたらあたりは真っ暗でした」

この後に木内が体験した世界については、この章の冒頭で書いた。気がつくとぬかるみのような暗闇にいた木内は、小さな明かりを目指して進み、やがて川にたどり着き、喪服を着た年配の（父の姉らしき）女性や、祖父や従兄弟《いとこ》などに会う。彼らはすべて故人だ。それから一面の花畑を歩いていたと思ったら、病院のベッドに戻っていた。

話がここで終われば、オーソドックスすぎるくらいにオーソドックスな展開の臨死体験だ。でも木内の場合は、意識が戻ったそのあとも異変が続く。目が覚めてから枕もとで嘆き悲しむ父や母に声をかけても、なぜか二人の耳には届かない。起き上がって枕もとの父親に近づいた木内は、（ここが最も奇妙なのだが）その身体にすっぽりと入りこんでしまう。つまり父親の視線でベッドに横たわる自分を見つめていた。

「……つまり、木内さんはお父さんになってしまったということですか」

「目線だけです。意識は自分です。で、ふと思ったんです。そういえばお袋はどこへ行ったと。その瞬間、病院の旧館の玄関にいました。そこにあった公衆電話で、お袋は姉のところに電話をしていました。でも焦っているみたいで、なかなかうまくダイヤルできない。ガチャガチャやっている。耳もとで俺は生きていると言ったのだけど、やっぱり聞こえていない。次の瞬間、また病室に戻っていました」

「状況は同じですか」

「医師や看護師が増えていました」

「心臓マッサージとかやっていたのかな」

「おそらくそうでしょうね」

「行ったり戻ったりって、空を飛ぶような感じですか」

「違いますね。一瞬です。喩《たと》えていえば、テレビのチャンネルを変えるような感じです。病室に戻ってしばらくみんなの様子を眺めてから、お袋が電話していた姉のことを考えました。そうしたらやっぱり次の瞬間、車の中にいました。姉の車です。姉やその家族たちが、あわてて乗り込もうとしていました」

「つまり……」

「お袋から電話を受けて、あわててみんなで車に乗っているところだったんでしょうね」

「当時、お姉さんたちはどちらにお住まいでしたか」

「埼玉です。新座《にいざ》市。で、次の瞬間には、また病室のベッドに戻っていました。このあたりで何だか面白くなってきた」

「面白くなってきた？」

「ええ」

「これはまずいとか大変だとかは思わなかったのですか」

「まずい？　いや思わなかった。どうやら今の自分は死んだようだ。そして空間を一瞬にして飛び越えられる。ならば時間はどうだろうと考えました」

空間を飛び越えられるのなら時間はどうだろう。

もしもあなたが（僕と同じように）理数系にあまり自信がないのなら、木内のこのいきなりの発想の飛躍に、多少の違和感を持つかもしれない。確かにニュートン力学の時代は、時間と空間は相互に影響など受けず、まったく別の要素だと考えられていた。でもアインシュタイン以降、時間と空間はローレンツ変換によって入り混じることが証明され（特殊相対性理論）、時間の進み方は運動状態の違う観測者では異なることも示された。さらにアインシュタインは一般相対性理論によって、時空は物質の存在（質量）によって歪《ゆが》むこと と、この歪みが重力の正体であることも、理論的に証明した。

それからほぼ一世紀が過ぎた。これはもう仮説ではない。時間と空間が伸び縮みする一体の存在（時空）であることは、現代物理学ではすでに前提だ。ここからビッグバンやブラックホール、超弦理論や多次元宇宙などの理論が派生する。

とにかくこのとき、「空間を一瞬にして飛び越えられる。ならば時間はどうだろうと考えました」との木内の言葉を聞きながら、幼いころから天体の観測を続けていた木内にとって、時空が一体化しているとの認識は当然のことだったのかもしれないと僕は考えた。

「もしも時間を乗り越えられるならば、どうしても行ってみたい過去があったんです。僕が六歳のころです。兄や姉と一緒に千曲《ちくま》川に遊びに行きました。河原に降りるためには、大きな石が転がっている急な斜面を降りなければならないんです。僕は姉の後ろを歩いていたのですが、後ろから突然、『危ない！』という声が聞こえました。見ると目の前の大きな石がせり出していて、今にも落ちそうになっていました。もしも落ちれば、石は前を歩いている姉を直撃します。それで僕は思わず、姉の背中を押したんです。姉は前に転がり、そのあいだを大きな石が落ちてゆきました。転ぶときに姉は足のつめを剝《は》いでしまったけれど、でも大事には至らなかった。ところが先に斜面を降りていた兄たちには、僕が姉をいきなり突き飛ばして怪我をさせたと見えたわけです。だから家に帰ってからもひどく怒られた。『危ない！』という声がしたから背中を押したんだと説明しても、誰も信じてくれない。僕以外は誰もそんな声を聞いていないし、確かに辺りにはそんな声を出すような人もいなかった。だからすごく悔しい思いをしました。もし時間と空間を越えて移動することができるなら、あの場にもう一度行って、『危ない！』と叫んだその人を見つけたいと思ったんです」

　そう思った瞬間に、木内は臨死の時点からは一六年前の千曲川にいた。幼い兄や姉の後に続きながら、急角度の斜面を降りる自分が見えた。後ろからかつての自分たちを眺めながら木内は、斜面から大きな石が突き出して、今にも転がり落ちそうになっていることに気がついた。このままでは幼い姉を直撃する。

「その瞬間、僕は思わず『危ない！』と叫んでいました。小さな自分が今の僕を振り返りました。そして前にいた姉を突き飛ばしました」

「……そのときの木内さんは、幼かったころの木内さんに見えていたのでしょうか」

「見えていたという感じではなかった。おそらく僕は目線だけ（の存在）です。身体はなかったと思う。これは母や姉のところに行ったときもそうでした」

「でも声は出た。そして幼いころの自分にだけは聞こえた」

「そういうことになりますね。なぜか理由はわからない。自分だから聞こえたのかな」

もう一度書くが、宇宙レベルでは時空は一体だ。空間をワープするのなら時間をワープすることもあるかもしれない。たとえば光速に近い速度で宇宙空間を飛翔《ひしょう》する宇宙船から地球を観測すれば、時間はゆっくりと進んでいる。そしてこのとき地球から宇宙船を観測すれば、やはり宇宙船内部の時間はゆっくりと進んでいる。相対的にはどちらも同じ速度で遠ざかっているからだ。ところがこのとき、宇宙船が加速しながら回転して地球に戻ってくれば、宇宙船内部より地球のほうが時間は早く進んでいる。つまりウラシマ効果だ。あるいは無限大の質量を持つブラックホールなどの天体の傍まで行って戻ってきたときも、やはり時間の流れは地球よりも遅くなる。仮に二〇一〇年に地球から飛び立った亜光速の宇宙船が三年後に地球に戻ってきたとき、地球では一〇年の時間が経過して二〇二〇年になっていたとすれば、宇宙船の乗務員にとっては七年先の未来にタイムトラベルしたということになる。宇宙船が光速に近づけば近づくほど、あるいはブラックホールの「事象の地平面」（空間が歪曲《わいきょく》して光さえもブラックホールの内側から脱出できない境界面）に近づけば近づくほど、地球の時間の進み方は遅くなる。つまり、より未来に行ける。

ただしこれらの理論で導き出されるタイムトラベルは、（そもそも光速で飛ぶことはできないとかブラックホールの傍まで近づいたら戻ることは不可能であるなどの前提は別にして）すべて未来へのタイムトラベルだ。今のところ過去には戻れない。戻るためには光速を超えて運動するしかない。あるいはリチャード・P・ファインマンが唱えた反粒子（あくまでも形式的ではあるが時間を逆行していると解釈することもできる）や、別な時空をつなげるワームホール、あるいは亜光速で移動して無限の長さを持つとされる宇宙ひもなどを利用すれば時間を遡《さかのぼ》ることはできるかもしれないとされているが、いずれも今のところは理論上の概念だ。実在するかどうかはわからない。

だから空間はともかく、時間（特に過去）を乗り越えたとの木内の主張については、量子力学や相対性理論を都合よく援用したとしても、「相当に苦しい」ということは明記しておく。文字どおりジャンプしている。でもこれを理由に否定もできない。否定する人はいるだろうけれど僕はしない。少なくとも理論上は、反粒子は時間を逆行すると解釈することは可能だし、裏の神社の横に小さなワームホールができたという可能性も、絶対にないとは言い切れない。

ただし、僕がむしろ気になったのは、そのときに「危ない！」と叫んだ誰かは自分だったとする木内のこのエピソードが、とても「できすぎている」ことだ。まるで星新一《ほししんいち》あたりが書きそうなSFショートショートだ（実際に木内が半世紀前の河原にワープしたと語り始めた最初の段階で、僕はこのオチを思い浮かべていた）。でもだからこそ、（見方によっては）リアルでもある。嘘ならもう少しうまく作れるはずだ。ただし「嘘ならもう少しうまく作れるはずだ」と思いながらも、「そう思わせることもまた計算のうちかもしれない」とも考える。何が何だかわからなくなる。

「……正直に言えば、少し話ができすぎているような気はします。臨死状態の夢で見たことが、実際に見えたように感じたという可能性は払拭《ふっしょく》できないですよね。夢ってあとから考えると、かなりできすぎのストーリーになっていることがよくありますから」

僕のこの質問に対して、木内は「その可能性を否定はしません」とあっさりうなずいた。

「夢の可能性は確かにあります。客観的な証明という意味では、他の過去の時代で、ちょっと悪戯《いたずら》をしてきました。神社の柱に僕の名前から一文字を取って、『つる』と書いたんです」

「何を使って？」

「墨です」

「持っていたんですか」

「いや、そこにいた人の身体を借りたんです。でも生き返ってからは、すっかりそれを忘れていました。ところが臨死後に、たまたまその神社に行ったんです。記憶ははっきりしていなかったけれど、何となく遠くの山並みなどに見覚えがある。ぼうっと見ているうちに気づいたのだけど、境内を今の人と過去の人の両方が歩いているんです」

「今の人と過去の人？」

「今の人は、まあ見えて当たり前ですね。でも過去に生きていた人も見えるんです。半透明ですが」

「……両者はぶつかったりはしないんですか」

「ぶつかっても素通りです。もちろん互いに見えていない。面白いなあと思って眺めていました。そこで何となく思い出した。ここは臨死のときに柱に『つる』と書いた神社じゃないかって。そこで神殿をいろいろ探したら、奥のほうの柱で見つけました。墨って虫除《よ》けになるんですね。だから『つる』の形に浮き彫りのようになっていた。そこへちょうど宮司さんが通りかかったので、この悪戯書きはいつからあるんですかって訊《き》いたら、これは悪戯書きではありませんと言われたんです」

宮司によればこの神社を建立した四四〇年ほど前、神さまが降りてきて柱にメッセージを残したものと言い伝えられていて、由緒書きもあるという。

「なんという神社ですか」

「土佐《とき》神社です」

「……つまりそのとき、意識だけの存在になった木内さんが、その場にいた人の身体を使って、神社の柱に『つる』という文字を書き残したということですね」

一語一語を区切るように岸山が質問した。木内はうなずいた。なぜ都合よく墨があったのだろうと訊けば、「よくわからないけれど、その人は大工さんだったんじゃないかな。いわゆる宮大工ですね」との答えが返ってきた。木内の話はまだ続く。もっと過去へ行ったこと。未来にも行ったこと。一万五〇〇〇年前の地球は重力が小さく身長三メートルの人類が恐竜と共存していたこと。未来のビジョンは人類破滅と再生の二つに分かれながら重ね合わせになっていたこと。過去に京都の亀岡《かめおか》に行って大本教《おおもと》を主催する前の出口《でぐち》なおに言葉を書かせたこと（つまり、なおのお筆先は木内の仕業なのだ）。一万五〇〇〇年前の地球にあった「太古の水」を再現することに成功し、今は商品化していること。ビッグバン以前の宇宙を目撃したこと。これらの話を聞きながら僕も岸山も、ただひたすら口を開けて呆《ほう》けたようにうなずいていた。

論理的整合性がまったくないわけではない。恐竜棲息《せいそく》時の地球は重力が小さかったからこそ、あれほどの巨体になったとの説は確かにある。量子論的にはビジョンの重ね合わせはありえなくはない。そして「夢の可能性は確かにあります」とあっさり同意したように、木内は決して狂信的なタイプではない。語りかたはとても冷静だ。

ただしこれらの要素を考慮したとしても、大前提として荒唐無稽《むけい》が過ぎる。何よりも証明や追試がまったくできない。インタビューを終えた段階で木内へのインタビューは、ボッとなる可能性が高いと僕は考えていた。

この翌日、僕はネットで調べた土佐神社の電話番号をダイヤルした。空振りすることはほぼ予想できたけれど、できることはやっておきたい。年配の女性が受話器を取った。

「つかぬことをお聞きしますが、そちらの神殿の奥に、『つる』と大昔に墨で書かれた柱があるでしょうか」

僕のこの質問に女性は、小さな吐息をついてから、「またですか」と言った。

「またといいますと？」

「その問い合わせはよく来るんです」

「柱はありますか」

「ありません。だいたい神殿の奥には入れません」

「しつこくて申し訳ないですが、絶対にないでしょうか」

「ございません」

言うと同時に女性は電話を切った。本当に気分を害しているというような雰囲気だった。

数秒考えてから、僕は岸山の携帯の番号をダイヤルした。

「いま、土佐神社に問い合わせたのだけど、あっさり否定されたよ。やっぱり文字はないようだ」

「その土佐神社なんですけど、僕もいま、ネットでいろいろ検索したら、ちょっと面白いものを見つけたんです」

「面白いもの？」

「メールで送ります。見てください」

電話を切った岸山はすぐにメールを送ってきた。そこに記載されていたＵＲＬをクリックすれば、出版社勤務の男性であるｆｕｙｕさんのブログへとリンクした。その記述から木内の熱心な支援者であることが推察されるｆｕｙｕさんは、木内が製造した「太古の水」を日常的に飲用し、また時には点滴もしているという。旅行好きなｆｕｙｕさんは、他の支援者たちとともに木内に先導されながら、国内外いろいろなところに行っている。そのひとつに土佐神社があった。

木内さんが臨死体験時に書いたという文字を見に行きます。約五〇〇年まえ、土佐神社造営中の大工さんの体に入り、神社幣殿の柱に「つる」の文字を残したというその文字です。

たしかにその文字は見ることが出来ました。(*^_^*)（といっても、写真では大変見えにくい）

この文章のあとに、ｆｕｙｕさんが撮った写真が掲載されている。確かに視認しづらい。できるならここにも掲載したいけれど、おそらくモノクロ写真では文字は潰《つぶ》れてしまうだろう。それほどに薄い。薄いけれど確かに柱には、墨で書いたような「つる」の文字が残されている。

できることならあなたにも、写真を実際に見てほしい。いくつかのキーワードで検索できるはずだ。調べると写真をアップしている人は、ｆｕｙｕさん以外にも多数いる。

いずれにせよ、こうなると解釈不能。電話による問い合わせは土佐神社から一蹴《いっしゅう》されたけれど、確かに写真には写っている。ならば考えられる可能性としては、

1　写真を合成した。
2　木内かそのブレーンが、一行が土佐神社に来る前に、こっそり柱に文字を残した。
3　柱の染みが偶然「つる」のように見えるだけ。
4　実際に木内は臨死体験で五〇〇年前の土佐神社造営中の大工の体に入って「つる」の文字を残した（つまり僕の電話に応対した土佐神社の女性は知らないふりをした）。

くらいだろう。

とりあえず4は除外する。1については、このｆｕｙｕさんも含めて、現地で撮った写真をネットにアップしている多くの人がグルになっているとの前提が必要になる。絶対にありえないとまでは言えないけれど、現実的にはかなり難しい。

その意味では、2の説もほぼ否定することができる。そもそもこれは犯罪だ。住居侵入

に建造物損壊。そこまでのリスクを冒すとは考えづらい。

3についてはわからない。いわゆる心霊写真の多くが、木立の影や葉の重なり具合、水面の波紋などが人の顔のように見えるシミュラクラ現象によって説明できるように、何らかの理由によってできた柱の染みが、偶然「つる」のようになったと考えることはできなくない。できなくはないけれど、「つ」はともかくとして「る」は、自然にこんな形の染みができたとは考えづらい。これも絶対にありえないとまで言うつもりはないけれど、ほとんどありえないとは言える。

もちろん木内が土佐神社の柱に薄く「つる」に見える染みがあることを知っていて、臨死体験の際に神社を造営している四四〇年前の大工の身体の中に入り込んで「つる」の文字を書き残したとの作り話をしたという可能性を、絶対に否定はできない。でも木内と実際に話した感覚からいえば、それはまずありえない。ありえないとは思うけれど、絶対にないとの証明はできない。

つまり、ドラえもんを呼んで「時空間とりかえ機」や「タイムテレビ」などをポケットから出してもらわないかぎり、どうやっても白黒はつけられない。あるいは「ありえないんだからありえないんだよ！」と不機嫌そうに怒鳴るしかない。

結局はこうだ。二重三重の否定形。ほぼありえないけれど絶対にありえなくはない。日本語として変だ。だいたい「ありえない」がややこしいのだ。とにかく相変わらずのグレイゾーン。その意味では今回も、オカルトをめぐる法則を正確に体現しているといえなくもない。

第一七幕　「わからないから研究したい」科学者たちは当然のように答えた

「じゃあ飲みましょう」

全員に半透明のカプセルを渡してから、岸山が言った。でも誰も手にしたカプセルを口に近づけない。無言でカプセルを見つめている。

「大丈夫ですよ。僕はすでに一回飲みましたから」

岸山が言う。

「……で、どうなりました？」

石川幹人《いしかわまさと》教授が訊《き》く。

「えーと、別に変化はないです」

「じゃあ、それでいいんじゃないですか」

少しだけ苛立《いらだ》ったような声で、蛭川立《ひるかわたつ》准教授が言う。

「いや、やっぱり二人には飲んでもらわないと」

僕は言う。

「なぜですか」

「取材ですから」

石川の質問に岸山が即答し、身もふたもない答えだなあと蛭川が苦笑する。

「千倍に薄めろと説明書には書かれています」

そう説明しながら岸山が、コップに市販のミネラルウォーターを入れ、慎重な仕草でカプセルの先端を切ってから、中の液を数滴たらす。

「それで千倍ですか」

石川が言う。蛭川も続く。

「どう見ても千倍じゃない」

「大丈夫です。僕は原液で飲みましたから」

すまして答える岸山に、まだ決心がつきかねるという表情で石川が訊く。

「どこで購入したんでしたっけ」

「青山《あおやま》のお店で扱っています。ただしこれはネットで買いました」

ネットは僕も見た。商品の説明については、以下のように記述されていた。


約三五～四〇億年前、太古の地球上に私たちの祖先である最初のいのちが誕生。それは水の中から生まれました。初めてのいのちを生み出した水とは、いったいどんな水だったのでしょう？

彗星《すいせい》探索家として長年活動を続けてこられた木内鶴彦《きうちつるひこ》氏は、そんないのちの不思議を見つめ物理学的な考えから水に迫りました。そして様々な学者や医師と議論を重ね研究を進め、「生命誕生の水」をイメージして『太古の水』が誕生しました。生命が誕生した当時の様子を地球の重力や質量など天文学的に計算し、いのちを生み出した地球の状態をイメージして作られています。水に対して圧力を変化させるなどの物理的操作を加え、イキイキと活性化した状態を保つ水を作り、これを長時間蒸留させて完成しました。

記述ではこのあとに木内のプロフィールが続き、さらに「一日五〇〇ミリリットル～一リットルを目安に、お好きなときにお飲みください」や「お風呂《ふろ》にコップ一杯くらい（希釈水）入れてみてください」などと書いてある。前述したようにｆｕｙｕさんは、この希釈水を自らに点滴している。

「……じゃあ」

神妙な顔をした石川が、グラスを乾杯のような仕草で目の前に掲げる。残る三人もグラスを持ち、一息に飲み干した。

「……どうですか」

しばらく間を置いてから僕は訊く。

「予想はしていましたが、……飲むかぎりではただの水ですね」

蛭川が言う。石川もこっくりとうなずいた。誰かが口から火を吐くわけでもないし髪が逆立つわけでもない。もちろんそんな効用は謳《うた》っていない。木内は僕に、ほとんどの病気はこの水で治癒できるというような言い方をしたけれど、もしもそれをラベルや説明書で謳ったら薬事法違反になる。

「原液で飲んだってさっき言ったよね？」

岸山は僕の質問にうなずいた。

「昨夜飲みました」

「どうだった？」

「いやあ、……やっぱり普通の水です」

どうやら毒ではないらしいと自分を説得しながら、僕はカプセルの端を口にくわえ、残りの原液を吸った。やはり無味無臭。こころなしか喉《のど》に引っかかる。何となくとろみがある。でもそれも、確かかと訊かれれば肯定できない。気のせいかもしれないと言いたくなる。石川が僕に視線を向ける。

「木内さんはこの水について、森さんにどのように説明したのですか」

「非常に高圧で表面張力が強いとの話でした。ところが水の成分そのものは変わっていない。水素原子が二つと酸素原子がひとつです。重水ではないようです。臨死体験の際に、一万五〇〇〇年前の人類は三〇〇〇年近い寿命があったことがわかり、その長寿の秘密にかかわっている水を長年の研究によって再現した。……大まかに言えば、そんな感じの説明でした」

岸山が僕の話を補足した。

「インタビューのときは、ガソリンに代わる燃料にもなると説明されていましたね。なぜ水が燃料になるのかと訊いたら、水は水素原子と酸素原子なのだから燃焼しないはずがないとの説明でした」

石川と蛭川は無言で顔を見合わせる。言いたいことはわかっている。水は水素の酸化物だ。言い換えれば水素が燃焼して水になる。これを酸素と水素に分解するためにはエネルギーが必要だ。つまり電気分解。そのために消費するエネルギーは、水素が燃焼して得られるエネルギーよりはるかに多い。蛭川が視線を岸山に向ける。

「製造法はやっぱりわかりませんか」

「圧力をかけるというところまでは聞きましたが、それ以上は企業秘密だそうです。ご自身の著作では、ポイントは陽の光を当てることと書いていますね」

石川がうーむと唸《うな》る。

「飲用の際に薄めるというあたりは、きわめてホメオパシー的ですね」

「そういえば『水からの伝言』という本が大当たりしました」

岸山が何気ない調子で言う。石川が少しだけ顔をゆがめた。

「ゆがんだ自然科学主義です。いや、もはや心理レベルで道徳が語りきれなくなったので、自然科学の名前だけを借りるという、とても情けない話です」

いつも穏やかな石川が、珍しく語気を強くしている。『水からの伝言』シリーズの趣旨は、水が結晶を作る際に「ありがとう」や「平和」などの言葉をかけると美しい雪花状の結晶ができて、「ばかやろう」や「戦争」など悪い言葉をかけると汚い結晶ができるという内容だ。そこから人間の身体のほとんどは水だから言葉に気をつけようとの教訓が導き出される。小学校の道徳教材に引用されるなど、このシリーズはかなり話題になった。数年前に僕も書店で、このシリーズや関連図書が平積みになっているのを見かけたことがある。さすがにこのレベルを取り上げるつもりはない。でも石川が指摘するように、このレベルを多くの人が信じたという社会現象は興味深い。

「この水の効用を説明する際に木内さんは、ルルドの泉なども高圧の水だから治癒力を持っていると言っていました。ただし汲《く》めばすぐに圧は抜けてしまう。でもこの水は圧が抜けないとの説明でした。お二人はルルドの泉についてはどう考えますか」

岸山のこの質問に対して、二人はほぼ同時に即答した。

「私は知りません」

「私も知りません」

まさしくにべもないという雰囲気だ。数秒の間が空いた。

「ルルドの泉については、ほぼ間違いなくプラシーボです」

び質問する。

石川が言った。あまり愉快な話題ではないという雰囲気が声音に滲《にじ》んでいた。岸山が再
「そもそも木内さんの話について、お二人はどう思いますか」

数秒の沈黙。石川が小声で「……どうって言われても」とつぶやいた。

「例えば、臨死体験の際に一万五〇〇〇年前の地球に行ったら巨大な先史人類と恐竜がいたとか大洪水があったとかの話についてはどうですか」

岸山のこの質問に対して、やっぱり二人は即座に反応しない。ややあって蛭川が、やれやれというような口調で説明を始めた。

「とても簡単な反論をすれば、その年代の地層を掘って恐竜や巨大人類の化石や骨が出てこないわけですから。これにつきると思います」

「でも木内さんは、炭素化合物による年代測定は相当にいい加減だと言っていましたよ」

「確かに放射性同位体である炭素14の大気中の濃度は時代によって変動するので、崩壊率から年代を推定する測定法には、多少の誤差はありえます。でも最近は骨自体から微量のコラーゲンを抽出したり、土中のカリウムとアルゴンの同位体の割合を調べたりとか、他の地層の年代決定法がいろいろありますから。これらを複合すれば相当に正確であるといっていいと思います」

「つまり、その痕跡《こんせき》がまったくないのだから、一万五〇〇〇年前に月から流れ込んできた水によって大洪水があったとか恐竜がいたとかの話はありえないと」

「もしもそれが事実なら、地球上のあらゆる場所で、その証拠が見つかっているはずです」

蛭川の言葉にうなずきながら石川が言った。

「かつてとても小さかった地球の重力が月の水を加えたことで大きくなったとの説明については、月の水だけじゃとても足りないです。仮にかつて月に水があってそれがすべて地球に移ったとしても、地球の質量はほとんど変わりません。地球をこの饅頭《まんじゅう》に喩《たと》えれば」

言いながら石川は、テーブルの上に置かれていた茶菓子を手にとる。

「海はほとんど薄い表皮です。重いのはアンコ。つまり中央にあるマントルに包まれた核です」

「……あのう、重力や水についてはともかくとして、神社に木内さんが自分の名前の一部を書き残したという話があるんです」

そう言いながら岸山が、ちらちらとこちらに視線を送ってくる。ここからあとは話してくれということなのだろう。自分で話せよと思ったけれど仕方がない。土佐《とさ》神社についての顚末《てんまつ》を、僕は二人に説明した。でもやっぱり反応は鈍い。まあそうだろう。僕ももし、この話を誰かに聞いたのなら、ふーんとかへえとか言うくらいだろう。

「少し基本的なことを話していいですか」

蛭川が言った。

「オカルトと呼ばれている現象を本当にちゃんと考えるならば、その現象をきちんと分類するところから、まずは始めなければいけないと思います。今の木内さんの話も含めて、例えば地球以外の星から生命体が飛来しているとか、未来が予知できるとか、壁の向こうを透視するとか、スプーンが曲げられるとか、雪男らしき生きものが発見されたなどの話は、よくひとくくりにされてしまうけれど、原理やメカニズム的にはまったく違う現象ですよね。つまりジャンルが違うんです。でもなぜか多くの人は、これらの現象を一括してしまう。テレビがまさしくその典型ですね。これらの多くの現象をオカルトという言葉で一緒にしてしまうところから、まずは混乱というか間違いが生じていると思います。スプーン曲げならメタル・ベンディングという物理現象の側面から、あるいはヒーリングなら生体の変化などを測定しながら、UFOなら映像の解析や目撃者へのジャーナリスティックなアプローチなど、ちゃんと実験や検証の手続きと目的を決めて、再現性のある結果を出すための実験を繰り返さなくてはならない。背後霊とUFOとテレパシーを一緒にしてはだめなんです」

「でも、一緒にされてしまう理由のひとつは、これらの現象が特定の人に集中することが多いからじゃないでしょうか。例えばメタル・ベンディングが専門のはずの清田益章《きよたますあき》さんは、心霊もいろいろ見えるらしいし、火星に行ったこともあるそうです」

岸山が言った。うなずきながら蛭川は言った。

「森さんのドキュメンタリーでは、宇宙人に会ったというような発言もしていますね。これらを仮にすべて事実とするのなら、なぜこれほどに異質な現象が特定の人に集中するのか、それはそれで確かに謎ですね。彼らがパラノイア的なのだと断定しちゃえば楽ですけれど」

「かつて秋山眞人《あきやままこと》さんは、意識のチャンネルを変えれば、オーラや心霊、妖精《ようせい》や妖怪に宇宙人などが全部見えてくると僕に言ったことがあります」

　僕は言った。石川がうなずいた。

「いわゆる変性意識状態ですね」

　話しながらふと気がついた。意識状態を変えれば見えてくると言うことは、意識状態を変えれば見えなくなると同義でもある。つまり見え隠れだ。

「……この見え隠れ的な現象について、僕はずっと煩悶《はんもん》しているわけですけれど」

　僕は言った。

「見え隠れというよりも、時おり、何らかの大きな意図が見せ隠しをしているかのようにも感じたり、あるいは現象そのものが、観測するこちらをからかうように見え隠れしていると思いたくなるのだけど、どう考えてもそんなことはありえないわけで、……だから、最近は、これは逆に人の意識、つまり現象を認知するこちらのほうの問題じゃないかという気がしてきたんです。現象が見え隠れしているわけではなくて、むしろこちらのほうが目を逸《そ》らしたり見つめたりしているのではないかと。……この仮説について、石川さんはどう思いますか」

「私もそう思います。そういえば、変性意識状態を研究しているタートによれば」

「タート？」

首をかしげる僕に蛭川が、「チャールズ・タート。トランスパーソナル心理学というジャンルでは世界的な大家です」と説明する。

「そのタートが、普段の私たちが日常的に使っている意識とは別の意識状態のチャンネルがあって、そこではこの日常や社会で起きることとは別の位相が存在している。やがてはこの位相でも科学的な探究が行われるんじゃないかということを言っていますね。秋山さんが言ったことと、きわめて近いですね」

「……さっき森さんが言った仮説についてですが」

蛭川が言った。

「あれも実は、この分野ではごく普通にある解釈です。つまりこの現実世界というのがあるとして、この現実の一貫性を保つためには、この世界の物理法則を乱したり破ったりするような現象については、われわれの無意識が、見させないように認知させないようにと、何らかの邪魔をしているという説明です」

うなずきながら石川が言う。

「この議論を進めるならば、まずは大前提として、意識と無意識という言葉を整理する必要がありますね。超心理学的な解釈では、人間の心は相当に広大です。私たちが日常的に感じている意識状態は、その広大な心のごく一部です。無意識の領域のほうがずっと大きい。だからもしも無意識的に抑制されているとしたら、それは全体として抑制されているに等しいわけです。でもならば、無意識が表層の意識をどのように抑制しているかについては、まだほとんど実証も理論化もされていません。そもそも無意識の抑制かどうかも、まだ定まってはいないわけです」

「そういえば試験の答案に、子供のころは周囲に二種類の人間がいたと書いた学生がいました」

蛭川が言った。「二種類ですか？」と岸山が首をかしげる。

「いわゆる普通の人と、もうひとつは透明な人だそうです。壁なども簡単に通り抜けることができる透明な人たちが身の回りにたくさんいたというように、その学生は書いています」

岸山が「はあ」と嘆息する。僕も「うーむ」とつぶやく。

「その学生は子供のころ、人間には二種類あるとわかっていたけれど、周りの大人にはあまり話さないほうがいいと何となく思っていたそうです。もう少し大人になってからは、これが見えるということは相当にヤバいことかもしれないと思い始めて、そのあたりから透明な人たちは見えなくなったと書いています。霊能系の人からはよく聞く話です。つまり自分でブレーキをかけてしまう。そうしないとこの社会に自分が馴染《なじ》めなくなるから。そういう解釈はありえますよ」

じっと蛭川の話を聞いていた石川が、おもむろに口を開く。

「今の話に付け加えると、その透明な人たちという表現にも、実は私たちの日常的な社会感覚が浸出している可能性があります。例えば木内さんが臨死体験の際に、『子供のころに〝危ない〟と叫んだその人を見つけたいと思った』との話がありましたね。まあ、オチは自分自身なわけですが、声が単体で存在するという発想はなぜできないのか。木内さんがそうだというわけじゃないんですが、こういうパターンが霊能系にはとても多いんです。その結果として、『夜中に誰もいないはずなのに足音がしたから自縛霊だ』ってなっちゃう。あるいは『写真を撮ったら肩に手が乗っていたけれど背後霊だろうか』とか。なぜ足音や手のひらを単体で考えられないのか。つまり現象をどうしても人格というか、ある意思主体に帰属させたくなる。森さんの言う『あたかも意志があるかのように見え隠れする』もそうですね。これもやっぱり、日常的な意識感覚の延長です」

「確かに日常的な意識感覚の延長かもしれませんが、でも目の前のその現象を、できるかぎり今の僕らが知っている物理法則に引き寄せたいと思うことは当然ですよね」

僕は言った。石川はあっさりうなずいた。

「当然です」

「たとえば音が聞こえた。ならばその音を出す何かがあると思うのは、間違っていないと思います」

「その何かを擬人化してしまうことが問題なんです。たとえばよく、声が聞こえたとかいうじゃないですか。でもそれは本当に声なのか。人間じゃない可能性も十分にあるわけです。ところが人間に類した存在だけを想起してしまう。それが日常感覚です。物理学者はそうは考えません。音を単体で考察します。どんな物理法則があって、どのようにそれらの法則が結びついているかなど、いろんな関係を列挙して考えます。でも日常の意識は、どうしても帰属する主体を探してしまう。意図帰属モジュールですね。人間の子供やチンパンジーでも観察できる認知傾向です」

再び数秒の沈黙。石川が言わんとしていることはわかる。特にこの分野は、フラスコや顕微鏡や遠心分離器などの器具を使わない領域だけに、主体に帰属させるという日常意識がどうしても現れやすくなる。それはわかる。わかるけれど、ここで納得してよいのだろうかとの思いもある。頭の中を少しだけ整理してから、僕は言った。

「子供のころに透明な人が見えたという学生の話ですが、結局は今、見えなくなってしまっている。これがもし、日常的な規範や常識、あるいは、あまりそういうことを口走ると周りとうまく共存できなくなっちゃうという恐れみたいなものが無意識レベルで働いて、他の人には見えないものが見えるという能力を結果として減衰させてしまうとしたら、たとえば多くの人が霊の存在を信じるアニミズム文化が色濃く残るバリ島とかアマゾンでは、その能力が減衰しないまま成長する人が多くいるという仮説が成り立ちますよね。見えるとか見えないとかのレベルではなく、写真にだってもっと霊や妖怪や妖精などが派手に写り込んでもおかしくないということになりませんか。つまり社会規範としての抑圧が薄いエリアなら、もっと多くの現象が顕在化してもいいはずです。蛭川さんはシャーマニズムのフィールドワークもされているけれど、アニミズムやシャーマニズムが濃厚なエリアで、そんな気配を感じたことはありますか」

少し間を置いてから、蛭川は静かに言った。

「……意外にそんなことはないですね」

「ですよね。ならばここから導き出される仮説のひとつは、完全な否定論です。要するに心霊だの超能力だのはすべて存在していないとする考えかたです。もうひとつの仮説としては、バリやアマゾンなどで暮らす人たちも、結局は無意識レベルで、こうした存在や現象に対する恐れや不安や忌避感などを持っているということですね。つまり彼らも彼らなりに、物質的現実を守ろうとしている」

「……基本的には森さんの言うとおりだと思います。そもそも透明な人は存在しないのか、それともその社会にはその社会なりの制約がやはりあって、その社会なりの物質的現実みたいなものを意識下で守ろうとしているか、そのどちらかでしょうね。未開といわれる社会でも、あの人はもうすぐ死ぬよとか予知らしきことを口走る女の子は、周囲の大人たちからたしなめられます。そこは変わりません」

「ならば次の質問。なぜ人は、文明の水準や宗教や文化の差異にかかわらず、この領域を恐れたり忌避したりするのですか。サルが先天的に蛇を恐れるように、人にもこの恐れという感情が遺伝子レベルであるのなら、逆算して、心霊や精霊のような存在はやはり実在なのだと考えることはできませんか」

「進化心理学的には、そうしたほうが生き残れたからだという説明になります」

石川のこの答えに対して、僕は「ならば、やはり実在しているという演繹《えんえき》も可能ですね」と念を押す。

「うーん。幽霊とか精霊とかは、ある意味で死を象徴していますから、それで忌避感を持つという説明もできますね」

「たとえば死体が転がっているような場所は、自分も死体になってしまう危険性のある場所である可能性が高いですし」

二人のこの返答は予期していた。だからすかさず僕は言い返した。

「死への忌避感と幽霊やらお化けやらへの恐怖は、少し違うような気がします。もし彼らへの恐怖が純粋な忌避ならば、遊園地のお化け屋敷とかありえないでしょう。夏にテレビがゴールデンタイムで放送する心霊写真特集とかも、視聴率はまったくふるわなくなると思います。とても怖い。怖いけれど見たい。この感覚って、ちょっと他に思いつかないのだけど」

「角川ホラー文庫も売れなくなります」

もちろんこれは岸山だ。余計なことを言うなと脛《すね》を蹴飛《けと》ばしてやろうかと思ったら、石川が「それはねえ」とつぶやいた。

「たまたま怖いという恐怖心と未知のものへの好奇心が、同居する対象だからじゃないですかね。怖いものの背後やメカニズムがわかれば、怖さが減って達成感を得られるから、見たいという衝動が生まれるということもあるかもしれないです。それと、説明や予測ができない怖さも当然あるでしょうね」

「予測不能性が怖いことは確かです。だからこそ人類の歴史は、身の回りのあらゆる現象に何らかの公式や法則を見つけようとする試みの積み重ねです。でも、ことオカルトに関しては、そういった能動的な姿勢がほとんどない」

僕のこの断定に、石川は首をひねりながら「そうですか。あると思うんですけど」と小さく反論する。

「ただ確かに、多くの科学者の本音としては、自分の研究だけでこんなに忙しいのに、というところでしょうね。もしも説明しづらい現象が起きたとしても、たまたま幾つかの偶然が重なったと解釈することは、普通の行為だと思います。自然科学の本流をやっている人たちは、忌避感といえば忌避感なのかもしれないけど、自分が拠《よ》って立つところの理論は大事なんですよね。それに基づいてすべての研究をやっているわけですから。その根底が崩れると自分の存在意義がなくなるという切迫感のような気分もあるでしょうね。だから抑制的にブロックする。それはきわめて自然な態度だとは思います」

「透明な人は僕には見えないけれど、パソコンとか携帯電話とか、なぜか周囲の電気製品がよく壊れるんです。最近はますますひどくなっているような気がします」

思わず口走った僕のこの言葉に、なるほどというように蛭川がうなずいた。

「パウリ効果ですね。実際に壊しているのか単なる思い込みなのかはともかく、特にオカルトに傾倒しているような人たちのあいだでは、身の回りの電気製品が壊れるという人は確かに多いですね」

二〇世紀初頭の理論物理学者でノーベル物理学賞を受賞したヴォルフガング・パウリは、周囲の実験機器や電子装置がありえない確率で壊れることで有名だった。エピソードは数多い。遂《つい》にはパウリが部屋に入ってきたり装置に触れたりするだけで異常な現象が起きるようになり、友人のジョージ・ガモフ（ビッグバン理論の提唱者）が「パウリ効果」と命名したと言われている。もちろん最先端物理学者たちの悪ふざけだ。でもパウリ効果についてガモフは、相当に真剣だったとの説もある。石川が「頻繁に壊れちゃ困るから、普通の人はそんな現象が起きないように抑制しているという考え方もできますね」と楽しそうに言った。蛭川がうなずいた。

「腹が立ったり動揺したりしたときに、バチンとスイッチが切れたりする。そういう相談はたくさん来ますけれど、感情的に不安定な若い女性が多いですね。ポルターガイストなんかも、女の子がいる家庭に多いというデータがあります」

「つまり超能力とか透明な人が見えるとか予知とか、それらの能力は本来誰もが持っているけれど、普通はこれを抑制してしまう。だから見え隠れするかのような現象になるという仮説ですか」

「誰もが持っているかどうかはともかく、そういう能力がもし本当にあるとしたら、そこにはやはり何らかの抑制が働くでしょうね。そう説明するほうが、神さまみたいな存在が我々をからかっているというような比喩《ひゆ》よりは正確かなという気はします。あるいはこの世界は実はコンピュータシミュレーション的な世界で、ときどきバグが発生すれば、それを隠すように誰かが……」

石川がすかさず「ワクチンソフトを打つ」とつぶやいた。蛭川はうなずいた。

「そうして修復するとかね。神さまは持ち出さないけれど、そんな目的論的な説明も選択肢としては可能です。ただしこの場合は、その誰かは誰だという議論になりますね」

座は少しだけ沈黙した。議論は絶対に終わらない。つまり結論は出ない。そんなことはわかっている。

超常現象は、なぜこれほどまでとらえにくいのであろうか。それは、大脳の半球優位性に何らかの関係があるのであろうか。それとも、量子力学的な不確定性原理と、ある意味で質的に共通した現象なのであろうか。あるいは、サイに対する恐怖心のために、サイの実在を裏づける証拠が必然的にとらえにくくなってしまうのであろうか。もしそうだとすると、その恐怖心はどこに由来するのであろうか。あるいはまた、普遍的想像原理のようなものによって説明できるものなのであろうか。(中略)超常現象の研究を行うはずの超心理学や心霊研究が、その本質を避け、自己退縮を繰り返してきたのは、その延長線上にある必然的な結果なのであろう。従来の線に沿って研究を続けていても、超心理学や心霊研究が完全に消滅してしまうとは思われないけれども、さりとて、そうした研究を積み重ねて行けば自然と道が拓《ひら》けるようにも思われな

い。（笠原敏雄《かさはらとしお》『超常現象のとらえにくさ』春秋社）

「……この取材が始まってもう三年以上になりますが」と岸山がつぶやいた。「かなり怪しいものや嘘っぽいことはたくさんありました。まさしく玉石混淆《こんこう》です」

少しだけ遠い目になりながら、石川がうなずいた。

「そうでしょうね。でもほとんどであってすべてではないですよね。ほとんどの石を取り除いたときに残る玉のような何かを、我々は研究対象にしたいと考えています」

僕はテーブルの上のお茶に手を伸ばす。太古の水の原液がまだ喉《のど》に引っかかっているような感覚がある。でもおそらくは気のせいだ。こうした現象の半分以上は、プラシーボで説明できるはずだ。お茶を一口する。ほとんどの石を取り除いたときに残る玉のような何か、と石川は言った。ならば問題は、玉のような何かが残るかどうかだ。すべてが石だったという可能性だって絶対にある。いい年をした大人としては、そう考えるほうが健全なのだ。

一八世紀のフランスの数学者ラプラスは、一八一二年に発表した『確率の解析的理論』で、以下のように主張した。

「もしもある瞬間におけるすべての物質の力学的状態を知ることができ、同時にそれらのデータを解析できるだけの能力を持つ知性が存在するとすれば、この知性にとって不確実なことは何もなくなり、その目には未来も過去も同様に、あらゆる現象すべて見えているということになる」

有名なこのフレーズを説明する際に、喩《たと》えとしてよく使われるのはビリヤードだ。盤上やクッション板に凹凸がまったくないと仮定して、ある瞬間の盤上の玉の位置と動き（速度や回転）を正確に把握したとしたら、すべての玉が静止するまでの動きは計算によって予測できるはずだ。この玉の力学的状態を、世界に存在するすべての原子の位置と運動量に置き換えれば、古典物理学的な法則を応用しながら、原子の時間的な動きはすべて予測できるということになる。また時間的な動きを逆算すれば、過去もすべて遡《さかのぼ》れる。つまり究極の因果律だ。神は不要となる。

この究極の計測装置（知性）が「ラプラスの悪魔」だ。

人間の意志や感情も、脳内における神経伝達物質や電位の受け渡しによって起こされる現象であり、メカニズムとしては原子間の相互作用だ。ならばこれも予測できる。人間の自由意志など実は存在していない。ラプラスの悪魔は、あなたがこれからどんな人生を送るのか、僕が今夜の夕食に何を食べたいと思うのか、地球は今から何秒後に消滅するのか、最初の人類であるルーシー（あるいはアルディ）はアフリカ大陸でどのように死んでいったのか、すべてわかっているということになる。

この世界のすべての事象や現象が古典物理学だけで説明できるのなら、ラプラスの悪魔の栄華はこの先も続いていたはずだ。でも二〇世紀に提唱された量子論の重要な定理であるハイゼンベルクの不確定性原理は、「測定」という行為そのものが電子に影響を与えることを指摘し、量子レベルにおいては完全な未来予測が不可能であることや、物質の究極の姿は粒子と波動の重ね合わせであることを証明した。位置と運動量の両方を正確に知ることは不可能であり、電子は原子核の周囲を惑星のように回転しているのではなく、確率的に存在しているのだ。

こうしてラプラスの悪魔は、最先端物理学によって存在を否定され（ただし厳密には、カオス現象による予測の不確定性を演繹《えんえき》すれば、古典物理学の枠内でラプラスの悪魔を否定することはできる）、一時はその存在を脅かされた人間の自由意志は、その後も存続することができた。ただしこれは量子論の濫用であり、自由意志はやはり存在しないとの説もある。

人の意識は法則や定理によって縛られない。化学や物理現象とは違うのだ。でも同時に、超能力も含めてオカルト全般が人の意識作用の帰結であるとするならば、既存の科学が要求する厳密な観察や追試は、やはり原理的には無意味で不可能だということになる。永劫《えいごう》に解明できないのだ。

気がついたら窓の隙間から差し込む日の光が傾いている。いつのまにかずいぶん時間が過ぎた。吐息をついた岸山が、「何でいつもいつも、隔靴掻痒《かっかそうよう》なんでしょう」とひとりごとのようにつぶやいた。

「なぜなら意識作用は物理現象となじめないからです」

間髪を容《い》れずに答えた石川に、僕は視線を向けた。

「研究しながら石川さんは、何でここまで徹底して曖昧《あいまい》なんだよとは思いませんか」

「頻繁にありますよ」

「たまには白黒ちゃんとつけてくれよって思ったりしますか」

「それは人格に対して使うフレーズですね。まあでも、研究していれば浅い現象はよく起きますからね」

浅い現象？　と首をひねる僕に蛭川は、「ごく普通の科学研究の現場でも、あるときフッともものすごくきれいなデータが出ることがあります。でも再現できない。あるいは特定の誰かが実験するといい結果が出るんだけど、批判的な誰かが追試しようとするとうまくいかないとか。そういう浅い現象は、特に心理学の研究現場で頻繁にありますよ」と説明した。

「このジャンルと自然科学との対立は大きな問題です。でも心理的な現象はとても弱い現象でもあるわけで、今の自然科学はこの弱い現象にアプローチする方法をまだ獲得できていないということはいえると思います」

「弱い力と断定していいんですか」

「強かったらもう決着がついているはずですから」

「力が存在しないとは考えないのですか」

「グレイだけど、あるほうに賭《か》けるというか。……あるとすれば貴重な研究対象ですから、ここで結論は出したくないという心情です」

「その根拠は？」

「実験中に起きた個人的体験です」

「どんな体験ですか」

口もとに仄《ほの》かな微笑を浮かべながら、石川は僕から視線を外す。

「……それはちょっと言えません。弱い現象です。だから科学者としては主張できない。個人の体験で止まっています」

コーネル大学心理学科教授のトーマス・ギロビッチは、その著書『人間この信じやすきもの』（新曜社）で、例えば「誕生日のパラドックス」（「何人集まればその中に同じ誕生日の人がいる確率が五〇％を超えるか？」という問題から生じるパラドックス。直感的には三六五日の半分で一八〇人前後と考えるが、正解は二三人）などの例を挙げながら、人が偶然の領域をいかに必然と感じてしまうかなどの心理システムを解析したうえで、以下のように宣言する。


超心理学が発見した確かな現象には、どんなものがあるだろうか？　超能力の存在に理解を示す実験者からは肯定的な結果が得られ、懐疑的な実験者からは得られないという「実験者効果」はそのひとつである。また、超能力を最も強く持っているとされる被験者でも、肯定的な結果が出るのは初めのうちだけで、徐々に肯定的な結果が出にくくなり、しまいにはまったく出なくなってしまうという「衰退効果」もそうである。そして、超能力を持つ被験者は、偶然以上に正しい反応をするばかりでなく、偶然から予想されるより統計的に有意に少ない正答をすることがあるという「負の超能力」が、その第三のものである。（中略）超能力信仰というものは、その存在を否定する証拠が得られているにもかかわらず生き続けている、昔からの多くの原始信仰のひとつにすぎないのである。

多くの人がそれぞれの立場で宣言する。僕はそのはざまで吐息をつき続ける。どうしても迷宮から離脱することができない。

「皆さんの話を聞きながらつくづく思うのですが、実験や研究をすればするほど、不毛で結果が出ないことを痛感するジャンルだと思います。そうすると、お二人のモティベーションといいますか、なぜ研究をやめないのか、なぜいまだに続けているのか、そのあたりがよくわからなくなります」

岸山のこの質問に、石川と蛭川は一瞬だけ顔を見合わせた。ややあって蛭川が口を開く。

「わからないからです」

「そうですね」

「わからないから研究したい。ほとんどが嘘だっていうことはもうわかっています。でもすべてが嘘とも言いきれない。だから研究するんです」

「面白いし」

「そう。とても面白い。ようするに、当たる確率は高いけれど当たってもたいしたことがない研究に賭けるよりも、当たる確率は低いけど当たれば大当たりという研究に賭けたほうが面白いじゃないかと。そのどちらかを選ぶのは、研究者の好みの問題なんじゃないでしょうか」

岸山が視線をこちらに向ける。僕はうなずいた。これで終わり。岸山はレコーダーのスイッチを切った。

第一八幕　「僕らは超能力者じゃありませんから」メンタリストはあっさりと言い放った

「超能力者には二種類のタイプしかいません。ひとつは、超能力として見せる『技術』を持った人たち。もうひとつは、自分自身が超能力者だと信じて疑わない人々です」

引用したこのフレーズは、二〇一一年九月に刊行された『誰とでも心を通わせることができる7つの法則』(ワニブックス)の序文に記載されている。「見せる技術」とはトリックのことであり、「信じて疑わない」は思い込みだ。つまりこの序文は、リアルな超能力者など存在しないと断言している。

著者の名前はＤａｉＧｏ。帯には「日本一のメンタリストＤａｉＧｏが初公開！」と「メンタリズムとは……？　心理テクニックや人間の特性、錯覚を利用して、人の心理を読んだり、行動をコントロールする技術」との文字が躍っている。

ＤａｉＧｏはもちろんニックネームだ。公式ブログによれば出身は静岡県。慶應《けいおう》義塾大学理工学部を卒業して、同大学院理工学研究科に在籍している。

二〇一一年一月二九日、新宿のトーク居酒屋ロフトプラスワンで行われた映画監督の大根仁《おおねひとし》とテレビ・ディレクターの岡宗秀吾《おかむねしゅうご》が主催するトークショーで、ＡＶ監督のカンパニー松尾《まつお》とともにその夜のゲストとして呼ばれた僕は、同じくゲストだったＤａｉＧｏのパフォーマンスを、およそ一〇〇人の観客とともに至近距離で（たぶん五〇センチも離れていない）、初めて目撃した。それなりにこの分野に対して目が肥えているつもりの僕にとっても、そのパフォーマンスはかなりの衝撃だった（カンパニー松尾は口を開けたまま放心状態になっていた）。

終了後にＤａｉＧｏのマネージャーである村山淳《むらやまじゅん》に、取材を前提にもっと静かな環境でパフォーマンスを見せてもらえないかと打診すれば、あっさりと快諾された。実のところは断られる可能性が高いと予想していたので、取材が前提ですよと念を押す僕に村山は、「森さんの『職業欄はエスパー』、しっかり読ませてもらっています」と微笑んだ。

メンタリズムの定義は難しい。超能力やマジック、そして催眠術などのジャンルと、かなりの領域で重複する。ものすごく大雑把であることを承知で書けば、「人の意識や心理を分析して見抜き、さらにコントロールする技術」ということになる。

発祥の地はイギリスだ。テレパシーを使ったパフォーマンスで、ピディングトン夫妻が大きな話題になったのは一九四〇年代。このときに初めてメンタリズムという言葉が使われた（夫妻のテレパシーがトリックだったことは後に明らかになった）。

五〇年代に現れたデヴィッド・バーグラスは、トリックと心理コントロールを融合したパフォーマンスで、後にミスター・マリックなど多くのマジシャンたちが使いだした超魔術的なパフォーマンスの基礎を確立する。その後もアメリカのメンタリズムを一変させたといわれるクレスキンや、チャン・カナスタ、心理学や科学的な実験をベースにしたパフォーマンスを始めたバナチェックなどの時代を経て、メンタリズムに革命をもたらすダレン・ブラウンが登場する。

……資料を読みながら、この名前には何となく覚えがあると気がついた。さらに読み進めながら思い出した。二〇〇九年九月九日の夜、BBC（英国放送協会）の生放送に出演したダレン・ブラウンは、イギリスのロトくじ「ナショナル・ロッタリー」の当選番号を、すべて事前に言い当てたのだ。ただし正確には事前に言ったわけではなく、スタジオに置いた六つのボールの裏側に当選番号をあらかじめ書いておき、発表と同時に裏返すという手法だった（この番組はネットでも視聴することができる）。

当然ながらイギリス国民は驚愕《きょうがく》した。最もありえそうなトリックは、くじの抽選は実は生放送ではなく録画だったとの仕掛けだが、「ナショナル・ロッタリー」は国民的な行事であり、BBCはその時間帯に裏番組でくじの様子をライブ特番で放送している。いくらなんでも公共放送がこの規模で国民を欺くことはありえない。番組の最後にブラウンは、近日中にテレビでこのトリックを明かすと宣言した。ところが二日後に再びBBCに出演したブラウンは、「二四人の協力者の自動筆記によって書かせた六つの数字の平均値をボールの裏側に書いていた」と説明した。つまりお筆先だ。

ブラウンは自身が出演するTV番組の冒頭で必ず、「私のパフォーマンスはマジックや暗示、心理学にミスディレクション、そしてショーマンシップで成り立っている」と宣言している。超能力や心霊現象のパフォーマンスはすべてフェイクであると公言もしている。だからこそイギリス国民は、お筆先で当選番号を的中させたとのブラウンの発言にあきれ、そして混乱した。ブラウンはすぐにお筆先発言を撤回したが、今度は「数学者チームに依頼して当選の数字を割り出した」と発表して、また激しく批判され（まあ当然だろう）、その後は沈黙して、再び実験検証的なスタイルへと回帰している。

結局のところトリックについては謎のままだが、発表後にボールを裏返して数字を見せることに、その鍵《かぎ》があることはほぼ間違いないだろう。映像ではスタジオに置かれたボールには誰も手を触れていないが、遠くから字を書く方法はいくつかある。

ロフトプラスワンの夜から一カ月ほどが過ぎた頃、角川書店本社の会議室で、僕はＤａｉＧｏと村山に再会した。ギャラリーは角川書店の編集者たちだ。前日に岸山が買ってきた二〇本ほどのフォークをテーブルの上から摘《つま》み上げたＤａｉＧｏは、次々にくるくると曲げる。あるいは捩《ねじ》る。くるくるのぐにゃぐにゃだ。さらに、掌《てのひら》に載せただけのフォークが自力で曲がるパフォーマンスも披露する。とにかく速い。見つめる全員は声もない。時おり感嘆の吐息を洩《も》らし、そしてたまに引きつったような声で笑う。そんな様子を観察しながら不思議になる。どうしてこういうときに人は笑いたくなるのだろう。そういえば昔のプロレス会場でブッチャーやシークなど悪役レスラーが客席に乱入したとき、テレビ画面をよく見ると、ほとんどの人が笑いながら逃げていた。何となくあの（引きつったような）笑いに近いような気がする。何かが迫りつつある。何かに直面しかけている。だから目を逸《そ》らしたい。ないことにしたい。でももう無視はできない。ならば笑うしかない。

ふと手を止めたＤａｉＧｏが、僕に視線を向けてくる。

「森さんは怖い顔で睨《にら》んでいますね」

「いやいや、森さんは素直に見てくれているよ」

村山が言った。パフォーマンスの印象を訊《たず》ねられたような気分になって、僕は「（フォーク曲げの）トリックについては、だいたいはわかります」と言った。嘘をついても仕方がない。村山はこくりとうなずいた。

「はい。おそらく森さんの推測どおりです」

「認めちゃうんですか？」

意外そうな岸山の言葉に、「僕らは超能力者じゃありませんから」とＤａｉＧｏが微笑みながら答える。村山もうなずいた。

「結局のところ僕たちは、身体の理を超えたことはしていません。あくまでも物理的な力でフォークは曲がったり折れたりしています。それを隠すつもりはありません」

「占いとか霊視とかのセッションは、だいたい二〇分が最短単位です」

ＤａｉＧｏが言った。

「人は二〇分が経過すると四〇％の記憶を失うとの説があります。そして外れた記憶は忘れやすく、当たった記憶は残りやすい。最後にコールドリーディングで何かを的中されたら、それまでに外れも結構あるのに、この人はすごいと思い込んでしまう。ユリ・ゲラーが出色だったのは、パフォーマンスに時間をかけたことです。最後に折れるときに一気に盛り上がるけれど、そこに至るまでの記憶を人は捨ててしまう。だから不思議さばかりが強調される。真偽を本気で確かめたいのなら破断面の解析とか科学的な検証をすればよいのだけど、彼らは応じないですよね」

聞きながらこの批判は、まさしく清田益章《きよたますあき》に対する批判でもあると考える。もしもこの場に清田がいたら、いったいどのタイミングで腹を立てて部屋から出てゆくのだろう。少なくとも破断面の検証のレベルなら、彼は何度も応じている。結果が出ないだけなのだ。そのとき、ＤａｉＧｏのマネージャーであり、自身もメンタリストである村山が、首をひねりながら言った。

「……うーん、応じていないわけじゃないと思うよ」

「ああ、まあ、応じないは言い過ぎかもしれないけれど」

少しだけ困惑したような表情のＤａｉＧｏから僕に視線を向けながら、村山はにこりと微笑んだ。

「ＤａｉＧｏは徹底して超能力批判だけど、僕はもしかしたら、あるんじゃないかって思っています。ここがいつも食い違うんです。紙と写真を入れた二つの封筒を用意して写真はどちらかと当てさせると、普通なら確率は半分ずつですよね。ところが男性を被験者にして片方はエロ写真だと教えたら、当たる確率が五三・一％に上昇したとの話を聞いたことがあります。もしこれが事実ならば、三・一％は相当に高い数字です。些細《ささい》な差ではあるけれど確かに存在している。社会を変えるような強くて派手な力ではないけれど、もしかしたらあるかもしれない。僕はその存在と人の可能性を信じたいって、どこかで思っています。思いたいんです。まあそう言いながら、メンタリストとしてはすべてを否定しているわけですけれど」

村山が言ったエロ写真の事例は、二〇一一年に米コーネル大学のダリル・ベム教授が心理学専門誌の『Journal of Personality and Social Psychology』に発表した研究論文のひとつだ。ベム教授は社会心理学の研究者として多くの業績を残しているため、ニューヨーク・タイムズがこの記事掲載を取り上げるほどに話題になった。

感情プライミングや記憶想起促進など、心理学において確立されている研究手法を使いながら九通りの実験を行ったベム教授は、人間には「エロティックな刺激の予知検出能力」と「ネガティブな刺激の予知回避能力」があると、この論文で結論付けている。もちろんどの程度に科学的な実験であるかをめぐっては論争はあるが、手法としては相当に厳密だったことは確かだ。

　じっと村山の話を聞いていたＤａｉＧｏがうなずいた。

「まあ僕も、合理的でないことはすべてありえないとまでは思いませんよ。例えば渡り鳥には量子が見えているとの説があります。つまり電磁波ですね。イカは月の表面までもくっきりとわかるほどの水晶体を持っているらしいのだけど、どう考えてもその必要性がないですよね。でも実際にそうらしいです。理屈では説明できないことは確かにあります。だからすべてを否定するつもりはないです」

　言いながらＤａｉＧｏは、自分の正面に座る足立雄一《あだちゆういち》（『本の旅人』編集長）の手に、フォークの先端を摘ませる。同時に（この書籍の冒頭で清田との飲み会にも同席した）江澤伸子が、手で口を押さえた。フォークが捩れ始めたのだ。とても速い。二〇秒ほどでほぼ九〇度捩れたフォークをまじまじと見つめてから、足立は少しかすれた声で、「元に戻すことはできるんですか」と訊《き》いた。

「ああ。それはできません。曲げはある程度戻すことはできるけれど、捩りは基本的には無理ですね。僕がやっていることは、結局は力学的なことですから」

　ここまでは前座だった。ＤａｉＧｏ自身もその著作『誰とでも心を通わせることができる7つの法則』で、以下のように記述している。

目の前で、一切手を触れていないフォークが急にグニャッと曲がったら、あなたはどう思いますか？　（中略）私たちメンタリストは、驚く人々の表情や仕草を観察し、そこからさまざまな情報を読み取ります。そしてそれを基本情報として、次のパフォーマンスへとつなげてゆきます。


その「次のパフォーマンス」は唐突に始まった。フォーク捩りの高揚が瞼《まぶた》の縁に余韻となって残る江澤に村山が、

「もし今、好きな数字をイメージしてくださいと言われたとして、……僕がそれは3ですねと言ったらどうします？」

と囁《ささや》いたのだ。何となくまどろっこしい日本語だ。江澤が小首をかしげる。

「……ああ。3ならびっくりしますよ。だって今、言われて一瞬、本当に3を思い浮かべましたから」

「そうですよね」

「でも偶然ですよね」

「違いますよ。3を思い浮かべるように僕が誘導したんです」

まさかいくらなんでもというような表情で江澤が黙り込む。じゃあもう一回やりましょうかと村山が言う。

「今度は三ケタにしましょう。好きな数字を紙に書いて、みなさんに見せ終えたら、紙を

破って捨ててください」

そう言ってから村山とＤａｉＧｏは、椅子と一緒に壁を向いた。数秒だけ考えてから江澤は、バッグから取り出したメモ用紙に小さく523と書いて、小さな動作で全員に確認してからメモをくしゃくしゃに丸めてポケットに入れた。

この間、僕はＤａｉＧｏと村山の背中に時おり視線を送っていた。少なくとも（僕にわかるような）不審な動作はまったくない。それにここは角川書店の会議室だ。ＤａｉＧｏと村山が部屋に通されたとき、僕と編集者たちは、全員部屋にいた。事前に何らかの仕掛けを仕込むことなど不可能だ。

当てものはマジックの王道だ。あらゆる手法がある。でも心に思うことを言い当てることは不可能だ。それはマジックの範疇《はんちゅう》ではない。もしもそういうトリックがあるならば、当てる方法に絶対トリックが潜んでいる。ダレン・ブラウンのロトくじ番号当てのように。

合図の声にゆっくりと振り返った村山が「じゃあＤａｉＧｏが当てます」と当然のように言って、「あ、俺が当てるんですか」とＤａｉＧｏは苦笑する。

「そりゃそうだよ。おれはマネージャーだから」

「わかりました。じゃあ僕も紙に書きますね」

数秒後、ＤａｉＧｏはたった今書いたばかりのメモを掲げた。全員の視線が釘付《くぎづ》けになる。そこに書かれている数字は523。江澤が口もとを両手で押さえながらのけぞる。足立がうーむと唸《うな》る。岸山が奇声をあげる。僕は考え込む。これは無理だ。トリックの入り込む隙がない。心を読んだとしか思えない。僕は言った。

「もう一度、三桁《けた》の数字当てをやってください。次は僕がイメージします」

「わかりました。でも念を押しますが」

DaiGoが言う。

「あくまでも不規則な数字にしてくださいね。例えば777とか、あるいは自分の誕生日が六月二三日だから623とか、そんな意味がある数字は避けてください。とにかく今、思いついた数字です。そうでないと的中しても違う意味になってしまうので」

再び二人は壁を向いた。僕は手もとの紙に、頭に浮かんだ三つの数字を書いた。841だ。何の意味もない数字の羅列だ。書いてから(誰にも見せずに)折りたたんでポケットに入れる。完璧《かんぺき》だ。絶対にわかるはずがない。わかるのなら超能力者だ。ポケットを押さえながら、僕は二人に「もういいですよ」と声をかける。ゆっくりと振り返ったDaiGoが、「いくつだと思いますか」と隣の村山に訊いた。

「えーとね。森さんは難しいなあ。一桁目は1ですね。二桁目は4だと思う。三桁目がわからない。441かな」

「いい線ですね。ほぼ一緒です」

言いながらDaiGoは紙に数字を書いて、一呼吸おいてから全員に見せた。そこには841と書かれていた。僕はポケットから出した紙を全員に見せる。悪い夢を見ているような気分だった。当てものマジックとしては、プラスティックシートにホワイトボード用のインクを使う手法がある。つまりあらかじめ数字をいくつも書いておいて、見せる直前に手のひらなどで一瞬の動作でインクを消して、正解の数字を残すのだ。でもＤａｉＧｏは紙にマジックで書いているし、そもそも正解を知る前に彼のほうから、この場にいる全員に数字を見せている。トリックのやりようがない。

「……これはいったい何ですか」

啞然《あぜん》としたような表情で訊《たず》ねる岸山に、村山が「メンタリズムです」と微笑んだ。

「だ、だって、超能力じゃないんですか。テレパシーとか透視とか？」

「違います。あくまでも科学的で論理的な現象です。もう一回言うけれど、当てているわけじゃないんです。その数字を、森さんの意識に仕込んでいるんです」

仕込みとしてはおそらく、僕が数字を書く前にＤａｉＧｏが例に挙げた７７７と６２３だ。確かに８４１は、この数字のどれとも合致していない。でも他に５と９と０がある。それに事前に言われたからといって、その数字を絶対に避けるという法則などあるはずがない。人によっては「ならば７７３にしよう」と思うかもしれない。さらに仮に８と４と１を意識に仕込むことに成功したとしても、その順番までなぜ規定できるのだろうか。

まったく納得できない。でも確かに現実だ。二人は僕の意識を操作した。テレパシーとか透視でないのなら、残された可能性はそれしかない。

今からおよそ半世紀前にアメリカのイェール大学で行われたミルグラム実験は、一般市民から被験者を選ぶことから始まった。記憶と学習に関する実験だと説明された被験者たちは、別室に拘束されて電極を取り付けられたイェール大学の学生に設問を与え、間違った回答の場合には学生に電気ショックを与えることを命じられた。レバーを押す参加者の部屋にはスピーカーが設置されていて、学生の苦痛を訴える声が聞こえるようになっていた。

ただし実際に電気は流れていない。学生の苦痛は演技なのだ。つまりアカデミズム版ドッキリだ。事前の予想では、大半の参加者は途中で実験を放棄するだろうと思われていた。ところが学生の「死んでしまう」とか「やめてください」などの悲鳴や絶叫を聞きながら、横に座る教授という「権威」に促されるままに、参加者四〇人中二五人（六二・五％）が、最大の電圧である四五〇ボルト（心臓が停止する可能性がある数値で、そのことは事前に説明されていた）まで電圧を上げ続けた。

ミルグラム実験の目的は、ナチスによるホロコーストの心理メカニズムを検証することだった。だからホロコーストの責任者の一人でもあるアドルフ・アイヒマンの名を取って、『アイヒマン・テスト』と呼ばれることもある。

同じくアメリカの心理学者であるフィリップ・ジンバルドーは、スタンフォード大学の地下に模擬刑務所を作り、新聞広告などで集めた大学生など二一人を被験者として一一人と一〇人のグループに分け、それぞれに看守と受刑者の役を演じさせた。ところが看守役を演じていた大学生たちの受刑者たちへの暴力行為がエスカレートしながら止まらなくなり、予定の二週間は六日間で中止となった。後に映画『es』としてドラマ化されるこのスタンフォード監獄実験も、人の意識がいかに簡単に場や空気に適合し、無自覚なまま指示に服従してしまうかを示している。

さらに二〇一〇年、フランスのテレビ局が一般の参加者八〇人を集めて、不正解の対戦相手の身体に罰ゲームとして電流を流すクイズ番組のテスト収録に協力してほしいと呼びかけた。つまりミルグラム実験のテレビ版だ。対戦相手は(ミルグラム実験と同じように)悶《もだ》え苦しむ演技をすることになっていた。このときも参加者の多くは司会者や観客という「権威」に従属し、結果としてはミルグラム実験を上回る八〇%の人たちが、悶え苦しむ対戦相手の声を聞きながら、最高値の四六〇ボルトまでレバーを押し続けた。三八〇ボルト以上では声が聞こえなくなり、「もしかしたら絶命したのでは」と小声で言いながらレバーを最後まで押し続けた人も多数いたという。

これは強要ではない。拒絶する気になればできた。でも八〇%の人たちは、自らの意志で指示に従った。

人の自由意志はこれほどに危うい。あなたが今思うことは、実はあなたが純粋に思ったことではないかもしれない。何かの影響を受けているのかもしれない。マクドナルド店舗における椅子は座り心地がとても悪い。だから客は長居をしない。つまり回転がいい。でもトレイを手に席を立つほとんどの人は、自分の自由意志で店を出たと思い込んでいる。長居をしたいという自分の自由意志が店によって侵害されたと思う人はいない。

それは知っていた。人は自由に考えているつもりでも、実のところは与えられた枠の中で思考している。テレビゲームで「飛ぶ」という発想ができるのは、「飛ぶ」というコマンドが与えられたときだけだ。コマンドがなければ、誰も飛ぶことを発想などしない。でも角川書店の会議室で、二人が「841」という数字を僕の意識に刷り込んだとは、やはりどうしても思えない。それはミルグラム実験やマクドナルドの椅子のレベルではない。それほどに細かな操作ができるのなら、人の自由意志など存在しないに等しくなる。

つまり、ラプラスの悪魔が復活する。

この取材から二カ月後、DaiGoは『徹子《てつこ》の部屋』(テレビ朝日)に出演した。マグネット板の上に置いた六枚の絵の中から一枚を選んでマジックでマークをしてくれとDaiGoに言われた黒柳《くろやなぎ》徹子は、左下の一枚にハートのマークを描いた。DaiGoがマグネット板をひっくり返せば、まさしく黒柳が選んだ絵の裏側の位置に、ハートのマークが描かれていた(一見したところ、ここにはトリックはないと思う)。

「パンダのマークにしようと思ったけれど、なぜかハートにしちゃったのよ」と驚く黒柳にDaiGoは、「自分でこの絵を選び、自分でこのハートマークを描こうと思ったと黒柳さんは思っていらっしゃいますか?」と訊ね、当然のようにうなずく黒柳に、「実は僕がこの絵を選び、さらにハートマークを付けるようにしたんですよ」と言った。マークしてくハートマークを付けるための誘導は、テレビを見ながら僕も気がついた。

ださいと説明しながらＤａ·ｉＧｏの指の動きは、宙にハートの図形を素早く何度も描いており、黒柳はじっと指の動きを見つめていた。でも任意の絵を選ばせた誘導はわからない。それに何よりも、誘導は誘導であって一〇〇％ではない。もしもハートマークを黒柳が描かなかったら、相当にみっともないことになる。

数字当ても行われた。黒柳が紙に書いた38を、Ｄａ·ｉＧｏはあっさりと言い当てた。黒柳が頭の中に思い浮かべた童謡の曲名が『チューリップ』であることも適中した。ただしその直前に、子供のころの好きな歌を思い浮かべてくださいと説明しながらＤａ·ｉＧｏは、テーブルの上に置いた紙に信号機（赤と青と黄色）や、チョウチョの絵を描いたりしている。

確かに逆算すれば、これは「チューリップ」をイメージさせる伏線だ。でもだからといって、人は絶対に間違いなく「チューリップ」をイメージするのだろうか。

たまりかねて僕は、村山にメールした。決して誇張や社交辞令ではなく、「人間観が揺さぶられる」と本音で書いた。その返信の一部を、以下に引用する。

森達也《もりたつや》様

お返事いただき、ありがとうございます。

∨チューリップは誘導がわかりました。ハートも誘導がわかりました。

〉でも同時に最もわからないことは、あの程度で人は誘導できるのか（そしてそれを〉ほぼ一〇〇％断言できるのか）です。人の自由意志とはそれほどに安易なものなのか。〉ある意味で人間観が揺さぶられています。

以前もお話ししたように、人は知らなければ簡単に誘導されてしまうものです。しかしながら、おっしゃるように「そしてそれをほぼ一〇〇％断言できるのか」どうか。それは、かなり難しい問題です。心理学的には一〇〇％はありえません。

そのパーセンテージを上げていって、限りなく一〇〇％に見せるのがメンタリズム・パフォーマーの力量というところです。

ハートの誘導は入らなくても、選ぶ絵が当たりさえすればいいのです。あのパフォーマンスでは絵とハートはきれいに徹子さんの心に入りましたが、僕らは他にも別の暗示を入れようとして失敗しているのかもしれないですよ。ペンを渡すときや会話中にも、さまざまな暗示誘導を行っているのです。

人はその状況下の選択でしか思考しえない。他の動物よりも濃密なコミュニティとカテゴリーのなかで生きていく習性があるかぎり、その行動規範や様式はやはり限定されます。

メンタリズム・パフォーマンスはあらかじめ行動条件を縛っているからこそ可能になるのです。日常生活でも、その状況を細分化し限定状況下であるように仕向けることで、多くの誘導が可能になります。その概念やテクニックを、自覚的にしろ無意識的にしろ、数多くのリーディング系超能力者や占い師、宗教の教祖らが駆使している。僕とDaiGoは、そのように考えているということなのです。人間観が揺さぶられると言っていただけるのは、非常に光栄なことです。ありがとうございます。

礼を言われてしまった。読み終えて僕は吐息をつく。いったい何度目の吐息だろう。ぐるぐる回り続ける。どこにも行けない。最後まで回り続ける。

終演　パラダイムは決して固着しない。だからこそ、見つめ続けたい

一九九九年、秋山《あきやま》と堤《つつみ》、そして清田《きよた》を被写体にした深夜のテレビ・ドキュメンタリー『職業欄はエスパー』の放送後、やはり三人の超能力者を被写体にした新たなドキュメンタリー『大東京オカルトツアー〜超能力者が挑む怪奇現象の真実!!』の制作をフジテレビから依頼されたことは、本文でも少しだけ触れた。つまりリメイクだ。

放送時間は翌二〇〇〇年一月の土曜の夕方。視聴者層は深夜帯とまったく違うから、これに合わせたテイストが要求される。

つまりこの番組は僕のキャリアにおいて、ほぼ最初で最後のバラエティ・ドキュメンタリーだ。出来はよくない。バラエティとしても中途半端だし、ドキュメンタリーとしても破綻《はたん》している。でも二泊三日のロケにおいて三人の超能力者たちは、肩の力が抜けたためなのか、とても興味深いパフォーマンスを幾度も披露した。

　この番組において清田は、ロケに同行した肥後克広《ひごかつひろ》と寺門《てらかど》ジモンと上島竜兵《うえしまりゅうへい》（ダチョウ倶楽部《クラブ》）のすぐ目の前でスプーンを三度折り、さらに宿泊した旅館では夕食時に、テレビカメラの前ではめったにやらないスプーン捩《ねじ》りを始めていた。

『職業欄はエスパー』撮影時は、テレビカメラのスイッチを切ることを要求してから、清田はスプーン捩りを披露した。なぜカメラのスイッチを切ることを要求したのかと訊《たず》ねる僕に、このときの清田は、「テレビではそこまでしなくていいんだよ」とつぶやいた。

清田のこの説明を僕は、「信じない人が多数派であるテレビの前の視聴者に対して、捩りはあまりに刺激が強すぎる」というニュアンスで受け取った。たぶん間違ってはいないと思う。つまりここにも、「できることならあまり見せたくない」との心情が見え隠れしている。

　でもロケ初日が終わって宿泊した旅館の夕食時、ビールを少しだけ飲んだ清田は、この前に撮ったインタビューで本気で超能力を否定していた寺門ジモンが先端をつまんだスプーンの柄に、ふと左手の人差し指を当てた。捩りを始めるつもりだ。僕は二人のビデオ・カメラマンに目で合図を送る。寺門のすぐ横に腰を下ろした肥後克広は、スプーンに触れるほどの至近距離に顔を近づけながら、じっと清田の手許《てもと》を覗《のぞ》き込んでいる。

　フォークを捩るときにＤａｉＧｏは、必ずフォークの柄の部分を握りしめていた。でも清田は握らない。スプーンの柄の先端部分を右手の人差し指と親指でつまみ、柄と先端の丸みのあいだの位置に、下から支えるかのように、左手の人差し指の先をそっと当てる。

つまり隠されている箇所がほとんどない。だから三〇センチほどの距離で上から撮影するカメラは、火にかけられたスルメのようにスプーンの柄が捩れる過程を、クローズアップで捉《とら》えることができた。時間にすれば一分ほどだ。スプーンはまさしく「自ら捩れ」た。それまでは強硬な否定論者だった寺門が、茫然《ぼうぜん》とした表情で「不思議なことってあるんだねえ」とつぶやいていたことを覚えている。

DaiGoは速い。一瞬さすっただけでフォークの先端が、まるで花弁のように開く。あるいは柄がぐにゃりと横に曲がる。これまで玉石混淆《こんこう》で多くのパフォーマンスを見てきたけれど、DaiGoの手法は誰よりも速く、そして突出して鮮やかであることは確かだ。ただし捩れるその過程や部分を、じっくりと見せることはしない。あるいはできない。

もちろんDaiGoにとってフォーク折りや捩りは、あくまでもメンタリズム導入のためのパフォーマンスだ。超能力などとは一言も口にしない。物理的な力で折ったり捩ったりしている（つまりトリックである）ということは明言している。

でもならば、清田のパフォーマンスについては、どのように解釈するべきなのだろう。

DaiGoたちのパフォーマンスを目撃してから数日後、『大東京オカルトツアー～超能力者が挑む怪奇現象の真実!!』のVHSを数年ぶりに見直してから僕は、またも同じ命題に突き当たる。「どのように解釈するべきなのだろう」と書きながら、その帰結の文章はもうわかっている。「解釈できない」だ。既知の物理学や法則ではありえない。僕が知っているトリックの範疇《はんちゅう》では説明できない。でもだからとはいえ、絶対にトリックではないとの断言もできない。僕の知らないトリックはあるかもしれない。新しいトリックが今も世界のどこかで生まれているかもしれない。

結局はこうして述語が溶ける。見えては隠れる。「捉えにくい」のではなく、「捉えられる」ことを明らかに拒絶している。

でもならば、拒絶するその主体は誰なのか。あるいは何なのか。超能力者その人なのか。彼らを包囲する僕たちの潜在意識なのか。天空から下界を見つめ続ける何らかの意思主体なのか。

今年に入ってから、清田からは三回携帯に電話が来た。ただし一度も話していない。三回ともすべて、気がついたら留守番電話にメッセージが入っていた。だから僕も電話をかける。全部で三回。でも三回とも清田は出ない。

つまり互いに三回ずつ電話をかけながら、まだ一度も話していないことになる。

「今年はね、ちょっと動こうと思うんだ」

携帯の留守録に清田は、そんな言葉を残していた。どこへどのように動くかはわからない。具体的には言わない。これは今年に限ったことではない。去年も一昨年《おととし》もその前の年も、年の初めには必ずのように「動こうと思う」的なことを清田は口にしてきたし、たぶんこれからも毎年のように、「動こうと思う」的なことを留守電のメッセージに残すのだと思う。

決して茶化すつもりはない。少しずつ動いていると思いたい。あるいは何かをきっかけにして、がらりと相転移が起きると思いたい。本文の最後に僕は「回り続ける」と書いたけれど、そろそろ目が回ってきたことは確かだ。同じ景色はもう見たくない。少しでもいいから動きたい。

ならば動くべきは誰なのか。超能力者たちなのか、あるいは僕たちの側なのか。


今こうしているあいだにも、オリオン座ベテルギウスは超新星爆発を起こしているかもしれない。バルト海の深さ八四メートルの海底で発見されて世界的なニュースになった巨大な円盤状の物体の正体が、判明しているかもしれない。理論上の存在で「神の粒子」と呼ばれたヒッグス粒子が、はっきりとその姿を現すかもしれない。二〇一一年に東南アジアで発見された下顎《したあご》に歯を持つカエルは、進化の過程で失われた身体的な構造は二度と復活しないとする「ドロの法則」（進化非可逆の法則）を覆すだろうと言われている。光を媒介するエーテルの存在は否定されたけれど、重力レンズ効果などの観測方法で、ダークマターの存在はほぼ証明された。パラダイムは決して固着しない。常に揺らいでいる。

説明できないことや不思議なことはいくらでもある。確かにそのほとんどは、錯誤かトリックか統計の誤りだ。

でも絶対にすべてではない。淡い領域がある。曖昧《あいまい》な部分がある。そこから目を逸《そ》らしたくない。見つめ続けたい。

蹴《け》られたり叩《たた》かれたりしながら、連載時代も含めてずっと併走してくれた岸山征寛に、最後に本音として感謝。取材に協力してくれた方々や、アドバイスや指針をくれた多くの人たちにも感謝。ひとりでは何もできなかった。

そして何よりも、終わりまで読んでくれたあなたに、最後の最後に胸いっぱいの感謝。

今年こそ少し動くぞ。

二〇一二年三月

森　達也

文庫版あとがき――現在も、オカルトはまだ消えていない

「今年こそ少し動くぞ」

このフレーズで単行本の「終演」(あとがき)を締めてから、もう四年が過ぎた。決して短い時間ではない。ならばこの間、僕は「動く」ことができたのか。オリンピックならば一回り。動く気になれば地球を何周でもできるはずだ。

でも「動く」って何だ。文字通りの意味ならば、(風邪《かぜ》で臥《ふ》せっていた時期は別にして)朝から夜まで動いている。船にも乗った。飛行機にも乗った。この四年の間に、地球一周はしないまでも、何度か海外にも行った。本は(平均すれば)年に三冊ほどが出版された。特に昨年から今年にかけては、一五年ぶりに映画も撮った。けっこう動いている。決して止まっているわけではない。

ならばこれでよいのか。たぶん違う。何かが違う。そんなつもりで「今年こそ少し動くぞ」と書いたわけではないはずだ。四年前に戻って「動く」の意味を自分に問い質《ただ》したい。おまえはなんの意味で「動く」と書いたのかと。

おそらくは「動く」主体は自分ではなく、この社会や世界のつもりで書いたのだろう。

「終演」に書いたオリオン座ベテルギウスは、今もまだ超新星爆発を起こしていない。もちろん地球から六四二光年離れているから、少なくとも六四六年から六四二年前までは爆発を起こしていないという書きかたが正確だけど。

バルト海の深さ八四メートルの海底で発見された、と報道された巨大な円盤状の物体の正体は今もわからない。だって続報がない。ならば結局は(何らかの見間違いとかも含めて)ガセネタだったと思ったほうが良《い》いだろう。もちろん当局にとっては存在を知られることが好ましくない存在なので、報道や情報開示を止めさせたとの謀略史観的な見方をする人はいるかもしれないけれど(僕はしない)。

単行本執筆時にはまだ仮説の存在だったヒッグス粒子は、二〇一三年にその存在を公式に認知され、半世紀前に存在を予言していたフランソワ・アングレールとピーター・ヒッグスはこの年のノーベル物理学賞を受賞した。

それが良い方向か悪い方向かはわからないけれど、少なくとも世界は止まっていない。動いている。でもオカルトというジャンルに関しては、まったく進展がない。もう何年も。何十年も。もしかしたら何百年も、多少の身震い的な動きはあっても、まったくほとんど変わっていない。単行本執筆時と今とを比較しても、新しい発見もなければ、国家機密の漏洩《ろうえい》もない。悲しいほどに停止している。

……思わず最後に常套句《じょうとうく》的な記述をしてしまったけれど、実はまったく悲嘆していない。

当たり前だ。このジャンルに大きく進展などされたら困る。このたびロンドンの議事堂裏で捕獲された女性の幽霊の内部構造や組成がCERNの研究で明らかになりましたとか、ニューデリーで未来を正しく予知できる少年が現れて世界の株式市場が大混乱していますとか、アメリカのニュージャージーで墜落したUFOに乗り込んでいた宇宙人を救助しましたとか、アンマンの市場にイエス・キリストとムハンマドが同時に現れて人々に説法を始めましたなどの事態がもしも現出したら、人類はこれまで培ってきた世界観や宗教観を、すべて根底から更新しなくてはならなくなる。いや更新などできない。パニックだ。霊魂は不滅だし、宇宙人や神は実在する。ならば倫理や哲学も存在理由を失い、文学や映画もこれまでのスタイルでは成り立たなくなる。多くの人は生きる意味や意義がわからなくなり、享楽的になり、ほとんどの規範やルーツは意味を失うだろう。

そう考えると、この世界は今のところ、とてもうまくできていると思いたくなる。危ういバランスを保ちながらも、人類はここまで繁栄した。つまりゴットフリート・ライプニッツが提唱した「オプティミズム（楽天主義）」だ。

この思想を一言で説明すれば、神の実在を前提に置きながら、「現実世界は可能なすべての世界の中で最善のものである」と認識することだ。なぜならこの世界は神が創造したのだから、致命的な不備や間違いがあるはずはない。

ただし（補足しなければならないが）、楽天主義という訳語のニュアンスでよく誤解されるが、ライプニッツは決して無条件に現実を称揚したのではない。「現実は起こりうる可能性として一番マシである」という思想として、オプティミズムは解釈されるべきだろう。

このライプニッツの思想に、少し遅れて生まれたヴォルテールは、匿名で発表した小説『カンディード』で真っ向から反論した。主人公であるカンディードは、乗った船が沈没したり異端審問にかけられたり、大地震に遭遇したりして多くの人が無慈悲に殺されたり死んだりする状況を目撃し続け、遂《つい》に楽天主義との決別を宣言する。言い換えれば神の不在だ。この世界に神などいない。だってもしもいるのなら、これほどの不条理と不寛容を許すはずがない。

科学が発達して多くの現象やメカニズムの解明が進めば、オカルトはその居場所がなくなるだろうと、かつて多くの人は考えた。でも宇宙の歴史や構造が相当に解明されて（いくつか説はあるが）、ヒトゲノムの塩基配列もすべて解析された現在も、オカルトはまだ消えていない。リアルとの勢力地図はほとんど変わっていないという印象を受ける。基本的には隠れる。でも視線をそらしかけたとき、時おり意味ありげに小出しに現れる。見つめ直せば、もうそこにはいない。おそらくこの絶妙なバランスは、今後も変わらないのだろうと今は思っている。

つい三週間ほど前、このあとがきの取材のため、東京都江東区《こうとう》のあおくま堂を、（単行本執筆時よりは少しだけ偉くなった）岸山征寛《きしやまゆきひろ》と訪ねた。ヒュプノセラピー（催眠療法）も行うはり灸《きゅう》整骨院として一部のマニアのあいだでは評判のあおくま堂は、雑誌やコミックなどでもよく紹介されている。

霊能者と霊スポットを訪ねるというプランも岸山とは考えたが、結局は「そこにいます」と言われながらこっちは何も見えないという体験を繰り返すことは目に見えている。ならば催眠術をかけてもらうという体験は新規だし面白いのではないかとの目論見《もくろみ》だったけれど、結果として僕はほとんど術にかからなかったし、何よりも催眠術はオカルトではないと確信できた。言ってみれば筋肉や自律神経へのプラシーボだ。潜在意識に働きかけた暗示によって、自らが自らを無意識にコントロールしてしまうという現象だろう。

補足するが、同行した三人の男性（編集者や作家）は、かなり鮮やかにかかったようなので、ヒュプノセラピーに問題があったわけではない。問題というか要因は僕にある。要するに、催眠術がかかるタイプではないのだ。それがわかっただけでも収穫だった。

ただし、施術用の寝台の上で奇妙な動きをする男たちを眺めながら、少しだけ悔しかったことも事実だ。まあでも仕方がない。ここで簡単にかかってしまうようなタイプならば、おそらくこのような温度の本は書けなかっただろうと考えることにする。いわば楽天主義。

これからも機会さえあれば取材は続ける。

理由はひとつ。だってこんなに面白いジャンルは他にちょっとないもの。

二〇一六年四月末日

森　達也

主要参考文献

エリザベス・キューブラー・ロス『死ぬ瞬間』（中公文庫、二〇〇一）
大谷宗司『超心理の世界』（図書出版社、一九九二）
大谷宗司『超心理学』（ごま書房、一九九四）
笠原敏雄『超常現象のとらえにくさ』（春秋社、一九九三）
菊池誠『科学と神秘のあいだ』（筑摩書房、二〇一〇）
斎藤貴男『カルト資本主義』（文春文庫、二〇〇〇）
ジョージ・リッツア『マクドナルド化する社会』（早稲田大学出版部、一九九九）
スタンレー・ミルグラム『服従の心理』（河出書房新社、二〇〇八）
高橋宮二『千里眼問題の真相』（人文書院、一九三三）
立花隆『宇宙からの帰還』（中公文庫、一九八五）
立花隆『証言・臨死体験』（文春文庫、二〇〇一）
ディーン・ラディン『量子の宇宙でからみあう心たち』（徳間書店、二〇〇七）
テレンス・ハインズ『ハインズ博士 再び「超科学」をきる』（化学同人、二〇一一）
トーマス・ギロビッチ『人間この信じやすきもの』（新曜社、一九九三）

長山靖生『千里眼事件』（平凡社新書、二〇〇五）
松永和紀『メディア・バイアス』（光文社新書、二〇〇七）
ミチオ・カク『サイエンス・インポッシブル』（日本放送出版協会、二〇〇八）
リサ・ランドール『ワープする宇宙』（日本放送出版協会、二〇〇七）
※他多数

解説

高野《たかの》　和明《かずあき》（作家）

本書『オカルト』と、その前作に当たる『職業欄はエスパー』（角川文庫）を読んでいた時の興奮は、今でも忘れ難い。「こんな本を待っていた」というのが率直な感想で、読み終えるやいなや、「この本、面白いから、とにかく読んで！」と友人たちに薦めまくったものである（ちなみに『オカルト』と『職業欄はエスパー』は、どちらを先に読んでも大丈夫）。

『オカルト』というタイトルだけを見れば、「怖い話は苦手」という人には不向きと思われるかも知れないが、本書には扇情的な恐怖は一切なく、ただただ不可思議な現象と、それに対する考察が述べられている。著者が、編集者を連れて奇怪な現象の解明に乗り出す様は、シャーロック・ホームズとワトソンの冒険譚《たん》を髣髴《ほうふつ》とさせるし、取材の過程で出会う個性的な人々が群像劇としての魅力をも醸《かも》し出していて、結果として広範な読者層に手に取っていただける卓抜したノンフィクションに仕上がった。怖い話が好きな人も苦手な人も、どちらにも安心して楽しんでいただける知的冒険の書である。

これまで、超常現象を扱った本の中には、画期的と評されるものがいくつかあった。古くはフランス文学者の平野威馬雄《ひらのいまお》氏が、実話とされる怪異譚を蒐集《しゅうしゅう》して都道府県別に分類した『お化けの住所録』、心霊現象のビジュアル化を推進した『恐怖の心霊写真集』（中岡俊哉編著）、人間の死の間際の精神現象を追究し、結果的に超常現象にも肉薄することになった『臨死体験』（立花隆著）、最近では、現代の百物語『新耳袋』シリーズ（木原浩勝・中山市朗著）などが挙げられる。また、専門書の範疇《はんちゅう》に隠れてしまっているが、『超能力の世界』（宮城音弥著）、『「超常現象」を本気で科学する』（石川幹人著）、『NHKスペシャル超常現象――科学者たちの挑戦』（梅原勇樹・苅田章著）などは、オカルト現象と正面から取り組んでいる科学者たちの知見を提供してくれる。

そうした系譜の中でも、本書が特に異彩を放つのは、著者が普通の人の視点で、つまりオカルトと科学のどちらにも傾斜せず、徹底的に中立な立場から超常現象の検証を行なっている点である。これはオカルト関係の書物では、今までありそうでなかった新機軸で、「こんな本を待っていた」と快哉《かいさい》を叫びたくなった読者は、私の他にもたくさんいるはずだ。テレビ番組などで繰り返される肯定ありき、否定ありきの不毛な水掛け論に、真面目なオカルト・ファンは辟易《へきえき》していたのである。

加えて普通の人の視点を保持しているとは言え、著者の森達也氏は、映像と出版の二つのフィールドで高い評価を受けてきたノンフィクションのプロである。この本においても、膨大な資料を渉猟《しょうりょう》した上で取材に当たっているのが窺《うかが》えて、大変に頼もしい。

実際、オカルトをめぐる周辺の取材も充実している。これまでまことしやかに語られてきた噂話――日本の官公庁や大企業がひそかに超能力研究をしているとか、テレビ局が超常現象の撮影に成功した場合は映像が封印されてしまうとか、政治家たちが占い師を頼っているとか、そうした怪しげな話の真相が明かされているのも実に興味深い（未読の方は、是非、本文を読んで真偽のほどを確かめてみよう）。

しかし本書の醍醐味《だいごみ》は何と言っても、著者とともに読者もオカルト体験を共有できるという一点に尽きるのではないだろうか。常識から外れた現象に直面した時、人は呆気《あっけ》に取られ、「何だこれは」と合理的な説明を求め、それが叶《かな》わないとなると、やがて信じ難い経験をしたことに興奮する。著者の筆致は終始抑制《よくせい》的であるにもかかわらず、その興奮が読む側にも自然と伝わってくるのである。

一読者としては、全編にわたって著者を悩ませる「見え隠れ現象」に猛烈なリアリティを感じた。「何だか不思議だが、よく分からない」という現象は、多くの方が日常生活の中で経験しているのではないかと思う。筆者も以前、青木ヶ原の樹海に小説の取材に出かけた時に、そんな体験をした。まず、持参したカメラのシャッターが下りなくなった。同行した編集者のカメラも不調になった。さらに日が暮れた後、暗闇に覆われた森の中に入ると、視界の隅に人影のようなものが浮かぶのだが、はっと気づいて視線を向けると消えてしまう。しかもそれが何度か繰り返される。目の錯覚と言われてしまえばそれまでだ。しかし、正体不明のものがちょこっと姿を現しては、さっと消える感じが、本書で描かれている「見え隠れ現象」と非常によく合致するのだ。

この「見え隠れ現象」から分かるのは、オカルトと総称される現象が、二重構造の不可思議さを持っているということである。超能力やUFOなどは、それ自体が奇怪な現象だが、その現象をよく見ようとすればするほど、今度は現象そのものが見えにくくなっていくという、さらに奇怪な事態が出来《しゅったい》する。

そこで、表面に現れる不可解な現象はひとまずおいて、「見え隠れ現象」に絞って考えると、小難しい話を持ち出して恐縮だが、オカルトは論理積の合間に隠れるのではないかと思えてくる。「論理積（連言）」というのは論理学の用語で、「命題（真偽を判定できる文）」を接続詞「かつ」で繋《つな》げたものである。

簡略化した例として、「（幽霊が出現する）かつ（観測機器が正常に作動する）かつ（観測記録が保存される）」によって、幽霊存在の証拠が摑《つか》めるものと仮定してみる。この場合、「かつ」で結ばれた一つ一つの条件がすべて「真」にならなければ証拠を摑んだことにはならないのだが、いざ実験を行なうと、観測機器が故障したり、観測記録が消去されるなど、必ず一つ以上の条件が「偽」となって、オカルト現象は見えなくなってしまう。観測者が物理的にコントロールできる要素、観測機器の管理などに万全を期せば、肝心のオカルト現象が現れなくなる。

何かの現象を合理的に検証しようとする場合は、結論に至るまでの過程が論理的に正しくなければならない。そのため数学も科学も、「二値論理」と呼ばれる論理体系を使って正誤を判断する。ところがオカルトは、論理的に正しい実験を行なうと、急に見えなくなってしまうのだ。

そもそも人間の思考は曖昧《あいまい》であり、「論理的であること」を強いられるのは、科学や数学など、厳密な意味での正しさを求められる場合だけである。そして曖昧な思考のもとでは見えているオカルト現象は、論理に基づく合理的思考を向けると消えてしまう。かくして「ある現象を合理的に検証しようとしたことが、現象そのものに干渉する」という別の非合理な現象が生まれ、もともと非合理であったオカルト現象は、合理的に見ようとすればするほど非合理の現象を引き起こすといった、いわば非合理のループの中に閉じこもる結果となる。しかも本書を読めば分かるとおり、超能力に否定的な人間が実験に立ち会うだけで成績が下がるなど、この非合理な現象は観測機器が介在しなくても、観測者の疑念だけで発現する（まるで超能力を否定する人々が超能力を発揮して、実験を妨害しているかのようだ）。

ややニュアンスは異なるものの、現代物理学の最先端である量子論も二値論理とは相性が悪く、実験を行なえば、論理的におかしな現象が次々に起こってしまうらしい。ただしこちらの実験には再現性があるので、どれだけ奇妙な現象が観測されようが、それは確かに起こった現象として科学的研究の対象になる。量子論があまりにも二値論理にそぐわないために、「量子論理」なる別の論理体系が考案されているとのことであるが、オカルトにも独自の論理体系が必要なのだろうか――などと、素人のオカルト研究家は本書に刺激されて、つい想像力を逞《たくま》しくしてしまうのである。

さて、本書『オカルト』と『職業欄はエスパー』には、オカルト現象の他にも見え隠れしているものがある。初読の際は、どちらも夢中で一気読みしたために読み過ごしてしまったが、今回、再読してはっきりと見えてきた。

我々の社会には、世間の空気やマスコミの論調、あるいは学問的権威や社会正義などといった、曖昧で無責任なドグマが蔓延《まんえん》していて、そこから逸脱する人々を排斥《はいせき》しようという、いじめのメカニズムが潜んでいる。そして、そのようないじめの被害者――無批判に醸成されていく大多数の悪意によって虐《しいた》げられる人々を見ると、著者は黙っていない。諸《もろ》肌《はだ》を脱いで、彼らを守るための戦いに出る。本書と前作において、超能力の解明には中立な立場を取りつつも、エスパーたちが不当な非難にさらされれば、著者は一貫して彼らの側に立つ。「弱きを助け、強きを挫《くじ》く」というジャーナリズム本来の反骨精神を体現しているようで、見ているこちらは思わず応援したくなってしまう。底流に見え隠れしている著者の俠気《おとこぎ》が、本書を一層魅力的なものにしている。

著者・森達也氏の守備範囲は大変に幅広く、現代科学の最先端やメディア・リテラシー、死刑制度からオウム真理教問題に至るまで、現代社会の諸相について精力的な取材活動を行なっている。他の著作にも関心を持たれた方は、是非、お手に取って読んでいただきたい（もちろん書籍だけでなく、映像方面のドキュメンタリー作品もお薦め）。森氏は、ノンフィクションの領域に主観を持ち込むことを躊躇《ためら》わないが、主観的判断の材料をきちんとした取材によって集め、開示しているために、公正さが保たれている。読者は読者で、提示された材料をもとに自身の結論を導き出せばよい。この作風は、ノンフィクションの新しい方法論のように思えた。

本書の愛読者としては、シリーズ第三弾が出るのかが大きな関心事であったが、嬉しいことに文庫版あとがきでは「取材を続ける」との宣言がなされている。

森氏と、相棒役の編集者・岸山氏には、憑《つ》き物やら悪霊の祟《たた》りやらには十分に気をつけて、一刻も早くオカルト現象をめぐる三度目の冒険に乗り出していただきたいものである。

本書は、二〇一二年四月に小社より刊行された単行本を、加筆修正し文庫化したものです。

本文中に登場する各々の肩書きは、いずれも取材時のものです。

オカルト

現《あらわ》れるモノ、隠《かく》れるモノ、見《み》たいモノ

森《もり》 達也《たつや》

平成28年 6月25日 初版発行
令和7年 2月5日 4版発行

発行者●山下直久

発行●株式会社KADOKAWA
〒102-8177 東京都千代田区富士見2-13-3
電話 0570-002-301(ナビダイヤル)

角川文庫 19812

印刷所●株式会社KADOKAWA
製本所●株式会社KADOKAWA

表紙画●和田三造

●お問い合わせ
https://www.kadokawa.co.jp/ (「お問い合わせ」へお進みください)
※内容によっては、お答えできない場合があります。
※サポートは日本国内のみとさせていただきます。
※Japanese text only

ISBN978-4-04-104107-9 C0195

◆◆◆

角川文庫発刊に際して

角川源義

第二次世界大戦の敗北は、軍事力の敗北であった以上に、私たちの若い文化力の敗退であった。私たちの文化が戦争に対して如何に無力であり、単なるあだ花に過ぎなかったかを、私たちは身を以て体験し痛感した。西洋近代文化の摂取にとって、明治以後八十年の歳月は決して短かすぎたとは言えない。にもかかわらず、近代文化の伝統を確立し、自由な批判と柔軟な良識に富む文化層として自らを形成することに私たちは失敗して来た。そしてこれは、各層への文化の普及滲透を任務とする出版人の責任でもあった。

一九四五年以来、私たちは再び振出しに戻り、第一歩から踏み出すことを余儀なくされた。これは大きな不幸ではあるが、反面、これまでの混沌・未熟・歪曲の中にあった我が国の文化に秩序と確たる基礎を齎らすためには絶好の機会でもある。角川書店は、このような祖国の文化的危機にあたり、微力をも顧みず再建の礎石たるべき抱負と決意とをもって出発したが、ここに創立以来の念願を果すべく角川文庫を発刊する。これまで刊行されたあらゆる全集叢書文庫類の長所と短所とを検討し、古今東西の不朽の典籍を、良心的編集のもとに、廉価に、そして書架にふさわしい美本として、多くのひとびとに提供しようとする。しかし私たちは徒らに百科全書的な知識のジレッタントを作ることを目的とせず、あくまで祖国の文化に秩序と再建への道を示し、この文庫を角川書店の栄ある事業として、今後永久に継続発展せしめ、学芸と教養との殿堂として大成せんことを期したい。多くの読書子の愛情ある忠言と支持とによって、この希望と抱負とを完遂せしめられんことを願う。

一九四九年五月三日

角川文庫ベストセラー

死刑　　森　達也

賛成か反対かの二項対立ばかり語られ、知っているようでほとんどの人が知らない制度、「死刑」。生きていてはいけない人などいるのか？　論理だけでなく情緒の問題にまで踏み込んだ、類書なきルポ。

いのちの食べかた　　森　達也

お肉が僕らのご飯になるまでを詳細レポート。おいしいものを食べられるのは、数え切れない「誰か」がいるから。だから僕らの暮らしは続いている。〝知って自ら考える〟ことの大切さを伝えるノンフィクション。

たった独りの引き揚げ隊　10歳の少年、満州1000キロを征く　　石村博子

一九四五年、満州。少年はたった独り、死と隣り合わせの曠野へ踏み出した！　四十一連戦すべて一本勝ち。格闘技《サンボ》の生ける伝説・ビクトル古賀。コサックの血を引く男が命がけで運んだ、満州の失われた物語。

世界屠畜紀行　THE WORLD'S SLAUGHTERHOUSE TOUR　　内澤旬子

「食べるために動物を殺すことを可哀相と思ったり、屠畜に従事する人を残酷と感じるのは、日本だけなの？」アメリカ、インド、エジプト、チェコ、モンゴル、バリ、韓国、東京、沖縄。世界の屠畜現場を徹底取材!!

新耳袋　全十巻　現代百物語　　木原浩勝　中山市朗

百話を完結させると怪しいことが起こると語り継がれる「百物語」。自ら蒐集した怪異現象の数々によって「百物語」のスタイルを現代によみがえらせ、一大怪談ブームの火付け役となった稀代の怪談実話集！

角川文庫ベストセラー

九十九《つくも》怪談 1、2　木原浩勝

「新耳袋」シリーズでまったく新しい現代の怪談スタイルをうち立てた木原浩勝の新シリーズ。背筋の凍りつく話、ちょっと不思議な話、泣ける話……怪はあなたの隣にひそんでいる。

排除の系譜　「東京電力」研究　斎藤貴男

安全神話を守るため安全を度外視する逆説。管理・監視の自己目的化。そして分割・民営化の先駆となった「東京電力」。その排除の体質を社会的・歴史的に抉り出した〝現代の古典〟。名門企業は、自壊した!!

国家と神とマルクス　「自由主義的保守主義者」かく語りき　佐藤優

知の巨人・佐藤優が日本国家、キリスト教、マルクス主義を考え、行動するための支柱としている「多元主義と寛容の精神」。その〝知の源泉〟とは何か？　思想の根源を平易に明らかにした一冊。

国家と人生　寛容と多元主義が世界を変える　佐藤優　竹村健一

沖縄、ロシア、憲法、宗教、官僚、歴史……幅広いテーマで、「知の巨人」佐藤優と「メディア界の長老」竹村健一が語り合う。知的興奮に満ちた、第一級のインテリジェンス対談!!

国家の崩壊　佐藤優　宮崎学

1991年12月26日、ソ連崩壊。国は壊れる時、どんな音がするのか？　人はどのような姿をさらけだすのか？　日本はソ連の道を辿ることはないのか？　外交官として渦中にいた佐藤優に宮崎学が切り込む。